# 邮轮港口管理

王前锋　叶欣梁◎主　编

上海财经大学出版社

图书在版编目(CIP)数据

邮轮港口管理 / 王前锋,叶欣梁主编. -- 上海：上海财经大学出版社,2025.5. -- ISBN 978-7-5642-4606-8

Ⅰ.F590.7

中国国家版本馆 CIP 数据核字第 2025Z629L6 号

□ 责任编辑　姚　玮
□ 封面设计　张克瑶

### 邮轮港口管理

王前锋　叶欣梁　主编

上海财经大学出版社出版发行
（上海市中山北一路 369 号　邮编 200083）
网　　址:http://www.sufep.com
电子邮箱:webmaster @ sufep.com
全国新华书店经销
浙江天地海印刷有限公司印刷装订
2025 年 5 月第 1 版　2025 年 5 月第 1 次印刷

787mm×1092mm　1/16　10.5 印张　269 千字
定价:48.00 元

# 前　言

随着全球化进程的加快和经济的快速发展，邮轮旅游作为一种重要的休闲旅游方式，近年来已经成为全球旅游产业中增速极快的领域之一。21世纪邮轮旅游市场呈现出持续的东移趋势，中国邮轮旅游市场已经成为全球瞩目的新兴市场。2016年中国邮轮游客量位居全球邮轮旅游市场第二；2023年中国首艘国产大型邮轮成功交付并试运营，标志着我国的邮轮产业从高速发展进入到高质量发展阶段。邮轮旅游的发展，不仅为国人提供了独特的旅行体验，也为沿海城市经济的繁荣注入了新的活力。

伴随着我国邮轮旅游产业的快速成长，我国的邮轮母港从无到有，全国已经形成了十多个邮轮母港。我国的专业邮轮码头建设也是从零起步，已经建成了以上海吴淞口国际邮轮码头为代表的一批具有国际领先水平的邮轮码头。在这样的背景下，邮轮港口管理的重要性越发凸显，并且逐渐成为一个研究和实践的新兴领域。邮轮港口作为邮轮旅游产业发展的关键环节，既要满足邮轮船舶的安全靠泊，同时又承担着接待游客、提供服务、保障安全等多重功能。近年来，邮轮船舶的大型化和科技化日益显现，对港口的基础设施提出了更高的要求；邮轮旅客的需求日益多元化，他们不仅希望在邮轮上享受娱乐和休闲活动，更渴望在停靠港口时得到更加优质的服务和旅游资源。因此，邮轮港口的管理，不仅涉及传统港口设施的运营与维护，还包含了复杂的旅游服务、交通协调、环境保护等多方面的内容。这要求邮轮港口管理者必须具备多学科的知识背景和综合管理能力，以应对日益增长的邮轮旅游需求和日趋复杂的行业挑战。

为适应邮轮港口管理教育教学的新趋势，我们编写了教材《邮轮港口管理》。本教材在借鉴国外邮轮管理的相关理论和实践经验基础上，结合我国邮轮港口建设发展的特色路径，力求更加系统、全面地总结研究邮轮港口的管理知识体系，丰富邮轮管理相关专业的教学内容。全书将基于邮轮旅游产业发展的大背景，深入讲解了邮轮港口的发展趋势和运营管理的具体内容。本教材主要分为十一章，由四大模块组成。第一个模块是邮轮港口基本概念和发展趋势，由第一章至第三章组成，主要介绍了港口和邮轮港口的基本概念和国内邮轮旅游业和邮轮港口发展趋势以及世界主要邮轮港口发展重点地区等；第二个模块为邮轮港口基本设施及功能管理模块，由第四章至第七章组成，主要介绍了邮轮港口的硬件设施、投资收益管理和对船舶及游客具体服务管理内容，全面分析了邮轮港口的软硬件的功能；第三个模块为邮轮港口基本经营职能管理和战略管理模块，由第八章和第九章组成，具体介绍了邮轮港口的人力资源管理、市场营销管理、数字化管理等日常经营职能管理以及邮轮港口的发展战略和建设规划；第四个模块为邮轮港口热点议题管理模块，由第十章和第十一章组成，主要围绕邮轮港口管理的绿色管理和突发事件应急管理等热门议题进行了深入分析。

　　本书由上海工程技术大学管理学院副院长叶欣梁教授和王前锋老师共同主编，在编写过程中，上海工程技术大学管理学院硕士研究生梅寒、崔希、尤梦娜、赵羽翃、汪甜甜以及上海应用技术大学的陈旭老师参与了资料搜集及部分章节初稿的整理。

　　希望本教材能够为相关领域的学习者、从业者提供有价值的参考与指导，推动邮轮港口管理的创新与进步，为我国邮轮旅游的发展贡献力量。同时，我们也希望广大读者能够在这本书中找到灵感，勇于探索这一领域的未来，共同书写邮轮港口管理的新篇章。

　　由于能力和水平有限，本书难免存在不当之处，恳请各相关院校同仁和广大读者朋友在阅读使用过程中给予批评指正，我们将不胜感激。

编者

于上海工程技术大学

2025 年 1 月

# 目 录

**第一章 港口与邮轮港口基本概念 /1**
 第一节 港口的发展历程 /1
 第二节 港口生产活动的主要内容 /5
 第三节 邮轮港口的发展历程与港口管理的主要内容 /10
 第四节 一般港口与邮轮港港口的运营模式 /15

**第二章 国内外邮轮旅游业与邮轮港口发展现状与趋势 /23**
 第一节 国外邮轮旅游业发展现状与趋势 /23
 第二节 国内邮轮旅游业发展现状与趋势 /25
 第三节 国外邮轮港口发展现状与趋势 /26
 第四节 国内邮轮港口发展现状与趋势 /29
 第五节 我国邮轮母港经济发展趋势 /32

**第三章 世界主要邮轮港口发展地区及案例分析 /36**
 第一节 北美地区邮轮港口 /36
 第二节 欧洲地区邮轮港口 /43
 第三节 亚太地区邮轮港口 /48

**第四章 邮轮港口设施设备系统 /53**
 第一节 邮轮港口的主要基建设施 /53
 第二节 邮轮港口的主要设备工具 /57

**第五章 邮轮港口经营收益管理 /61**
 第一节 邮轮港口的成本投入 /61
 第二节 邮轮港口的主要收益 /64

## 第六章　邮轮港口的船舶服务管理/75

第一节　邮轮的靠泊服务/75

第二节　邮轮的船供服务/80

第三节　邮轮的维护服务/83

## 第七章　邮轮港口的游客服务管理/88

第一节　邮轮港口游客的接待服务/88

第二节　邮轮港口游客的口岸通关服务/93

第三节　邮轮港口游客服务的服务标准与质量管理/96

## 第八章　邮轮港口的重要经营职能管理/100

第一节　邮轮港口的人力资源管理/100

第二节　邮轮港口的市场营销/108

第三节　邮轮港口的数字化管理/109

## 第九章　邮轮港口的发展战略与建设规划/111

第一节　邮轮港口发展战略的概念/111

第二节　邮轮港口发展战略的制定/113

第三节　我国邮轮港口的发展战略/119

第四节　邮轮港口的建设规划与设计/124

## 第十章　邮轮港口的绿色管理/131

第一节　绿色邮轮港口的概念/131

第二节　绿色邮轮港导向下的污染源和排放清单管理/132

第三节　绿色邮轮港的发展趋势与管理措施/135

## 第十一章　邮轮港口突发事件管理/145

第一节　邮轮突发性事件的界定/145

第二节　邮轮港突发性事件风险因素分析/148

第三节　邮轮港突发事件风险防控的管理/153

**参考文献**/157

# 第一章　港口与邮轮港口基本概念

**本章导语**：港口作为重要的交通枢纽，扮演着促进国际贸易和区域经济发展的关键角色。从最初的自然港湾到现代化的深水港，港口的发展历程伴随着人类航运技术的进步和全球化的加速。随着现代邮轮产业的发展，专业的邮轮港口成为一种独具特色的港口类型，邮轮港口的兴起为港口经济注入了新的活力，不仅服务于日益增长的邮轮旅游市场，还成了城市形象和文化交流的重要窗口。随着人们对休闲旅游的需求不断提高，邮轮港口的发展逐渐向综合性、多功能化的方向转型，成为连接海洋与城市的重要纽带。

## 第一节　港口的发展历程

### 一、港口的沿革

1. 港口的产生

港口是指位于海岸线或河流边缘的地区，具有一定面积的水域和陆域以及具备水陆联运设备和条件，通常用于船舶的停靠、装卸货物、旅客集散和提供其他相关服务的设施。港口通常由码头、船闸、集装箱码头、仓库、货运设施、海事管理机构和其他相关设施组成。港口在国际贸易和物流中起着非常重要的作用，是货物流通的重要节点，也为当地提供了就业机会和经济发展机会。世界各地有许多重要的港口，如新加坡港、上海港、罗特丹港、迪拜港等。港口也是沿海城市和国家发展的重要标志之一。

港口的出现与人类的经济和文化发展紧密相关。在早期，人们发现河流和海洋可以作为重要的交通通道，便开始利用这些水域进行贸易和交流。最早的港口可以追溯到几千年前的古代文明时期。古代人们发现，河流和海洋有助于他们探索更远的地方并发现新的资源。河流提供了内陆和沿海地区之间贸易的便捷通道。古代的大河文明，如尼罗河文明、泰格里斯—幼发拉底河流域文明和印度河流域文明等，都依靠河流来推动经济繁荣。人们在河流两岸建立了港口和码头，以便停靠船只和进行货物交换。

随着海洋交通的发展，人们开始利用海洋航行进行远距离的贸易和探索。著名的古埃及港口曼苏拉便是其中之一。古希腊的皮雷乌斯港和伊斯坎德里亚等也是地中海贸易的重要枢纽。这些港口提供了停泊和装卸货物的场所，并成为商业和文化交流的中心。随着15世纪大航海时代的开启和近代工业革命的推动，港口发展进入了一个新的阶段。在大航海时代，欧洲探险家开始航行到世界各地，寻找新的航道和贸易机会。这导致了一些重要港口的兴起，如葡萄牙的里斯本、荷兰的阿姆斯特丹、英国的伦敦以及美国的纽约等。这些港口成为贸易的中心，极大地推动了国际贸易和经济发展。沿海地区的城市也因此繁荣起来，成为文化艺术、技术创新和思想交流的中心。

在当代，随着科技的进步和全球化的推动，港口变得更加现代化和便捷化。集装箱运输的发展极大地提高了港口的效率和负载能力。国际贸易的不断发展也促使一些港口全面升级，并成为繁忙的集装箱港口。新加坡港和上海港便是其中之一，它们的巨大装卸能力和先进设备使它们成为国际贸易的重要枢纽。

2. 港口产生的影响因素

在港口漫长的发展历程中，地理条件、经济需求、交通网络和物流系统的发展以及旅游和临港经济的兴起等，这些因素共同作用促使港口根据不同需求来发展，从而形成了不同类型的港口。对港口的分类和功能的理解有助于更好地利用港口资源，推动经济增长和贸易发展。

(1) 地理条件

地理因素是港口类型的主要影响因素之一。不同地理环境下的水域条件和陆地地形会直接影响港口的建设和发展，沿海地区通常更适合建设大型货运港口，因为海洋能够提供更宽广的航道和停泊区域，以容纳大型船只和处理大量的货物。而内陆地区由于缺少自然水道，可能更适合建设内陆港口或开展陆上物流。

(2) 经济需求

不同地区和国家的经济需求会导致港口类型的差异化发展。一些地区可能更加依赖进出口贸易，因此更需要发展集装箱港口来加强和促进国际贸易；而其他地区可能更注重海洋资源的开发和海上油气运输，因此会发展液体货物港口或与海上油田和天然气井相连的海上客运港口。

(3) 交通网络和物流

港口的发展也与周边地区的交通网络和物流系统的发展密切相关。港口需要能够与内陆连接，方便货物和乘客的进出，因此港口的类型和综合物流服务的发展是密不可分的。在一些发达的经济体中，港口往往与铁路、公路和货运中心等交通设施相互配合，形成完善的物流网络。

(4) 旅游和临港经济

由于旅游业的兴起和临港经济的发展，一些地区开始发展专门的邮轮港口和旅游客运港口。邮轮港口在吸引游客和提供旅游服务方面发挥重要作用，而旅游客运港口提供方便的乘船服务以连接各个旅游目的地。

## 二、港口的分类

1. 一般分类：基本港与非基本港

基本港是运价表限定的班轮公司的船一般要定期靠泊的港口。大多数为位于中心的较大口岸，港口设备条件比较好，货载多而稳定。规定为基本港口就不再限制货量。运往基本港口的货物一般均为直达运输，无需中途转船。但有时也因货量太少，船方决定中途转运，由船方自行安排，承担转船费用。按基本港口运费率向货方收取运费，不得加收转船附加费或直航附加费。应签发直达提单。

凡基本港口以外的港口都称为非基本港口。非基本港口一般除按基本港口收费外，还需另外加收转船附加费。达到一定货量时则改为加收直航附加费。

2. 按用途分类

港口按用途分，有商港、军港、渔港、工业港、避风港等。港口依照其机能、用途、规模、营运单位、相关法规会区分为不同用途。表1—1是依港口的船舶停靠种类等代表性用途来区分，但有时会依各国家（地区）的分类方式不同而有所不同。

表1—1　　　　　　　　　　　　港口用途分类

| 种　类 | 机　　能 | 主要停靠船舶 |
| --- | --- | --- |
| 商港 | 提供国际贸易、国内贸易等货物运输为主 | 商船（货轮、货柜船等） |
| 工业港 | 与工业区相邻，以运输原物料及工业制品为用途 | 工业船舶（油轮、原料输送船等） |
| 渔港 | 运输水产品为主 | 渔船 |
| 客运港 | 提供运送车辆、旅客用之船舶出入多附属于商港之内，如邮轮码头 | 客运船（邮轮、渡轮） |
| 娱乐港 | 提供娱乐、观光用途船舶停泊、出航 | 邮轮、游艇、观光船等 |
| 军港 | 由海军使用、专供军事用途 | 军舰、航空母舰等 |
| 避风塘 | 提供各式小型船舶暂时停靠之用 | 小型船舶 |

3. 按位置分类

按所在位置可分为海岸港、河口港和内河港，海岸港和河口港统称为海港。

（1）海岸港位于海岸、海湾或潟湖内，也有离开海岸建在深水海面上的。位于开敞海面岸边或天然掩护不足的海湾内的港口，通常须修建相当规模的防波堤，如大连港、青岛港、连云港、基隆港、意大利的热那亚港等。供巨型油轮或矿石船靠泊的单点或多点系泊码头和岛式码头属于无掩护的外海海港，如利比亚的卜拉加港、黎巴嫩的西顿港等。潟湖被天然沙嘴完全或部分隔开，开挖运河或拓宽、浚深航道后，可在潟湖岸边建港，如广西北海港。也有完全靠天然掩护的大型海港，如日本东京港、中国香港港、澳大利亚悉尼港等。

（2）河口港位于河流入海口或受潮汐影响的河口段内，可兼为海船和河船服务。一般有大城市作依托，水陆交通便利，内河水道往往深入内地广阔的经济腹地，承担大量的货流量，故世界上许多大港都建在河口附近，如鹿特丹港、伦敦港、纽约港、彼得格勒港、上海港等。河口港的特点是，码头设施沿河岸布置，离海不远而又不需要建防波堤，如岸线长度不够，可增设挖入式港池。

（3）河港位于天然河流或人工运河上的港口，包括湖泊港和水库港。湖泊港和水库港水面宽阔，有时风浪较大，因此同海港有许多相似处，也需要修建防波堤等。苏联古比雪夫、齐姆良斯克等大型水库上的港口和中国洪泽湖上的小型港口均属此类。

4. 按海关手续分类

按对进口的外国货物是否办理报关手续，港口可分为报关港和自由港。报关港要求进口的外国货物和外国人向海关办理报关手续；自由港对船舶来港装卸货物以及货物在港区储存、加工等，不要求交纳税款，也不经海关人员的检查。建立自由港的目的是使进口货物不受关税的限制，鼓励和促进国际贸易。德国的汉堡港是欧洲一个重要的自由港，新加坡港、中国香港港都是亚洲的自由港。

### 三、港口的功能

在历史上，港口起源于人类进行跨海贸易和海上运输的需求，港口最早出现时，其主要功能是作为船舶停靠点以及商品和资源的装卸点。早期港口的功能主要集中在货物的装卸、储存和分发上，港口作为物资流通的节点，起到了连接内陆和海上贸易网络的作用。

1. 港口早期的功能

早期的港口主要承担以下功能：

(1)货物装卸。港口作为物资流通的节点，承担着货物的装卸任务。货物通过船只运输到港口，然后将其卸下并交由市场或继续运输到内陆地区。

(2)仓储和储存。港口提供了货物的暂时储存设施，以确保货物的安全和分发的便利性。货物在港口的仓库和码头存储区储存，等待进一步的分发或转运。

(3)贸易和市场。港口作为贸易流通的关键节点，吸引了商人和货物的集聚。港口成了交易和市场活动的场所，各种商品和资源在这里进行买卖和交换。港口的繁荣和贸易活动拉动了周边地区的经济。

2. 港口成熟期的功能

随着时间的推移，世界贸易的发展和港口基础设施的不断完善，港口的功能逐渐演变和扩大，从最初的货物装卸和仓储，发展到支持物流、乘客运输、旅游和邮轮等多个领域。港口逐渐成为一个多样化和综合性的交通和商业中心。现代港口承担着多种功能，远远超出了最初的货物装卸和仓储的功能。现代港口的一些主要功能有：

(1)货物装卸和储存。现代港口仍然是货物的主要集散点。它们提供高效的货物装卸设备和基础设施，以便快速处理和转运各种货物，包括散装货物和集装箱。现代港口还提供先进的仓储设施，确保货物的安全储存和分发。

(2)物流和供应链管理。港口在物流和供应链管理中发挥着重要作用。它们提供整合的物流服务，包括货物运输、仓储、配送和信息管理等。通过有效地管理供应链，港口能够提供更高效、可靠和可持续的货物流通服务。

(3)乘客运输和邮轮服务。现代港口不仅服务于货物运输，还提供乘客运输服务。它们为通往不同目的地的旅客提供航运服务，包括客运码头和渡轮服务。此外，许多港口也成了邮轮产业的重要中心，为旅游和休闲领域提供服务。

(4)海事服务和船舶修理。港口还提供海事服务和船舶修理设施，为船只提供加油、补给、维修和保养等服务，确保船只安全和持续运营。

(5)经济发展和港口城市建设。港口在经济发展中扮演着重要角色。它们刺激当地经济增长，促进贸易、制造业和服务业的发展。许多港口城市成为商业中心和旅游目的地，为当地创造就业机会并吸引投资。

(6)环境保护和可持续发展。近年来，港口在环境保护和可持续发展方面的功能变得更加重要。现代港口致力于减少环境污染，采用更清洁和可持续的运输技术，通过节能减排和废物管理来保护海洋和生态系统。

## 四、港口的演变

1. 全球视域

港口随着社会经济的发展而发展。从世界港口发展历程来看，迄今为止，世界港口的发展大体经历了三代。第一代港口功能定位为纯粹的"运输中心"，主要提供船舶停靠、海运货物的装卸、转运和仓储等；第二代港口功能定位为"运输中心＋服务中心"，除了提供货物的装卸仓储等，还增加了工业和商业活动，使港口具有了货物的增值功能；第三代港口功能定位为"国际物流中心"，除了作为海运的必经通道，在国际贸易中继续保持有形商品的强大集散功能并进一步提高有形商品的集散效率外，还具有集有形商品、技术、资本、信息于一体的物流功能。目前,世界主要港口中第二代港口仍是发展的主流,但随着经济全球化、市场国际化和信息网络化,一些大型港口已经开始向第三代港口转型。

2. 中国视域

中国水运发展的历史源远流长,早在新石器时代,先人就已在天然河流上广泛使用独木舟和排筏。春秋战国时期,水上运输已十分频繁,港口应运而生,当时已有渤海沿岸的碣石港(今秦皇岛港)。汉代的广州港以及徐闻、合浦港,并与国外有频繁的海上通商活动。长江沿岸的扬州港,兼有海港与河港的特征,到唐朝已是相当发达的国际贸易港。广州、泉州、杭州、明州(今宁波)是宋代四大海港。鸦片战争后,列强用炮舰强行打开中国国门,一系列不平等条约的签订,使沿海海关和港口完全被外国人所控制,内河航行权丧失殆尽。港口长期受制于外来势力,成为帝国主义侵略、掠夺我国资源财富的桥头堡。近代中国港口处于落后地位,多数港口一直处于原始状态,装卸靠人抬肩扛。

中华人民共和国成立后,中国水运和港口开始获得新生。20世纪50到70年代初,由于帝国主义的海上封锁,加上经济发展以内地为主,交通运输主要依靠铁路,海运事业发展缓慢。这一阶段港口的发展主要是以技术改造、恢复利用为主。在这一时期,沿海港口平均每年只增加一个多深水泊位,其中大多是小型泊位改造而成。直到周恩来总理于1973年年初发出了"三年改变我国港口面貌"的号召,开始了第一次建港高潮。但是直到改革开放初期,沿海港口通过能力明显不足的问题长期制约着国民经济发展。1978年,沿海规模以上港口生产性泊位仅为311个,其中万吨级以上泊位133个,货物吞吐量仅为2.0亿吨,没有一个亿吨级大港。

改革开放后,我国沿海港口经过不断的建设发展,基础设施发生了翻天覆地的变化,取得了举世瞩目的成就。改革开放40多年来,沿海港口建设呈现迅猛发展态势,港口基础设施加快完善,吞吐能力和规模快速提升,成为对外开放的主要门户、综合交通运输体系的重要枢纽和现代物流系统的基础平台,沿海港口的通过能力已基本适应经济发展需要。截至2020年底,全国沿海港口共有生产性泊位5 461个,其中万吨级及以上泊位2 138个,沿海港口货物吞吐量达到94.8亿吨,分别是1978年的18倍、16倍和48倍,在世界港口吞吐量排名和集装箱吞吐量排名前10位中分别占据8席和7席。上海港、宁波舟山港、深圳港、厦门港、天津港、大连港等港口建设了一大批设备先进、作业效率高、吞吐能力大的集装箱专业化码头。以青岛全自动化集装箱码头、洋山深水港区四期全自动化集装箱码头建成投产为标志,我国沿海港口大型化、深水化、自动化程度不断提高。同时在全球集装箱海运网络体系中,上海、深圳等港口已成为全球集装箱运输枢纽港,我国沿海港口在全球航运网络中的竞争力不断提升。进入21世纪,我国上海的吴淞口国际邮轮港、青岛邮轮港等邮轮港口也相继建设完成,凭借先进的码头设施和现代化的软件设施,在世界邮轮港口领域也具有了较强的竞争力。

## 第二节　港口生产活动的主要内容

### 一、港口生产活动

作为货物运输和经济活动的关键节点,港口承担着货物装卸、仓储管理、物流组织和海事服务等多种任务。货物装卸和仓储管理是港口的核心职责,通过现代化的装卸设备和仓储设施,港口能够高效地处理各种货物,并提供临时或长期的储存服务。港口物流和运输组织则负责协调货物的运输、装卸和储存等环节,确保货物按时安全地到达目的地。此外,港口还提供海事服务,如供油、补给和维修等,以确保船舶的安全和运营。为了保障船舶、货物和港口设施的安全,港口积极推行安全管理措施,包括航道标识、监测系统和安全培训等。这些生产活动共同推动了港口的发展,使其成为一个多功能的物流和运输中心。深入了解港口的生产活动将有助于我们更好地理解港口运营和货物流通的重要性。

**(一)货物装卸、仓储管理及现代港口的新趋势**

货物装卸和仓储管理是港口生产活动的核心部分,涉及将各种货物从船舶上卸下或装载到船舶上,同时提供现代化的仓储设施来满足货物的储存需求。

1. 货物装卸

港口的装卸操作是确保货物高效、安全运输过程中的核心环节。现代化的港口采用多种装卸设备,例如起重机、滑车和集装箱码头设备等。这些设备可以自动化或半自动化进行操作,提高装卸效率。港口装卸操作分为:货物起卸、堆码操作以及操作技术和安全措施。

(1)货物起卸。根据不同类型的货物,港口采用适当的设备进行装卸操作。例如,散货港口可能使用装卸设备、输送带、卸车机和装船机等。而集装箱码头则通过起重机、堆高机和托盘提升机等设备进行集装箱的装卸。

(2)堆码操作。港口在堆场中对货物进行堆码,使其便于组织、储存和装卸。这要求港口精确掌握不同货物的特点,并合理安排货物堆放的防护、安全、便利等要素。

(3)操作技术和安全措施。港口采用现代化的操作技术和安全措施,确保装卸过程的顺畅性和安全性。操作人员经过专业培训,了解操作规程、安全操作程序和紧急应对措施,并使用个人防护装备以确保安全。

2. 仓储管理

港口提供现代化的仓储设施来满足货物的短期或长期储存需求。这些设施包括堆场、仓库和集装箱码头,根据货物类型和特点进行不同的储存管理。

(1)堆场管理。堆场用于存放散装货物、木材、矿石等,货物被堆放在露天场地上。港口会按照种类、尺寸、目的地等要求进行货物的分类、标记和堆放。堆场管理需要合理规划空间、掌握货物存放技术和货物特性。

(2)仓库管理。对于需要长期存储或保护的货物,港口提供仓库设施。这些仓库可以是传统的建筑物,也可以是现代化的自动化仓储系统。仓库管理涉及货物入库、出库、库存管理和货物流通等方面。

(3)集装箱管理。随着集装箱运输的普及,港口提供集装箱码头和配套设施来处理集装箱货物。集装箱管理涉及集装箱堆场的管理,包括堆放、集装箱堆叠和集装箱调度等。

港口仓储管理还涉及货主定制化仓储服务,例如,一些港口为客户提供增值服务,如货物分拣、打包、标签贴附等,以满足客户特殊需求。这些货物装卸和仓储管理活动使得港口能够高效处理各种货物,并提供灵活的储存和分配服务。

3. 现代港口的新趋势

现代港口还采用新理念、新手段、新技术来提高货物流通的效率和可持续性。

(1)自动化装卸设备。港口越来越多地采用自动化装卸设备,如自动驾驶堆高机、智能起重机和自动集装箱码头设备。这些设备可以提高装卸效率,减少人力成本,并提高操作的准确性和安全性。

(2)数字化管理系统。港口采用信息化和数字化管理系统来跟踪和管理装卸过程中的货物和设备。这些系统可以实时监控操作情况、收集数据并进行分析,提供决策支持和优化装卸效率。

(3)仓储设施的多样化。随着不同类型货物的增加,港口的仓储设施也在不断多样化。例如,温控仓库用于存放易腐货物、危险品仓库用于存放化学品和危险品等。增加仓储设施的多样性可以更好地满足不同类型货物的储存需求。

(4)仓储物流一体化。许多港口开始将仓储管理和物流管理一体化,以提高货物的流通效率。通过整合仓储和物流服务,港口可以实现货物的集中管理、快速转运和准确配送。

(5)环保和绿色仓储。可持续发展和绿色港口的重要性不断增加,港口也开始采取环保和绿色的仓储管理措施。例如,使用可再生能源、推广环保包装材料和减少仓储过程中的废物产生等。

**(二)港口物流和运输组织**

港口物流和运输组织是港口生产活动的另一个重要方面,它涵盖了货物的运输、装卸和储存等环节。

1. 港口物流

港口物流的核心任务是货物的运输。港口物流是指中心港口城市利用其自身的口岸优势,以先进的软硬件环境为依托,强化其对港口周边物流活动的辐射能力,突出港口集货、存货、配货特长,以临港产业为基础,以信息技术为支撑,以优化港口资源整合为目标,发展具有涵盖物流产业链所有环节特点的港口综合服务体系。港口物流是特殊形态下的综合物流体系,是物流过程中一个无可替代的重要节点,完成整个供应链物流系统中基本的物流服务和衍生的增值服务。

港口从古至今历来都是各国境内外贸易的重要中转站,港口的出现大大便利了各种贸易,缩短了运输时间和运输的路程,带动了贸易往来和经济开展。随着海洋运输的优势被发现,早期帝国主义国家陆续把海洋港口作为经济贸易的重要窗口,并通过海洋开辟了一系列的殖民地。

随着经济全球化趋势的加强,国与国之间的经济交往日益密切,现代化的港口便利了国家之间、区域之间贸易的开展,利用港口作为开展贸易的平台,大大提高了国家之间、区域之间的贸易往来,促进了商业繁荣,进而带动了物流业的发展,形成良性循环,商贸进一步发展。

传统的港口主要是作为货物装卸基地和中转站,也就是把货物在港口进行船舶对船舶或者船舶对的其他运输方式转运中转,实现货物的空间转移。

随着经济的发展,临海工业的发展,港口便利的交通运输条件,使得一些原材料生产企业和产品需要水运条件的企业,直接把港口作为生产基地,进行原材料的配送,进而带动了港口所在城市工业的发展。同时通过港口还可以为港口所在城市提供旅游服务,促进了房地产业的发展,带动金融等其他各项业务的开展,现代化的港口已经成为集工业、商业、旅游、运输、服务等各行各业于一体的大型生活社区。

目前,港口不仅仅具备传统的货物储备和搬运的功能,而且利用先进的信息技术,科学的管理手段,现代的港口设备,将仓储、包装、保税、加工、销售、批发、展览、航运交易以及信息管理等涉及的多种环节的功能集成化,用供应链综合系统的功能整合从发货人到收货人的整个物流服务过程,使物流的"门对门"得到优化。现代化信息流必然带动港口资金流,也必然带来配套的金融服务要求的提升,进而带动金融业的发展。

2. 运输组织

港口提供各种航运服务,确保船舶的安全和运营。为了提高资源利用效率、运输效率,准确安排时间,增加运输可靠性,提高客户满意度,并为港口提供更好的业务运作,港口需要制订合理的运输计划和调度,以确保货物的顺利运输。

(1)海运运输。港口作为海上货物运输的关键节点,承担着大量的海运货物运输任务。这包括各种类型的船舶,如集装箱船、散货船、油轮和液化气船等。港口负责卸载和装载货物,提供货物的转运和中转服务。

(2)陆路运输。港口与陆路运输网络相连,可以将货物从港口运往内陆地区或连接到其他港口。陆路运输包括铁路、公路和管道运输等。港口需要协调陆路运输,并确保货物的及时连接和交付。

(3)空运运输。虽然港口主要是与海运相关,但一些大型综合性港口也提供与空运相关的服务。这包括航空货运的中转、集散和配送等,满足不同货物的紧急运输需求。

(4)多式联运。港口可能还提供多式联运服务,将不同运输方式结合起来,以提供更灵活和高效的货物运输方案。这包括将海运、铁路、公路和空运等多种运输方式整合在一起,以满足货主的不同需求。

(5)供油和补给。港口需给船舶供油和提供补给服务,以满足船舶的能源和生活用品需求。与供油商和补给商合作,确保可靠的供应计划和程序。

(6)维修和维护。港口提供船舶维修和维护服务,包括停靠、检修、设备维修和提供维修人员等。确保船舶能够及时进行必要的维护和修理,保证安全运营。

(7)船舶代理。港口提供船舶代理服务,处理船舶在港口期间的相关事务,包括入港手续、离港手续和日常事务等。

**(三)海事服务和安全管理**

港口的海事服务和安全管理涵盖了船舶安全、航道安全、污染防控、人员培训、安全监控和技术支持等方面。这些措施和实践的目标是确保港口运作安全高效,并保护海洋环境和人员的安全。

1. 船舶安全管理

(1)船舶检查。港口应该进行定期的船舶安全检查,确保船舶符合国际和国内的安全标准。这包括检查船体状况、电子设备、消防系统、救生设备等。

(2)船舶登记和许可。港口需要确保每艘进入港口的船舶具备有效的船舶登记证书和必要的许可证,这有助于追踪船舶的身份和安全记录。

(3)危险品管理。港口需要具备良好的危险品管理措施,包括船舶上的危险品存储和处理。确保危险品的正确标记、包装和运输,以防止事故和环境污染。

2. 航道安全和导航管理

(1)航道维护。港口需要保持航道的良好状态,包括清理水道、标志航标和测量深度等。这有助于确保船舶安全通行,并减少潜在的地面接触和事故风险。

(2)导航辅助设备。港口需要安装和维护导航辅助设备,如雷达、GPS、AIS 等。这些设备有助于船舶在复杂的航道和港口中进行准确导航和避免碰撞。

(3)航道规划。港口需要制定合理的航道规划和管理措施,确保船舶的安全通行。这包括航船的速度限制、通航规则和交通管制等,以减少事故和碰撞的风险。

3. 污染防控和环境保护

(1)油污染应急响应。港口需要建立油污染应急响应计划,并配备适当的应急设备和培训人员。这有助于快速响应和控制发生的任何油污染事件。

(2)垃圾和废弃物管理。港口需要设立合适的垃圾处理设施,供船舶丢弃垃圾和废弃物。

确保船舶按照国际和国内的规定进行废弃物的处置,以减少对海洋环境的影响。

(3)生态保护。港口需要关注生态环境的保护,采取措施保护港口周围的生物多样性和生态系统。这包括建立禁渔区域、生态研究和保护项目等。

4. 人员培训

(1)培训课程。港口需要提供各类培训课程,以提高人员的安全意识和技能。这包括船员培训、船舶安全演习、危险品处理和海上救生等。

(2)安全检查和督导。港口应定期进行安全检查和督导,确保人员和设备的合规和安全操作。这包括制定和实施安全规章制度、安全审查和日常监督等。

(3)应急响应。港口需要建立应急响应机制和团队,以处理各种突发事件和应急情况,这包括火灾、爆炸、事故、污染等。

(4)安全文化。港口应鼓励和培养安全文化,确保所有从业人员意识到安全的重要性,并积极参与安全管理。这可以通过举办安全培训、分享经验教训和奖励安全行为等方式来实现。

5. 安全监控和技术支持

(1)视频监控。港口可以安装视频监控系统,用于监视重点区域、设备和操作过程。这有助于及时发现潜在的安全问题和异常情况,并采取必要的措施。

(2)无人机监测。一些先进的港口已经开始使用无人机技术来进行船舶和设备的巡视。无人机可以提供全方位的航拍视角,监测安全状况和风险。

(3)数据分析和预测。利用大数据分析和人工智能技术,港口可以对安全数据进行分析和预测,以使提前识别潜在的安全问题和趋势,从而采取相应的预防措施。

## 二、港口企业生产活动

港口企业的生产过程是从接待车船开始至送走车船为止的一个周期。车流、船流接连不断地到达,经过装卸后又离去,一个周期接着一个周期。港口企业生产过程就是从车、船到达后,在港区进行装卸等各项作业,货物在不同运输方式之间完成换装的整个过程。港口企业的生产过程包括生产准备过程、基本生产过程、辅助生产过程和生产服务过程四个方面。

1. 生产准备过程

生产准备过程是指港口基本生产活动之前所进行的全部技术准备和组织准备工作。具体是指编制装卸作业计划;根据计划进行货物操作过程、装卸工艺、装卸地点、库场和接运工具的确定和准备;装卸机械和工具的准备以及货运文件的准备。这些工作是确保基本生产过程顺利进行的前提。

2. 基本生产过程

基本生产过程是指货物在港的装卸搬运过程,或称换装过程,它是货物从进港到离港所进行的全部作业的综合。它是由一个或一个以上操作过程所组成,基本生产过程包括卸船、装船过程、卸车、装车过程,库场作业过程以及港内运输过程等。

3. 辅助生产过程

辅助生产过程是指保证基本生产过程正常进行所必需的各种辅助性生产活动,如装卸机械的维修与保养、装卸工具的维护保养、港口设施的维修和动力供应等,此外还有装船前、卸船后对码头、库场的整理等。

4. 生产服务过程

生产服务过程是指保证基本生产过程和辅助生产过程所进行的各种服务过程。它包括为基本生产服务的理货业务、仓储业务和计量业务等；为船舶服务的技术供应、生活必需品供应、燃料和淡水供应、船舶检验和修理、压舱污水处理等；为货主服务的货物鉴定、检验、包装等。此外，还包括港口企业提供的集装箱的清洗与检修、集装箱的固定、港内垃圾和污水处理等服务。各种生产服务活动是港口生产活动中不可缺少的组成部分。在组织生产过程时，既要组织好基本生产过程，也要组织好其他三个过程。特别值得注意的是，在组织生产过程中，不但要注意对物质（即设备、机械）的组织工作，而且要抓好对信息的组织工作，因为在港口生产过程中，由于信息流通不畅经常引起生产的中断。

## 第三节　邮轮港口的发展历程与港口管理的主要内容

### 一、邮轮港口的概念

1. 邮轮港口的含义

邮轮港口是邮轮驻泊的基地，是邮轮航线的主要停靠点，可供邮轮停泊、上下访客以及行李和货物装船等。邮轮码头通常是跨境运输，所以因设立出入境海关，邮轮码头及航站楼是客流疏解的便利设施。邮轮港口分为母港和停靠港（访问港）。

（1）邮轮母港

邮轮母港具备多艘大型邮轮停靠及其进出所需的综合服务设施设备条件，能够为邮轮经济发展提供全程、综合的服务及其配套服务。母港是邮轮的基地，邮轮在此进行补给、废物处理、维护与修理等，邮轮公司在母港所在地设立地区总部或公司总部。邮轮母港大多为邮轮的始发港。

研究表明，邮轮母港对所在区域的经济具有较强的推动力，母港的经济收益一般是停靠港的10～14倍。根据国际旅游组织的统计，每接待一位国际游客的收入是740美元，而邮轮接待一位游客的收入高达1 341美元。现在的国际邮轮的游客数量动辄上千，一艘邮轮搭载2 000名游客是很平常的事。

2014年9月，交通运输部发函，将在天津、上海、厦门及三亚四港开展邮轮运输试点工作，先行先试开展邮轮产业发展各项工作，为促进我国邮轮运输业健康可持续发展积累经验、做好示范。

2015年4月22日交通运输部发布《全国沿海邮轮港口布局规划方案》，宣布国内沿海邮轮港口布局方案：辽宁沿海重点发展大连港；津冀沿海以天津港为始发港；山东沿海以青岛港和烟台港为始发港；长江三角洲以上海港为始发港，相应发展宁波—舟山港；东南沿海以厦门港为始发港；珠江三角洲近期重点发展深圳港，相应发展广州港；西南沿海以三亚港为始发港，相应发展海口港和北海港。

（2）邮轮停靠港（访问港）

邮轮停靠港也叫做访问港，主要是指邮轮从母港出发后，航行沿途停靠，游客下船访问参观的港口。与母港不同，其主要负责接待邮轮停靠，一般不具备完备的邮轮补给、维修等体系。邮轮停靠带来的收益主要是两大部分：一部分是游客在当地的交通、就餐、住宿、观光和购物等消费；另一部分是邮轮公司的补给、维修以及靠泊费用，而母港消费要远大于停靠港。

## 二、邮轮港口和邮轮产业的发展历程

1. 邮轮港口的兴起

现代邮轮产业的兴起始于20世纪50年代的北美,由于航空业的发展迫使大型客运公司必须为旗下的船只寻求新的用途。轮运公司发现人们对充满异域风情的旅行和探险有着极大兴趣,便逐渐将部分核心业务发展成以休闲娱乐为主的邮轮业务。它们将船只停泊在气候温和、风平浪静及富有地方特色的港口,这些特色港口成了邮轮访问港的雏形。

在现代邮轮产业兴起之前,早期邮轮主要竭尽全力承担客运业务,形成的客运港口和码头为后来的邮轮母港发展奠定了基础。所以了解邮轮港口发展历程,就必须先了解邮轮船舶的发展历程。

据考证,早在古地中海时代,人类因移民、战争、探险、商务等需要,就乘船航行大海。由于当时技术落后,乘船航行区域十分有限,也十分危险。大约15、16世纪,这种依靠风动力的木制帆船,也完成了规模宏伟、名垂青史的远洋航行,如郑和下西洋访问亚非国家、哥伦布发现新大陆的探险之旅、麦哲伦的环球航行等,但那时乘船航行的乘客少,主要目的是移民、战争、探险、商务等。

19世纪初期,蒸汽机推动了工业革命,轮船从风帆动力演进成蒸汽动力,19世纪中后期,木制帆船被钢铁构造的船舶取代,煤炭、石油作为燃料,轮船航行速度更快。技术进步推动了船舶工业的发展,航运公司开始制造大型客船,大不列颠号、大东风号等大型客轮先后投入使用。人们为了探险、旅行、寻找新的生存地等,开展海洋旅行。1850年以后,英国皇家邮政允许私营船务公司以合约形式,帮助他们运载信件和包裹,由此,一些原本只是客运船务公司旗下的载客远洋轮船,变为悬挂信号旗的载客远洋邮务轮船。"远洋邮轮"一词便由此诞生。

20世纪初,轮船开始使用蒸汽涡轮发动机,船体更大型,设施更豪华,速度更快,如毛里塔尼亚号和露西塔尼亚号等,这一阶段乘客主要是移民。1909年3月31日,泰坦尼克号客轮于北爱尔兰的最大城市贝尔法斯特的哈南德·沃尔夫造船厂开始建造,于1911年5月31日下水。该客轮以煤为燃料,以蒸汽为推动力,最大时速可达23节,全长269.06米,宽28.19米,注册吨位46 328吨(净重21 831吨),总共可搭载3 547名乘客和船员。船上配有室内游泳池、健身房、土耳其浴室、图书馆、升降机、壁球室等,奢华和精致堪称空前,是当时最大、最有声望的载客远洋邮轮。

这些客轮外表雄伟壮观,舱位通常分为两到三个等级,一等是富人舱,二等是中等收入群体舱,三等为统舱,是大众舱。不同等级舱在住宿、就餐、饮食、娱乐等各方面差异明显。

第一次世界大战期间,大部分远洋轮船被征用改装成运兵船。战后新一代轮船出现,客船更大、更豪华、更美观,特别是速度更快。1920年,美国禁酒令颁布,公海成为美国人饮酒的唯一去处,众多美国人以饮酒为目的乘船出游,客轮的休闲娱乐功能开始显现。大约20世纪30、40年代,挪威号、伊丽莎白王后号、诺曼底号、卡罗尼亚号等邮轮陆续诞生,用途主要是中产阶级乘船旅行以及作为"第二次世界大战"时军队运输等。特别是1936年建成的玛丽女王号,成为20世纪30年代豪华和大型跨洋客轮的代表。这一时期客轮仍被看作一种以交通为主的工具,承担运输任务,但以休闲度假为目的的现代邮轮也正逐步成型。1958年,喷气式飞机开辟飞越大西洋的商业服务,因其更为方便快捷,远洋客运陷入了不利的经营境地,加勒比海等地区的一些邮轮公司逐渐转向开拓新业务,即把客轮打造成海上流动的休闲娱乐场所,向现代旅游为主的邮轮功能转型。20世纪60年代后,许多远洋客轮配置多种娱乐设施,改装成以旅游功能为主的邮轮,现代邮轮业拉开帷幕。

2. 现代邮轮产业的过渡萌芽期(20世纪60年代末—70年代初)

20世纪60年代初期往返美欧大陆间的跨大西洋客运班轮每年的客运量超过了100万人次,20世纪70年代初急剧下降到每年约25万人次。原来的客运班轮经营商迫于经营压力,不得不寻找新的经营方式,全球邮轮旅游业开始萌芽。

20世纪70年代是邮轮经营的痛苦转型时期,班轮公司正尝试由运输提供商向提供邮轮设施及服务的角色转变。但客运班轮本身并不一定适合开展新型的邮轮旅游休闲服务,其过渡还面临很多的障碍,如没有空调、不舒适的三等舱以及甲板上下缺乏公共空间等。这一阶段,人们对邮轮知之甚少。

20世纪60年代前的远洋客运是运输业较小的组成部分,尚未形成完整产业链,乘客数量和船公司收益增长缓慢,对区域经济的带动十分有限。其存在三方面特征:一是船票是船公司最主要的收益来源,而以三等舱船票为绝大部分;二是主体功能为运输,主要乘客是为了穿越海域到达彼岸,因此客轮一般不会中途停靠多个港口以方便乘客下船观光;三是乘客两极分化明显,有的是寻求享乐的上流社会人士,但大多数是背井离乡、寻找生计的劳苦大众。这一时期的邮轮港口还主要是体现客运码头的功能。

3. 现代邮轮产业的引进期(20世纪70年代—80年代)

这一时期诞生了现代意义上的邮轮产业,邮轮旅游产品所包含的内容也具备了今天的雏形。1966年秋天,经营总部设在美国迈阿密的NCL(Norwegian Caribbean Line,后改名为Norwegian Cruise Line)公司的首艘邮轮山河智能(Sunward)号投入正式运营,这标志着现代邮轮产业的诞生。NCL公司创始人Kloster的成功经营理念很快被邮轮业界接受,从此许多经营者陆续进入邮轮市场。出现了一些专为跨洋旅游打造的邮轮,如1965年建成的海洋号邮轮,1966年挪威邮轮公司的向阳号邮轮首开先河,销售3~4天的邮轮度假产品。

这一阶段,人们对邮轮有了一定的了解,邮轮目标市场以本国游客为主,航线观光也是以本国观光地为基本港,但人们对邮轮的认识还局限在其豪华的外观、内部设施以及高昂的旅游费用方面。这一时期,挪威邮轮、皇家加勒比、嘉年华以及P&O等公司相继正式组建各自的邮轮船队,涉足邮轮旅游。20世纪70年代早期,邮轮航线巡游不再仅仅是航运的概念,而是已经成为休闲产业的一个有机组成部分。

20世纪70年代是现代邮轮业诞生阶段,远洋轮船公司为化解与飞机竞争的不利困境,占据市场份额,便纷纷将远洋客轮改装成以休闲娱乐为主的旅游邮轮:拆掉用于划分不同等级舱位的舱壁,扩大公共活动空间,装上空调,将多功能厅改建成舞厅、剧院,现代邮轮开始出现,现代邮轮旅游业获得标志性发展。20世纪80年代是现代邮轮旅游步入大众化阶段,邮轮公司纷纷建造度假邮轮,邮轮公司和航空公司联合销售客票,大大便利了乘客,乘邮轮旅游逐渐从精英阶层走向大众,嘉年华、皇家加勒比等邮轮公司纷纷组建邮轮船队。伴随着真正现代意义上的邮轮的发展,这一时期的邮轮港口也开始呈现更多的服务功能。

4. 现代邮轮产业的成长拓展期(20世纪80年代—90年代中期)

20世纪80年代晚期,出现了将空中飞行和海上航线合二为一的"飞机+邮轮"旅行模式,进一步推动了邮轮旅游产业的发展。由于团体包机服务可以将机票价格降低到合理的水平,飞机和邮轮的结合,对不喜欢海上长途旅行的年轻群体来说具有一定的吸引力。

这一阶段,嘉年华公司快速发展壮大,主要以引进二手改装船的方式进入加勒比海市场,采用强劲的"享受阳光"广告攻势,有特别大的吸引力并结合有竞争力的价格策略,成功地打开了大规模的青年消费市场。

这一时期,目前世界上规模最大的三大邮轮公司(嘉年华、皇家加勒比、丽星)都在邮轮旅游行业奠定了稳固的基础,并在欧美主流消费市场建立了各自的邮轮网络。与此同时,邮轮市场开始高度细分,提供的服务也不断丰富,市场得到拓展,人们对邮轮的需要逐渐被打开。

20世纪80年代是现代邮轮研发创新阶段,许多超豪华邮轮建成下水,如20世纪80年代初挪威邮轮公司豪华装修的法国号,公主邮轮公司高舒适度的皇家公主号,计算机自动导航的风之星号,装备卫星新闻服务系统和温泉的伊丽莎白女王二号以及总注册吨位达7.3万吨的皇家加勒比公司的海上君主号等。

20世纪90年代是现代邮轮业规模化发展阶段,邮轮产品日趋多样,游乐和休闲功能更加齐全,总注册吨位超过10万吨的巨型邮轮不断诞生,邮轮市场日渐成熟,世界邮轮旅游业快速扩张,到后期,世界邮轮游客年均达800万人次。

5. 现代邮轮产业的繁荣成熟期(20世纪90年代中晚期至今)

1993年,一向处于全球邮轮市场边缘的亚太区域也有了变化——马来西亚丽星邮轮集团成立。该集团最初仅在新加坡和马来西亚提供邮轮服务,之后的业务扩展到整个亚太地区。2000年之后又收购NCL和Orient东方邮轮品牌,进入欧美市场。丽星集团在全球邮轮市场占有10%左右的市场份额,是世界第三大联盟邮轮品牌。世界主要邮轮公司都是以欧美区域市场为邮轮经营的基地发展起来的,随着人们对邮轮认识的逐渐清晰以及世界旅游业的发展,邮轮旅游在北美和欧洲逐渐成熟,由昔日上流社会特定的旅游时尚演变为中产阶级的大众旅游休闲活动。20世纪80—90年代,北美和欧洲的邮轮市场就形成了系统的市场结构,市场发展进入成熟期,呈现出较为繁荣的局面。

进入21世纪以来是现代邮轮业全面提升阶段,主要体现在三方面。一是世界传统邮轮目的地吸引力趋减,北美客源市场增速放缓,而亚洲人口多,社会经济发展快,邮轮设施纷纷改善,东方文化独具魅力。皇家加勒比、丽星、嘉年华等国际邮轮公司纷纷拓展亚洲和中国市场,如2004—2009年,上海港邮轮停靠艘次年均增幅74%。二是嘉年华邮轮公司2003年收购公主邮轮公司,行业进一步垄断;2004年超豪华、总注册吨位达14.8万吨的邮轮玛丽王后二世号诞生;2009年12月,排水量22.5万吨、客容量5 400人的皇家加勒比海洋绿洲号下水,这是世界上最大、最豪华的邮轮,它拥有大型购物商场、百达汇欢乐城、中央公园等,邮轮的度假综合服务功能进一步增强。三是国际邮轮上恐怖袭击事件呈高发态势,邮轮业快速发展对港口空气、水等环境影响加大。如何加强社会规制、促进邮轮旅游持续快速健康和安全发展,已引起各方关注。

伴随着现代邮轮业的繁荣和发展,一些著名的邮轮旅游城市纷纷建设现代化的邮轮码头,形成了真正意义上的现代化邮轮港口。例如,新加坡邮轮中心码头于1992年6月18日正式开业,它是该地区首个专用的邮轮码头。特别是进入21世纪之后,随着邮轮船舶的大型化和科技化发展趋势,邮轮港口也需要与时俱进,不断更新扩容。这一时期,深水泊位邮轮码头建设应运而生。2008年12月20日,上海吴淞口国际邮轮港开工建设,2011年10月上海吴淞口国际邮轮港开港,当年共有两个大型邮轮泊位,前沿港池水深9~13米。

### 三、邮轮港口管理的主要内容

#### (一)邮轮港口的功能要素

1. 水域及码头

邮轮港口水域应尽量满足邮轮全天候进出港的要求。虽然邮轮有大型化的趋势,但其吃水并不是很深。邮轮干弦以上部分很高(50米以上)，邮轮港选址应保证有足够的净空。邮轮对码头结构本身没有特别的要求。

2. 泊位

邮轮港泊位的长度和水深应满足现代超级邮轮的停泊要求。

3. 客运大楼

满足游客短暂停留、快速通过的客运大楼是邮轮港的必备设施。客运大楼内可以实现旅客候船休息、行李提取、验票、安检、通关、上下船等。为配合旅客休憩及消费的便利，客运大楼应提供多元的休闲活动服务，包括购物、消费、水上活动、导游和交通运输等。

4. 上下船设施

邮轮港口需要设置便捷的上下船设施。多数邮轮码头都采用"登船桥＋登船机"的模式为适应潮位的变化和舱门位置的不同，等船机可以实现水平移动和竖直方向上的节，使登船口和邮轮舱门保持对接。登船机后方设置登船桥，与客运大楼相连，形成便捷的上下船通道以及实现客运设施的封闭管理。

5. 物资补给

邮轮母港应给邮轮提供各种补给和物资运送服务，因此港口应配备适当的储存和作业区。以观光为主的邮轮港，港区是否美观会直接影响对旅客的吸引力，应通过适当的面处理来隐藏作业区。在邮轮港规划中，将休憩区和作业区做适当的分割是必要的，以免作业区对环境的冲击。

6. 行李处理

邮轮乘客一般携带行李较多，在管理方式上，旅客和行李一般是分离的，这和机场管理比较相似，不同之处在于机场行李是由旅客进行托运，邮轮上则需要由服务人员将行李送至旅客的房间。邮轮乘客行李一般为每人2～3件，这比普通国内旅客要多。行李一般在验票前和出关后送取，在船上则需要在旅客房间交接，这就需要有完善的管理措施，一般邮轮码头设有专门的行李处理设施。

行李处理区的最小面积通常是每个旅客1平方米。另外，还应考虑进出通道、海关检验和休息室所需的面积。

7. 对外交通

对外交通联系存在广义和狭义之分。狭义的对外交通联系指具体的邮轮港口的对外交通联系，具体方式包括公路、城市道路等；交通工具包括大型巴士、出租车、地铁等。广义的对外交通联系指邮轮港口所在城市的对外交通设施，具体包括公路、铁路、空运、水运等。就邮轮母港而言，由于邮轮乘客来源广泛，往往对航空运输要求较高，单艘邮轮的载客可接近大型客机的10倍，邮轮港口的高效运行需要机场充足便捷的航班保障以及邮轮港与机场之间交通、管理、票务方面的无缝衔接。对于一般的邮轮港口，邮轮码头只是旅客上下船的节点，只需要通过交通工具实现市区的快速集散即可，可以采用巴士或自驾车等。对于综合性邮轮港口，除邮轮乘客外，往往还承担部分城市功能，需要考虑其他旅客及市民的交通需求，因而在交通规划上需要综合考虑各种交通方式的便捷衔接，形成交通枢纽。

8. 停车场

小汽车到港比例的高低与当地的大众交通运输系统的发展程度有关，北美地区由于大部分城市的公共交通发展不完善，因此港口的停车设施需求量较大，而欧洲和亚洲地区(中国香港及新加坡)则是搭乘公共运输系统，故港口整体的停车需求较少。

9.住宿

邮轮母港的旅客中有20%~25%的客人在邮轮假期开始前或结束后需要住在港口所在城市内,等待邮轮或者航班,故需要有足够的酒店住宿服务。

(二)**邮轮母港服务接待流程**

1.概述

邮轮港服务接待流程大体是:(1)邮轮停靠港口;(2)行李分类转运(根据团体或是否需要搭乘班机离开);(3)旅客下船顺序(根据团体或是否需要搭乘班机离开);(4)检修和补给;(5)旅客及行李登船;(6)邮轮离港。

2.登船流程

由于邮轮旅游涉及进出境,故抵达邮轮港前须通过安全检查点,类似于收费站的形式,由稽查人员进行检查,并可要求检查可疑行李,车辆也可能受检,以维护港口整体安全。目前,吴淞口邮轮港未进行车辆检查,碰到亚信峰会等特殊情况时才进行车辆检查。

通过安全检查点后,港区内详细的指引可以直接将旅客引导到邮轮旅客客运大楼,户外空间类似国际航空航站。进入旅客客运大楼即可准备卸下行李,搬运工将协助处理,并确认每个行李的邮轮辨识标签和旅客身份标签,搬运工会将所有的行李装进一个行李钢笼,以便运送至邮轮内部。旅客进入客运大楼后,指引提示可以引导旅客办理所需的登船手续。在客运大楼内的第一个检查点将要求旅客出示相关文件,包括护照、船票等。通过后需接受安全检查,其设备与航空机场的X光设备相同。完成行李及个人检查后,将引导旅客至服务柜台区,相关服务人员将在此检查身份证明文件、船票、护照、签证及信用卡。信用卡在此预刷,类似在旅馆登记的信用卡预刷手续。完成后发给旅客一张印有姓名的塑胶卡片,为旅客的登船票、房间钥匙和船上的消费登记卡(邮轮内的一切消费不以现金形式交易)。完成相关手续后,游客便可至候船室等候上船。多数大型邮轮客运大楼会采用类似机场使用的空中连接通道,直接将旅客引导上船。

3.离船流程

要求旅客于前一天晚上将行李置于船舱门口,并由邮轮工作人员在晚间将所有的行李整理好,以便邮轮靠岸后先行卸货。邮轮工作人员会在旅客准备下船时将人员分组以区分下船时间,以此减少离船高峰的阻塞。等候下船的旅客在大厅集合,旅客大约在靠岸1.5小时后开始下船。

另外,有其他既定游览行程或者搭乘航班的旅客可优先下船。在等待下船的同时,要求旅客完成报关表,登记所有在旅游期间购买的物品,报关时向官员提交所有文件供检查。完成后至行李传送带提取行李,此部分程序与乘航班相同。客运大楼出口备有等候区。

# 第四节 一般港口与邮轮港港口的运营模式

## 一、一般港口的运营模式

目前,港口物流的运营模式主要有以下几种:

1.物流中心模式

港口物流中心模式是指以港口为据点,以主枢纽货运港口业务为基础,进一步加强并整合运输、储存、装卸搬运、包装、流通加工、物流信息处理等基本功能,同时引进货物检验、报关、结算、需求预测、物流系统设计等延伸功能,全方位、全过程地完成物流服务。这也是以物流中心为载体,集国际商品、资本、信息、技术等于一身的资源配置型港口,即"第三代港口"。港口发展物流中心模式具有得天独厚的优势。首先,港口具有发展物流中心的硬件条件。港口、场站本身就有装卸、存储、包装和集疏运等功能,建立物流是对传统功能的进一步有效利用和功能扩充。其次,港口本身也有一定的信息处理系统,而物流中心模式要求这种信息处理要更及时、更准确、更系统。我国港口发展现代物流业虽然已经具备一定的条件,但同发达国家港口的物流中心地位相比仍有很大差距。所以,港口向现代物流中心的转化仍需长期努力,主要可以从以下几个方面竞争努力:一是建立主要物流的配送中心;二是建立物流管理中心;三是建立信息数据中心;四是建立包装检验与设计服务中心。

### 2. 特许连锁经营模式

特许连锁经营是指核心港口企业(总部)同加盟港口企业(分部)签订合同,授权加盟企业在规定的区域内使用自己的服务标志、品牌、经营管理技术和信息系统,在同样的形象标识下进行物流服务。港口企业的特许连锁经营类似于超市、餐饮企业的特许连锁经营,实质上是品牌企业的一种"克隆"特许连锁经营的基本思路。首先,核心港口企业将其企业名称、服务标识等申请注册商标,其物流经营管理技术和信息系统等经过专业部门质量论证及规范。其次,核心企业选择加盟企业,签订合同,将其品牌、服务标识等授权给加盟者使用,核心企业拥有加盟者的物流经营权,而加盟者拥有本企业的所有权和收益权,并向核心企业交纳一定比例的特许使用费。在经营过程中,联盟企业统一使用同一品牌名称,遵循统一的价格策略和服务操作规范,在总部的战略方针指导下实现物流经营的特许连锁。对于核心企业来说,在物流服务市场中具有较高的声誉和知名度,企业经营状况良好,市场潜力巨大;企业物流经营管理标准化、规范化,信息网络完善,物流流程成为区域内的样板流程。对于加盟者来说,采用特许经营模式的企业需在区域内拥有一定的场所和专业物流服务设施,且企业有改善物流经营、从属于他人品牌下的意愿。

### 3. 供应链模式

在现今物流企业的实力逐渐增强的形势下,物流企业取代供应商和分销商,直接同作为供应链核心的生产企业形成供求关系已经成为可能。在物流服务中,物流企业与其直接客户之间的合作关系表现在三个层次:微观层次表现为企业提供的物流作业同步、后勤保障和服务协作;中观层次表现为与生产企业的信息共享、提供物流技术支持和联合开发;宏观层次则表现为同生产企业一起共同配置资源、实现委托代理机制和对策研究。这是一种高度信任、共享信息、共担风险、共同获利的关系。具体来说,物流企业的供应链合作模式是一种与合作伙伴最密切的联盟方式,管理的效用得以在这种紧密合作下充分发挥。机遇物流企业的供应链,港口可以实行以下联合的策略:(1)联合货主;(2)联合船公司;(3)联合其他相关企业。供应链合作模式在运作上应该注意的问题:(1)合作伙伴的选择的长期性;(2)合作与交流的稳定性。

**案例:**

#### (一)鹿特丹港口物流模式

鹿特丹港位于莱茵河与马斯河汇合处,西依北海,东临莱茵河、多瑙河,可通至里海。港区面积约100平方千米,码头总长42千米,吃水最深处达22米,可停泊54.5万吨的特大油轮。港区基础设施归鹿特丹市政府所有,日常港务管理由鹿特丹港务局负责,各类公司承租港区基础设施发展业务。鹿特丹被誉为新亚欧大陆的西桥头堡。

鹿特丹港口物流模式简单说来可以称之为地主型物流中心模式。这种模式下,港口管理局拥有很大的经营管理权和土地使用权,由其统一进行港口地区的码头设施和临港工业以及其他设施的用地管理。通常港口管理局拿出一部分仓库和堆场开辟为公共型港口物流中心,但其只负责管理和提供基础设施和配套服务,本身不直接参与物流中心的经营。当物流中心建成后再由港口管理局有重点地选择业务基础牢固,信誉好的物流经营方加盟,逐步吸纳工商企业加入物流中心,并将原材料采购、配送等职能交由物流中心负责,参与供应链管理。一般来说,鹿特丹港物流发展模式主要有如下这些特点:一是由政府统一规划、建设和管理,租赁给企业自主经营;二是港口配套设施齐全,储、运、销形成一条龙服务;三是港口物流中心规模大,专业化程度高;四是港口工业发展迅速,已形成物流链。

鹿特丹港口物流的发展经验与模式主要有:

1. 多样化集装箱运输形式

鹿特丹港是欧洲最大的集装箱码头,它的装卸过程完全用电脑控制,集装箱装卸量已超过320万箱。鹿特丹的集装箱运输形式主要有公路集装箱运输、铁路集装箱运输和驳船集装箱运输。

2. 港城一体化的国际城市

鹿特丹作为重要的国际贸易中心和工业基地,在港区内实行"比自由港还自由"的政策,是一个典型的港城一体化的国际城市,汇聚了大约3 500家国际贸易公司,拥有一条包括炼油、石油化工、船舶修造、港口机械、食品等部门的临海沿河工业带。

3. 现代化的港口建设

鹿特丹港以新航道为主轴,港池多采用挖入式,雁列于主航道两侧,按功能分设干散货、集装箱、滚装船、液货及原油等专用和多用码头,实行"保税仓库区"制度,构成由港口铁路、公路、内河、管道和城市交通系统及机场连接的集疏运系统。

4. 功能齐全的配送园区

鹿特丹港在离货物码头和联运设施附近大力规划建设物流园区,其主要功能有拆装箱、仓储、再包装、组装、贴标、分拣、测试、报关、集装箱堆存修理以及向欧洲各收货点配送等,发挥港口物流功能,提供一体化服务。

5. 不断创新的管理机制

鹿特丹港务管理局不断在进行功能调整,由先前的港务管理功能向物流链管理功能转变,继续扩大港口区域,尝试使用近海运输、驳船和铁路等方式来,促进对物流专家的教育和培训,建设信息港,发展增值物流。

## (二)新加坡港口物流模式

新加坡港位于新加坡的新加坡岛南部沿海,西临马六甲海峡的东南侧,南临新加坡海峡的北侧,是亚太地区最大的转口港,也是世界最大的集装箱港口之一。新加坡又称狮城、星洲或星岛,新加坡港扼太平洋及印度洋之间的航运要道,战略地位十分重要,自13世纪开始便是国际贸易港口,现已发展成为国际著名的转口港。新加坡港口物流发展模式具有供应链物流中心和联合型物流中心两种模式的特点。供应链型物流中心是由港口物流企业与航运物流企业共同组成物流中心,这种模式是在优势互补的基础上,各方分工合作,共同投资组成紧密型物流集团来经营航运与物流两个供应链环节。联合型物流中心是由港口、保税区及与所在城市共同组建。一般来说,新加坡港物流发展模式主要有这些特点:一是实行自由港的政策,为客商提供方便和优惠;二是物流分工明确,集约经营;三是培育港口物流链,港口与加工业联合发展;四是物流服务形式多样,提供多种增值服务。

新加坡港口物流的发展经验与模式主要有:

1. 政府支持

1997年7月,新加坡物流倡导委员会制定发展纲领,同年,新加坡贸易发展局联合13个政府机构,展开"1997年物流业提升及应用计划",先后推出了"1999年物流业提升及应用计划"以及"2001年物流业提升及应用计划",成功地将运输、仓储、配送等物流环节整合成"一条龙"服务。

2. 物流与高科技的结合

新加坡物流公司基本实现了整个运作过程的自动化,新加坡政府启动"贸易网络"系统,实现了企业与政府部门之间的在线信息交换,物流企业都先后斥资建成了电脑技术平台。

3. 专业性强服务周全

新加坡境内的物流公司专业化、社会化程度高,可以为某一行业的企业提供全方位的物流服务,也可以为各行业的客户提供某一环节的物流服务,物流企业以满足客户需要为出发点和最终归宿点,由物流公司和客户共同研究选择出一种或几种最理想的服务方式,最终找出能最大限度为客户提供低成本的解决方案。

### (三)安特卫普港口物流模式

安特卫普港是比利时最大的海港,欧洲第三大港。地处斯海尔德河下游,距河口68~89千米。港区总面积10 633万平方米,其中水域占1 315万平方米,港区岸线总长99千米,货物吞吐量近亿吨,是排名鹿特丹港和马赛港之后的欧洲大港。安特卫普港口的物流发展模式为共同出资型物流中心模式,即多方合资经营港口物流中心。该模式通常是以港口为依托,联合数家水、陆运输企业或以股份制形式组成现代物流中心,成为装卸、仓储、运输、配送、信息处理的统一体,开展一条龙、门到门、架到架的综合性服务。这种模式的优点是,一方面可以解决港口资金缺乏的困境;另一方面通过与国内外先进的物流企业进行合作,更快地了解和掌握国际上现代化物流中心的经营和管理技术及运作方式。一般来说,安特卫普港口物流的发展模式主要有这些特点:一是由港务局与私营企业共同投资;二是有着良好的基础设施;三是有着畅通的集疏运网络;四是有着高效的政府管理方式。

安特卫普港口物流的发展经验与模式主要有:

1. 完善的交通网络

安特卫普港与世界上100多个国家和地区建立了贸易关系,拥有300多条班轮航线,与世界上800多个港口相连,水运与以密集的高速公路、铁路为核心的陆运相衔接,形成完善的交通运输网络。

2. 良好的硬件设施

安特卫普港拥有汽车、钢材、煤炭、水果、粮食、木材、化肥、纸张、集装箱等专业码头,备有各式仓库和专用设备,建有炼油、化工、石化、汽车装备和船舶修理等工业开发区。

3. 现代化的信息服务

安特卫普港拥有现代化的EDI信息控制和电子数据交换系统,使用安特卫普信息控制系统(APICS)。私营行业还建立了安特卫普电子数据交换信息系统(SEAGHA),并与海关使用的SADMEL系统以及比利时铁路公司使用的中央电脑系统等其他电子数据交换网相连。

## 二、邮轮港口的运营模式

港口业属于服务行业,港口具有基础性、涉外性、区域性、系统性等特点,其功能有很大的辐射性,为此,我国政府也非常重视港口的社会公益性。我国港口管理体制经历了不断改革的发展过程,1978年以前,我国港口管理体制是典型的计划经济体制下的公有国营制,随着改革开放,这种模式的弊端日益突出。针对港口管理体制出现的种种弊端,我国政府进行了许多改革调整,起到了一定效果,使我国的港口业在全国范围内都有了很大发展。然而,由于传统体制的长期影响,历史上形成的诸多问题以及多年来的重复建设,许多港口已不适应市场经济的要求,企业经营机制不灵活、经济效益低下等问题日益突出。目前我国绝大多数的港口企业属于国有企业,在国有企业的体制转换和结构调整的攻坚阶段,应清醒地认识到港口体制改革面临着艰巨的任务。港口管理体制的形成、发展受到国家历史、经济、政治、传统文化等因素影响。从世界范围来看,港口管理的具体形式具有很大的差异性,具体表现在不同国家、同一国家不同港口、同一港口在不同时期,其港口管理体制各不相同。以下对世界邮轮港口管理模式进行分类研究,分析其发展趋势。

1. 迈阿密邮轮港的管理模式

迈阿密港口(Miami Cruise Port)隶属港口局。港口局是一个非经营性单位,主要是提供基础设施,租赁给私营部门经营,其日常运营费源于租金、船供服务、港费、贮存费等,岸线和航道维护、大型建设项目资金则视具体情况由联邦政府和州政府拨款、专项基金投入、银行贷款等。邮轮在港上下客、货物装卸等业务由港口公司与航运公司、邮轮公司按合约进行。20世纪80年代,由于母港邮轮业发展迅速而港口接待能力有限,迈阿密港口部门新增2.5亿美元资金对港口实施了扩建。如今,迈阿密邮轮(旅游)母港经济效益依旧稳居世界首位,主要航线遍及拉丁美洲、加勒比海等地区,驻地母港邮轮公司达8家,母港邮轮约20艘,2012年的游客约占全球游客规模的1/4。

从20世纪90年代开始,迈阿密拥有了两座邮轮客运中心,使用当时世界上最先进的设施管理信息系统,能为8 400名邮轮游客提供直接服务。其次,迈阿密邮轮港口还有许多人性化软硬件设施,如拥有宽敞的码头休息大厅,多个多功能商务会议厅,邮轮游客上下船全封闭的自带空调的通道以及可同时停放733辆汽车的车库等优质硬件设施;拥有先进的订票系统、安全指挥系统、登船证件查验系统、行李管控操作系统和高效先进的码头内部信息化交通指挥系统等软件设施。同时,迈阿密邮轮客运枢纽站的运营也特别人性化,商店、游客、行李、船舶各有一套专有管理系统,枢纽站的第三层高度与邮轮船体上下船舷高度一致,方便邮轮游客。此外,迈阿密邮轮码头地理位置优越,地处黄金海滩地段,附近交通条件也较好,15分钟车程可达机场,几分钟车程即可到达市中心购物超市和宾馆。

迈阿密国际邮轮港,基于美国通关的政策,采取的是"严进宽出"的管理模式,海关CBP把监管点就设立在码头停靠点旁边,过关、检疫、监管合并进行,并与邮轮安检完美衔接,不仅所有程序一并完成,提高了效率,同时也还为邮轮乘客提供方便。结合了通关等的便捷服务,顾客在买票、验票、候船和登船等只需较少的等待时间,便可享受邮轮旅游。

迈阿密邮轮港是目前全球最大和服务配套设施最完善的邮轮母港,其船供配送体系也是世界一流的。邮轮港自备专有的邮轮物资配送中心和邮轮供给品运输火车。由于母港是邮轮物资大量补给的所在地,每天都有不同船供企业针对不同邮轮提供大量邮轮物品被运送补给,靠印有不同邮轮公司的LOGO来做到区分,并且在港口实施精细化管理。同时,迈阿密港也是邮轮船供母港,邮轮离开到达其他访问港或母港时也会需要迈阿密母港的补给,因此迈阿密母港也是邮轮船供物资分拨中心,通过海运方式将物资运送到其他港口以备邮轮在经停港直接补给上货。迈阿密有一套先进的邮轮补给物流管理体系和管理信息系统,实现母港配送中心对货物的仓储、分拨、配送等一系列功能。在迈阿密邮轮母港供给码头,码头作业区域拥有邮轮补给物资专用通道,和游客通道是两条不同的通道;有物资特别操作区域,能够做到客货分流,既保障物资及时顺利上船,又保证邮轮游客快速顺利登船。

2. 欧洲邮轮港的管理模式

良好的管理体制与机制是保证邮轮港口有序运营的基本要素。以西班牙的巴塞罗那为例,政府与巴塞罗那城市港口2000发展公司(Gecia Urbanistica Port 2000,简称"港口发展公司")签订为期25年的租赁合同,授予其VELL港公共空间的商业经营权,这是VELL港成为城市休闲娱乐中心的基础。为此,VELL港的建设管理实行了"三权分立"制,即巴塞罗那港务局拥有土地所有权,"港口发展公司"拥有商业经营权,而VELL港的规划与建设受控于巴塞罗那城市规划局。三者的密切合作是VELL港发展的保证,而"港口发展公司"对于VELL港的经营管理使VELL港成为巴塞罗那最具活力的场所,树立了VELL港的品牌形象。

欧洲邮轮港的管理采用外包形式,将大部分接待业务外包出去,仅由少量管理人员进行管理。以巴塞罗那国际邮轮港为例,主要有赖于其通过检查的便利政策,基本上没有"一关三检"机构的固定通道,各邮轮码头大多会给这些政府管理机构留有少量办公空间(仅供各部门工作人员在邮轮抵达时现场办公使用,工作人员在其余时间会返回市内的专属办公室上班)。特别需要指出的是,海关作为特殊部门通常也不会在邮轮到港时参与检查,除非是接到港口或码头紧急报告需要处理特殊情况时才会到现场办公。邮轮游客出入境检查往往只在邮轮靠岸后立即进行,而且出入境官员与其他地方不同,会主动上船检查护照和签证,邮轮的工作人员会专门负责所有游客护照和签证的管理,以配合检查工作。检查人员只针对证件并不核对人,大大节省了检查时间,整艘邮轮清关时间通常为10~20分钟,为游客带来了极大的便利,清关后游客即可以迅速上下船。

欧洲邮轮港早期都是由当地港务局投资建设的,属于市政设施。由于政府通常不愿用纳税人的钱加大投资建设,因此希望吸引邮轮公司入股邮轮港。但由于劳工、土地和环境等多方面因素的制约,双方利益不一致,很难达成合作。在实际操作中,港务局一般会采取出租方式同邮轮公司合作,由邮轮公司建设码头设施,土地所有权归港务局,租期一般都比较长。例如,歌诗达邮轮公司在巴塞罗那的邮轮港是由嘉年华集团投资约1 400万欧元建成的,港务局将其租赁给歌诗达邮轮公司,租期为25年,到期后所有设施归港务局所有,然后由港务局决定是否续租给歌诗达邮轮公司或者其他公司。

欧洲邮轮港收费较为简单,主要有码头使用费和乘客费。欧洲同一港口的不同码头或泊位之间收费基本一致,同一邮轮航线上所停靠的港口收费标准差异也不大。与中国香港和其他亚洲港口相比,欧洲邮轮港的总体费用相对较低,这有利于吸引更多邮轮公司更多频次地挂靠码头。需要指出的是,欧洲码头收费具有一定的灵活性,例如,邮轮停靠货运码头时,遇到与其他作业船只撞期,由于邮轮船期紧张,通常码头会让邮轮优先靠泊,让出泊位的费用和其他作业船只的损失由邮轮承担。

邮轮公司自有码头的设施与公用码头的设施又有所差异。以巴塞罗那和萨沃纳歌诗达邮轮公司母港的设施来看,候船厅的商业设施规模非常小,主要原因是邮轮公司并不鼓励游客在岸上消费,希望游客在船上更多消费。但在部分公共码头,候船厅和商业设施的规模会比较大,码头会倾向于吸引更多游客在此消费。

3. 中国香港邮轮港的管理模式

在中国香港,海运码头的使用权是私人的。而 2014 年启用的首个泊位的启德邮轮码头,则采用了一种新型的合作方式,它由特区政府负责规划、企业负责运营。特区政府将它的使用权租给了全球邮轮码头财团(Worldwide Cruise Terminals Consortium,WCT),WCT 是由环美航务皇家加勒比邮轮有限公司和信德集团辖下的冠新有限公司合资组成的。根据租约,WCT 除负责安排邮轮的停泊和上下客外,还须负责邮轮码头的运作及管理。另外,WCT 须向中国香港特区政府缴纳固定及浮动租金,运营 10 年期内的固定租金总数约 1 300 万港元。特区政府另外根据营运商的总收入收取一定比例的浮动租金。运营商的总收入高,分给特区政府的总收入比例会越高,WCT 向特区政府分摊总收入的比例介于 7.3%～34%。这样不但有利于启德码头的经营管理,也为特区政府提供了经济保障。

不难发现,香港启德邮轮码头的管理模式是典型的"地主型"邮轮港,"政府投资建设、企业管理运营"的运行模式。这种管理模式不仅减轻了政府的负担,同时也提高了邮轮港口的生命力和活力。

4. 新加坡邮轮港的管理模式

新加坡邮轮母港是由新加坡邮轮中心(SCCPL)和新加坡滨海湾邮轮中心共同构建的,共有 4 个国际邮轮泊位,但组合形式较为松散,更多的是强调依据市场需求。新加坡邮轮中心和滨海湾邮轮中心分别由独立的公司进行运营管理,其在资本上并未有合作形式。在发展定位上,滨海湾邮轮中心主要目标市场是高端邮轮服务,而邮轮中心除发展国际邮轮航线之外,还兼顾渡轮航线。这与上海邮轮母港的组合模式很相似。

新加坡邮轮中心是新加坡港务局为了促进亚太地区邮轮发展投资了 5 000 万新加坡元建设的邮轮专用码头,于 1992 年 6 月完工,投入营运。1998 年政府又投入了 2 250 万新加坡元对码头进行了现代化改造。2001 年,被世界邮轮组织誉为"全球最有效率的邮轮码头经营者"。2003 年,新加坡邮轮中心作为一个部门从 PSA 集团(新加坡港务集团)剥离出来成为一个独立的公司——新加坡邮轮中心私人有限公司,属于淡马锡投资集团。新加坡邮轮中心为新加坡的邮轮及渡轮港口营运单位,主要营运项目为渡轮和邮轮的营运以及港口码头相关设施的经营管理。新加坡滨海湾邮轮中心由政府投资 5 亿新加坡元建设,由新加坡新翔集团和西班牙邮轮业者组成的财团经营,具有空港和邮轮码头整合经验,经营合约长达 10 年,另有 5 年的选择权。

1989 年,为了促进邮轮产业发展,新加坡旅游局专门成立了邮轮发展署。邮轮发展署的成立,为新加坡邮轮产业发展带来了快速发展的机会,但是其并不参与邮轮产业具体运营,邮轮发展署主要给予邮轮公司和各运营方政策辅导和支持,较少干预具体营运。新加坡邮轮母港的实施的是投运分析,充分体现专业人干专业事的精神。例如,新加坡目前两个邮轮母港都是委托专业的邮轮码头运营企业来经营,保证了较高的运营效率,也降低了母港经营风险,这是新加坡邮轮产业全面快速发展的一个关键因素。

新加坡国际邮轮港依托新加坡国家政策的优势,在吸引邮轮区域总部入驻和服务邮轮产业发展方面拥有良好的优势。新加坡政府是其国际邮轮产业发展战略的制定者和推动者,各类优惠政策的出台和高效廉洁的监管为邮轮公司提供了较大的便利和优惠,增加了邮轮港口的综合接待能力和行业竞争力。该国给邮轮产业和服务业的国际区域总部和研发总部,给予一定期限的减、免税或资金扶持。例如,新加坡国际邮轮港将国际总部或区域总部设在新加坡的跨国公司可享受较低的企业税率(区域总部为 15%,为期 3~5 年,国际总部具体优惠与经发局具体洽谈)。同时,新加坡拥有国际金融中心的优势,使邮轮公司在国际结算、支付、融资方面可以获得较多优惠,同时由于自贸区优惠的税率,开展经营工作的成本较低、便捷性较高。2013 世界上最大的邮轮公司嘉年华集团(Carnival Corporation)正式在新加坡滨海湾金融中心设立其地区总部。2014 年皇家加勒比邮轮公司宣布在新加坡成立其亚太地区总部,皇家加勒比邮轮(亚洲)公司坐落于新加坡中心商业区,总部将为该公司 3 个邮轮品牌在亚太地区的营销工作提供支持。

**本章思考题:**
1. 一般港口和邮轮港口的概念?
2. 邮轮母港与邮轮访问港的区别与联系?
3. 一般港口企业主要生产活动有哪些?
4. 邮轮港口的主要功能?
5. 举例说明邮轮港口的主要运营模式?

# 第二章　国内外邮轮旅游业与邮轮港口发展现状与趋势

**本章导语**：邮轮旅游业是一个在全球范围内不断扩张和演变的行业，在全球旅游业中受到了广泛的关注。邮轮旅游业已经从传统的海上巡航发展为包括河流巡航、探险邮轮、远洋航线等的多样化领域。随着旅客对于高品质的服务和豪华体验的需求不断增加，邮轮公司竞相提供更多精致的客房、美食餐饮、娱乐设施和水疗中心等，以满足不同类型的游客。与此同时，邮轮港口数字化和现代化技术的应用为游客提供了更便捷的预订和登船体验。另外，数字化互动和娱乐选择、个性化和定制化的趋势也在加强，游客越来越希望在邮轮旅行中获得与众不同的体验，使得各种展示地方文化和特色的活动设计层出不穷。

## 第一节　国外邮轮旅游业发展现状与趋势

### 一、邮轮旅游的起源

邮轮产业的起源可以追溯到 19 世纪，早期的邮轮服务是为了满足货物、邮件和少量旅客的运输需求。最早的邮轮在技术和舒适性方面都相对不足，主要以帆船为主，用以满足跨海运输的需求。随着工业革命的推进，19 世纪中叶开始出现了蒸汽邮轮。蒸汽动力的引入使得邮轮的速度和可靠性得到了显著提升，这种新技术使邮轮能够更快速地穿越大洋，缩短了旅行时间，为海上旅行创造了更多的可能性。1837 年，Peninsular and Oriental Steam Navigation Company（简称 P&O 公司）创办海运和邮轮服务，运送邮件、货物和少量旅客。随着时间的推移，P&O 开始关注为旅客提供更舒适和愉快的船舱和服务，邮轮逐渐成为一种豪华的度假方式，为现代邮轮产业的发展和邮轮旅游的兴起奠定了基础。世界上第一家旅行社的创始人——英国人托马斯·库克——于 1846 年组织了 350 人的团队，包租了一艘邮轮前往苏格兰旅游，成为世界上公认的首次邮轮商业旅游活动，这次旅行为现代邮轮旅游奠定了基础，它强调了全方位的服务和愉快的旅游体验。

在 20 世纪初，豪华邮轮开始兴起，标志着邮轮旅游进入了一个新阶段。一些邮轮公司开始注重为旅客提供豪华的船舶设施和体验，他们引入了更宽敞的客舱、高品质的餐饮、豪华的装饰等，为旅客提供舒适的度假环境。豪华邮轮吸引了许多名人、社会精英以及富有人士，这些人选择邮轮旅游作为享受奢华度假的方式，使邮轮成为高端社交和文化交流的场所。在这个时期，地中海和加勒比地区成为豪华邮轮的热门目的地。邮轮公司推出了往返这些地区的豪华邮轮旅游路线，吸引了许多旅客。20世纪最著名的邮轮"泰坦尼克"号，为美国嘉年华邮轮集团(Carnival Corporation)的前身白星邮轮(White Star Line)拥有，是当时世界上最大、最豪华的邮轮。它的设计和建造耗时多年，1909年3月31日由英国的哈兰德·沃尔夫造船公司(Harland and Wolff)开始建造。该船的船体采用了双层钢质外壳结构，分为数百个船舱，总长度达到269.1米，总宽度为28.2米，总高度约53.3米，净吨位约46 000吨，总吨位约52 310吨，共有9层甲板，可容纳约2 200名乘客以及900名船员。"泰坦尼克"号在建造过程中注重了内部的豪华的设施，船上设有大型的宴会厅和剧院，提供音乐会、社交舞会、表演等娱乐活动。这些场所极尽豪华，为乘客提供了社交和娱乐的机会。"泰坦尼克"号于1911年建造完成，随后进行了一系列试航和测试，1912年4月2日正式交付给白星邮轮公司。"泰坦尼克"号于1912年4月10日从英国南安普顿出发，计划前往美国纽约，不幸的是4月14日它撞上了一座冰山，导致船体受损，最终于4月15日沉没。尽管"泰坦尼克"号的奢华程度在当时是空前的，它的沉没也让人们开始反思船舶和海上航行的安全。

**二、邮轮旅游的发展**

到了20世纪60、70年代，随着人们生活水平的提高和休闲旅游的兴起，对海上度假的需求逐渐增加，邮轮旅游消费需求呈现出多元化、个性化和多样性的趋势。邮轮公司积极满足不同旅行者的需求，开始引入更大、更现代化和多样化的船舶。不断创新和发展，使邮轮旅游成为更广泛人群的热门选择。例如，诺唯真邮轮(Norwegian Cruise Line)，创立于1966年，总部位于美国佛罗里达州迈阿密，以引入自由式用餐概念而闻名。他们的船只提供更多灵活的用餐选项，为乘客带来了独特的用餐体验。1968年皇家加勒比国际邮轮公司(Royal Caribbean International)成立，开始将一系列极具创新的大型船只引入邮轮旅游市场。公司推出的"挪威之歌"号(Song of Norway)邮轮被认为是第一艘现代意义上的巨型邮轮，引入了全新的豪华度假概念，成为邮轮旅游领域的重要里程碑。嘉年华邮轮公司(Carnival Cruise Line)成立于1972年，以轻松、休闲的氛围而闻名。嘉年华邮轮强调开放式的娱乐体验，乘客可以根据自己的喜好和时间表，自由地选择参加不同的活动。他们的船只提供多种娱乐活动，如泳池派对和主题晚会等，吸引了年轻一代的旅客。在这一时期，一些邮轮公司还相继推出各种主题旅行，如音乐、文化、冒险等。这些主题旅行满足了旅行者对于不同体验和兴趣的需求，使邮轮旅行更具个性化。例如，荷美邮轮(Holland America Line)在20世纪80年代推出了一系列"神秘古迹"(Ancient Mysteries)主题的航线，旨在让旅客深入探索历史悠久的古代文明。航线覆盖了地中海、埃及、地中海等地，为乘客提供了深度的文化体验。

这个时期，邮轮产业从传统的海上运输为主的客运功能，向提供豪华度假和娱乐体验的方向转变。一方面，在度假功能转变中，船舶的设计和设施经历了重要改变。船只开始引入豪华设施，如游泳池、剧院、餐厅、夜总会等，以满足旅客在船上度过愉快时光的需求。另一方面，传统的邮轮客运主要强调船上的基本服务，而度假功能的转变导致船上娱乐和活动的增加。邮轮公司开始组织表演、舞蹈、音乐会、儿童活动等各种娱乐节目，使乘客能够得到更丰富多彩的体验。此外，传统邮轮主要提供固定用餐时间和地点，而度假功能的邮轮引入了更灵活的用餐概念，如自由式用餐，使乘客可以在更多的餐厅和时间内选择用餐。这一转变的背后，有经济繁荣、航空业崛起、技术进步以及社会观念变革等多种因素的共同影响。邮轮公司意识到人们对休闲、娱乐和豪华体验的需求增加，因此调整了经营策略，将邮轮定位为提供舒适、多样化娱乐和无忧度假的海上胜地，为邮轮旅游产业的繁荣铺平了道路。

到了20世纪90年代,国际邮轮旅游进入了一个黄金时代。许多国际邮轮公司开始积极扩大船队规模,引入新的船只,这些新船只往往更大、更豪华,配备了更多的娱乐设施和服务。自此,邮轮逐渐变成一个豪华的海上度假村,邮轮被称为"无目的地的目的地""海上流动度假村",是当时世界旅游休闲产业不可或缺的一部分。邮轮船在市场竞争中不断推出超级巨轮,以满足旅客对豪华、多样化和独特体验的需求,几乎每几年就会有一艘吨位破纪录的邮轮面世。1996年,嘉年华推出了一艘名为"命运"号(Carnival Destiny)的邮轮,总吨位102 853吨,是当时世界上第一艘重量超过十万吨的邮轮,长272.2米,可载2 642名乘客;1999年嘉年华邮轮继续推出13.8万吨级的"海洋航海家"(Mariner of the Seas)系列邮轮,船长达311.1米,是当时世界上最大的邮轮,加上船上都配备有高达70米的刺激攀岩设备,造成一时轰动。

随着邮轮旅游业务的增长,国际邮轮公司扩展了航线,将目的地范围从传统的地中海和加勒比海扩展到更多地区,如阿拉斯加、南太平洋、北欧等。诺唯真邮轮将目的地范围从传统的加勒比海和百慕大扩展到了北欧、阿拉斯加和夏威夷等地。这样的多样性使旅客能够在不同地理和文化环境中享受邮轮旅游。公主邮轮也将航线扩展到更多不同的地区,如南太平洋、澳大利亚、非洲等。经过多年的激烈竞争,国际邮轮市场出现细分的趋势。除了加勒比海、地中海和亚太地区这三大热门航线外,还开辟出许多新的航线,比如波罗的海、中美洲、南非、印度和中东巡游,阿拉斯加冰川游,南极游等。此外,维京(Viking)邮轮和寰宇(Uniworld)邮轮等公司还在我国、埃及、欧洲等地开辟了多条内河精品旅游航线。

从20世纪90年代末至今,伴随着邮轮旅游业的兴起,人们对新型邮轮旅游的观念逐步更新,邮轮旅游已由贵族阶层的专属旅游方式转为中产阶级的大众旅游。这一时期,由于各大邮轮公司的激烈竞争,邮轮旅游的价格呈逐年下降趋势,邮轮旅游也逐渐向年轻时尚化,大众化,平民化发展。邮轮旅游的产品种类趋向多示化,航线安排也日益灵活多样,越来越多的出境游客成了邮轮产品的消费者,邮轮旅游进入了繁荣发展的成熟期。伴随着邮轮旅游的繁荣发展,邮轮旅游的研究也开始增多起来,研究的方向更加倾向于微观层面的邮轮游客消费行为方面的研究。

## 第二节　国内邮轮旅游业发展现状与趋势

### 一、我国邮轮旅游业的发展起源

从20世纪80年代开始,邮轮陆续停靠我国港口,使得我国邮轮旅游业逐渐开始发展。随着近几年我国经济的快速发展和人民生活水平的不断提高,人们的出游意识逐渐增强,对邮轮等高端旅游产品的需求也日益增加。与此同时,作为亚太地区最主要的客源市场及重要目的地,我国邮轮旅游市场成为世界著名跨国邮轮集团竞相争夺的战略性新兴市场。

2006年通常被认为是中国大陆邮轮发展的起点,标志着上海建立了首个母港。2006年7月,上海开辟了中国历史上第一条以中国港口为起始港,以部署在中国的歌诗达邮轮"爱兰歌娜号"(意大利)为核心的国际邮轮航线,中国母港邮轮由此实现了零的突破。2006年之后,我国邮轮旅游的发展进入了快车道,此后的十多年被称为中国邮轮旅游高速发展的黄金期。

## 二、我国邮轮旅游业的整体发展现状与趋势

目前,世界前三大邮轮集团是嘉年华、皇家加勒比和丽星,嘉年华和皇家加勒比集团的总部均位于北美,而北美也一直是世界最大的邮轮旅游市场。虽然最初对邮轮的需求主要来自北美,但随后欧洲和世界其他地区,特别是我国,已经获得了越来越多的市场份额。与北美相比,亚太地区则是世界邮轮旅游市场的后起之秀,起步相对较晚,但发展迅速。随着邮轮业发展规模的不断扩大、邮轮专业港口的不断兴建,加之拥有丰富的自然资源,亚太地区已成为世界重要的邮轮旅游发展地区之一,并将逐渐成为继北美、欧洲之后又一个全球性邮轮旅游区。受此影响,我国已成为典型的邮轮新兴市场之一。

得益于对基础设施的建设、开放透明的营商环境、中国人口规模巨大、消费潜力巨大等,国际邮轮巨头纷纷在中国部署母港航线,也加大了在华投资力度。比如,歌诗达邮轮集团的"大西洋号""赛琳号""威尼斯号"等邮轮开启了中国之旅;嘉年华邮轮集团旗下"公主"邮轮品牌也进驻了中国市场;皇家加勒比邮轮集团旗下的"海洋水手号""海洋量子号""海洋光谱号"等邮轮也开启了以上海和天津港为母港的邮轮航季。

在2008年至2018年这十年间,包括上海、天津、深圳、厦门、三亚等在内的9个现代邮轮港陆续建成,温州、大连、连云港、海口4个货运港改造成邮轮港,加上香港启德邮轮码头的建设,总计邮轮泊位达32个,总投资累计超过200亿元。这十年间,国家也出台了一系列促进邮轮产业发展的文件和政策,将以往的"邮轮运输业""邮轮旅游业"升级成为近年来的"邮轮产业"和"邮轮经济"。自2016年开始,中国便超越德国成为继美国之后全球第二大邮轮客源市场。

# 第三节 国外邮轮港口发展现状与趋势

国外邮轮港口的发展历程可追溯至20世纪初。当时,邮轮主要用于跨大西洋的客运服务,像是著名的"女王号"(Queen Mary)和"皇后号"(Queen Elizabeth)等豪华邮轮,吸引了大量上层社会人士。随着经济的繁荣和休闲旅游的兴起,20世纪中叶,邮轮行业开始转型,渐渐将焦点转向度假体验。20世纪70年代,邮轮行业迎来了快速增长的时期,港口的基础设施也随之得到改善,以适应不断增长的客流量。许多港口城市,如迈阿密、巴哈马和巴尔港等,开始专门建设邮轮码头,推出一系列配套设施,如购物中心和游乐设施等,提升游客的整体体验。进入21世纪,随着科技的进步和航运业的全球化,进一步推动了邮轮港口的发展,港口不仅成为邮轮停靠点,还逐渐演变为综合旅游目的地。如今,许多港口城市通过建立多样化的旅游项目和设施,吸引了来自全球的邮轮游客,同时也促进了地方经济的增长。

## 一、美国迈阿密国际邮轮母港

位于美国佛罗里达州东南部的迈阿密是该州第二大城市,也是南部城市圈中发展成熟的城市之一。同时,迈阿密享有"邮轮之都"的美誉,拥有大小邮轮码头12个,岸线长度超过两公里,可同时停靠20艘邮轮。迈阿密与加勒比海地区在文化上紧密相连,这也是当地游客喜爱选择乘坐邮轮前往该地区旅行的原因之一。

迈阿密邮轮码头位于市中心附近海滩的黄金地段,离市中心最近的大型购物区、宾馆、餐饮区仅有几分钟车程。距迈阿密国际机场13.5千米,约15分钟车程。同时,当地还有发达的

公共交通系统。迈阿密邮轮港通过多元化服务体系将顾客至上的理念体现到了极致。首先，服务内容无微不至，包括汽车出租、搬运车预约、公共汽车查询、自动银行、旅游路线咨询等。其次，服务设施方便可靠。比如，行李处理系统可以将行李自动送达游客的座位或其他指定位置，甚至直接传到飞机上或酒店。游客可轻松买票、验票、候船、登船，无搬运繁重行李的烦恼。

迈阿密拥有丰富的旅游资源，邮轮游客在上岸后可以享受到多元化的旅游服务。首先，迈阿密建立了多样化的娱乐、体育设施，为游客提供跳水、冲浪、划船、高尔夫球场、网球场等多种运动及精彩的职业体育赛事。其次，迈阿密兴建了多处公园以及动植物园林。迈阿密拥有美国南部最大的热带水族馆，饲养着数千种海洋动物，并有海豚、虎鲸、海狮等动物的精彩表演。费尔查尔德热公园种有世界上最为齐全的棕榈树品种。再次，迈阿密还有许多文化场所和历史名胜，如藏有家具、雕刻和陶瓷等众多文物的戴德博物馆。同时迈阿密抓住一切机会向游客展示当地特色，比如在邮轮港口附近打造了贝赛德购物一条街来迎合那些喜好购物的游客，使他们可以充分利用上下船的等候时间前去购物，拉动了当地经济的发展。最后，服务项目丰富多彩。迈阿密邮轮母港拥有天然的海边浴场，距离邮轮港仅 10 分钟路程，是游客候船时打发时间、享受海浪沙滩的好去处。

## 二、西班牙巴塞罗那国际邮轮母港

巴塞罗那（Barcelona）位于欧洲南部，濒临地中海，地理位置极为优越。作为西班牙第二大城市，全市面积九十平方千米，市区及周边人口数超过六百万，潜在游客资源丰富。巴塞罗那是享有盛名的旅游城市，附近旅游资源丰富、酒店众多，服务质量高，机场设有多条国际航线，港口自然条件优越，这些优势让它成为知名邮轮母港。巴塞罗那港拥有七个邮轮码头，基础设施完善，可同时停靠九艘邮轮，每年吸引众多游客乘船出游。公交车或出租车直达码头，交通十分便利。地中海周围景点众多，结合巴塞罗那的优势条件，客流量极大，邮轮业收入成为重要财源。

巴塞罗那国际邮轮港的硬件设施优良，能够提供便捷的服务。歌诗达邮轮码头是巴塞罗那国际邮轮港代表性的优质码头，其邮轮等候接待大厅、商业设施和辅助设施都比较精致、紧凑，而且充分考虑了人性化便捷化设计，码头前沿与等候大厅紧密相连，能够保障邮轮游客快捷上下船。码头整体设计也都遵循实用原则设计，等候接待大厅与邮轮通过登船桥来快速衔接，免去了安装大量专业设备，是整个码头简约便捷，让邮轮游客快速方便的登船或者离船。邮轮游客出入境检查往往只在邮轮靠岸后立即进行，而且出入境官员与其他地方不同，会主动上船检查护照和签证，邮轮的工作人员会专门负责所有游客护照和签证的管理，以配合检查工作，检查人员只针对证件并不核对人，大大节省了检查时间，整艘邮轮清关时间通常在 10～20 分钟，为游客带来了极大的便利，清关后游客即可以迅速上下船。

## 三、美国西雅图国际邮轮母港

西雅图坐落于美国西北部，临近太平洋，是该地区最大的城市，也是美国太平洋西北地区的商贸和文化中心之一，同时也是通往亚洲的重要港口城市。这座城市地理位置优越，是通往亚洲东部和阿拉斯加地区的重要中转站，同时拥有优越的海港条件。西雅图市人口数达到了三百四十万，四季宜人，景色宜人。美国西雅图邮轮母港是美国西海岸最重要的邮轮母港，每年吸引大量游客前往。邮轮母港拥有两座邮轮码头，航道水深达二十米，总停车位超过两千个，可同时停靠三艘以上大型邮轮。66 号邮轮码头紧靠贝尔大街，又被称为贝尔大街邮轮码头，有 6 300 平方米，南北长 488 米，东西长 122 米，主要停靠挪威邮轮和精英邮轮；91 号码头长 610 米，有两个邮轮泊位，主要停靠加勒比邮轮、嘉年华邮轮和公主邮轮等公司的大型邮轮。

此外，西雅图还拥有美丽的沙滩、购物商场、各类特色餐厅、星级酒店以及海洋博物馆、水族馆、艺术馆等，基础服务设施齐全。在交通方面，西雅图拥有密集的高速公路网，包括南北向和东西向的主要公路，其中 5 号洲际公路直达市中心，另外还有州际公路和国道贯穿东西方向，上下班高峰期间为缓解交通压力，会增加往返城际的大巴通行。

### 四、美国纽约国际邮轮母港

纽约是全球的大城市，而纽约港则是北美的大港口。纽约港交通便利，公交和轻轨覆盖全城，配合铁路、内河航道和航空网络，形成了完善的交通系统。纽约港素有优越的深水条件，成为北美进出口贸易大港，每年处理的货物量达到数亿吨，每年平均有超过 4 000 艘货船进出。大多数以纽约港作为母港的邮轮停靠在曼哈顿和布鲁克林两个码头，曼哈顿码头是美国第四大码头，自 20 世纪 30 年代起就开始服务游客，也是美国前往欧洲跨洋邮轮的主要出发地，各大邮轮公司都在此设立母港；布鲁克林码头周边旅游资源丰富，如水族馆、植物园和中央公园等。这两大码头都由私人码头管理公司美国港口管理。两个码头曾在 2011 年获得 Cruise Insight 2011 Awards 中的最有效率码头操作、最佳周转港运营、最高效的港口服务和最佳目的地体验（独立观光）等多项荣誉。

纽约市是名副其实的邮轮母港城市，具备游客集散、加载燃油、补充物资和邮轮养护与维修等基本功能，具有较强的母港经济效应。至于旅游资源，纽约市拥有布鲁克林大桥、自由女神像、大都会艺术博物馆、所罗门·R. 古根海姆博物馆、中央公园等众多世界级旅游胜地。

### 五、加拿大温哥华国际邮轮母港

温哥华（Vancouver）位于加拿大哥伦比亚省西南沿海地区，毗邻布勒内湾和英吉利湾，是加拿大西海岸最大的港口城市，也是西部地区最大的金融和文化中心。该城纬度较高，但冬季气候并不冷。由于受阿拉斯加暖流影响，港口终年不会结冰，这对于邮轮旅游业带来了便利。温哥华被誉为令人向往的旅游目的地，拥有众多迷人的自然景观，如史丹利公园、伊利莎白王后公园、狮门大桥、卡皮拉诺吊桥、固兰湖岛、煤气镇和华埠等。从温哥华出发，驱车约两小时即可抵达北美知名滑雪胜地威士拿。温哥华拥有两个邮轮码头，分布于市中心和东部市区，设有多个大型停靠点供豪华邮轮使用，每年接待约 300 艘次邮轮和约 100 万名旅客。

一方面，温哥华拥有丰富的旅游资源，除了上面提到的景点还包括罗伯森街、华埠（唐人街）、女皇公园、加碧兰奴吊索桥、公园海洋博物馆、温哥华艺廊、人类学博物馆等。另一方面，该市服务设施完备，有皇家海鲜中餐馆、Miku 日本餐厅、四季、香格里拉、凯悦和 Radisson 等酒店；太平洋购物中心、罗伯逊街、伊丽莎白皇后戏院等基础设施设施齐全，可以为游客提供周到的服务。

### 六、新加坡邮轮母港

新加坡是东南亚的一个岛国，有着优越的地理位置，位于马六甲海峡的东南侧，南临新加坡海峡的北侧，是亚太区域最大的转口港，同时也是亚洲重要的航运和服务中心之一。新加坡国际邮轮港拥有国际水准的邮轮码头,国际客运中心码头(新加坡邮轮中心)和滨海湾邮轮中心码头是组成新加坡国际邮轮港的两个部分,共拥有较大型的4个邮轮泊位。

新加坡在通关政策上以便利为主,不需要烦琐的通关手续,大部分国际邮轮可以限制极少地进出港口,再加上快捷的航空陆地运输,这样就大大缩短了通关时间,提高了码头运作的效率。从1997年开始,新加坡已经19次获得了由邮轮杂志 *Dream Word Cruise Destinations* 颁发的奖项,并在2001年获得了"全球最有效率的邮轮码头经营者"的称号。

## 第四节 国内邮轮港口发展现状与趋势

中国邮轮港口的发展近年来取得了显著进展,成为全球邮轮产业增长的重要支撑要素。随着我国经济的快速发展和中产阶级的崛起,中国游客对邮轮旅行的需求不断增加。为了满足这一需求,多个沿海城市纷纷加大对邮轮港口的投资与建设。目前,全国从北至南,大连、天津、青岛、上海、厦门、三亚等城市已成为主要邮轮母港,具备良好的基础设施和服务保障。同时,国家政策也给予了大力支持,鼓励邮轮产业的发展,包括推动国际邮轮母港的建设和航线的开通。

### 一、大连邮轮母港

大连是我国东北重要的港口城市,大连港本身就是中国的综合性港口之一,具有深水港口的特点,能够接纳大型邮轮的靠泊,早在20世纪70、80年代,就接待过国际邮轮的访问靠泊。大连位于黄海与渤海交界处,具有优越的海洋交通条件,可以便捷地连接国内外主要城市和旅游目的地。大连拥有丰富的旅游资源,包括自然风光、历史文化和休闲娱乐等,如海洋公园、老虎滩、星海广场等,吸引了大量游客,能够为邮轮母港发展和邮轮旅游目的地提供充足的客源和丰富的旅游资源。

大连邮轮港口的软硬件条件较好,大连港集团2015年对港区的两个泊位进行改造,对航道水域进行了疏浚,并将具有上百年历史的22库升级为客运候船厅。两个泊位中一个为15万吨级泊位,长442米,岸线使用长度451.1米;另一个为10万吨级泊位,长419米,岸线使用长度为430.6米。2017年底,滨海新区二码头西侧的10—11号泊位已完成15万吨级邮轮泊位改造。二码头东侧8—9号泊位(升级改造成15万吨级邮轮泊位)的升级改造中,将东侧15万吨级邮轮泊位的水工结构预留至22.5万总吨级。由大连港集团旗下辽宁电子口岸有限责任公司与大连边防检查站共同研发建设的"国际邮轮申报及快速通关系统"于2018年4月5日正式启用,进入试运行阶段。"国际邮轮申报及快速通关系统"是中国(辽宁)国际贸易单一窗口平台"人员旅客"板块下的子系统之一,该系统首创"旅客移动应用终端"和"边检单兵作业终端",实现了国际邮轮边检业务中监管部门、旅行社、船舶代理、邮轮公司、游客等各环节的全流程数字化服务和信息自动核验。

### 二、天津邮轮母港

天津位于中国北部沿海,邻近北京和河北省,交通便利,具有优越的海洋优势。其港口设施完善,可以为邮轮提供高效的出入港服务。天津周边地区人口众多,尤其是北京、河北等地的居民出行方便,为邮轮旅游提供了庞大的客源市场。天津及周边地区拥有丰富的旅游资源,包括历史文化遗迹、自然风光等,能够吸引游客参与邮轮旅游及其相关的岸上游览活动。

天津邮轮港共有四个邮轮泊位，岸线总长度达 1 112 米。一期工程完成了 1 号、2 号泊位，码头岸线长 625 米，于 2010 年实现正式开港运营。二期工程为国际邮轮码头 3 号、4 号泊位，岸线长 487 米。2013 年天津邮轮旅游发展实验区获批。天津邮轮港是中国北方港口城市中近年来累计邮轮靠泊量和邮轮旅客吞吐量最多的港口。

### 三、青岛邮轮母港

青岛位于山东半岛南部，濒临黄海。青岛邮轮港坐落在美丽的青岛湾畔，临近青岛市区，交通便利。港口航道深，水深适航，能够接纳大型邮轮停靠。邮轮港的设计现代化，设施齐全，拥有宽敞的客运大楼，配备了完善的安检、登船和服务系统，大大提高了旅客的乘船体验。此外，青岛邮轮港还设有商业区，可为游客提供多样化的购物和餐饮选择，增加了港口的吸引力。从运营情况来看，青岛邮轮港近年来迎来了迅速增长的客流量。随着邮轮旅游的兴起，越来越多的国际邮轮公司选择在青岛邮轮港停靠，从而推动了青岛旅游业的发展。尤其是在夏季，邮轮旅游更是成为青岛的一大亮点，吸引了来自全国各地乃至国际的游客。

从港口软硬件基础来看，青岛邮轮母港位于青岛港老港区 6 号码头，由青岛港集团投资建设，总投资约 10 亿元人民币，共建有 3 个邮轮泊位，岸线总长度超过 1 000 米。其中，新建超大型邮轮泊位长 490 米，纵深 95 米，吃水 13.5 米，可全天候停靠世界最大的 22.7 万吨级的邮轮。2 个原有泊位长度约 476 米，吃水 8.0 米，可同时停靠 2 艘中小型邮轮在码头前沿配套建设国际标准的邮轮母港客运中心，总建筑面积 6 万平方米，最高通关能力可达每小时 3 000～4 000 人次，年接待能力达 150 万人次，其主要功能为联检大厅，同时配套免税商店等商业服务功能。

### 四、上海邮轮母港

上海位于中国东海沿岸，地处长江入海口，是连接中国内地与国际市场的重要枢纽。其地理位置使得上海成为亚太地区重要的邮轮母港，有利于开展国际邮轮航线和港口停靠。依托其得天独厚的地理优势和完善的港口设施，吸引了大量国内外游客。作为中国最大的邮轮母港，上海不仅拥有现代化的邮轮码头，还积极推动航线多样化和邮轮文化的普及，提升了整体旅游体验。

上海目前共有两个邮轮港口，一个是上海国客中心邮轮港，另一个是上海吴淞口国际邮轮港。上海国客中心邮轮港口位于黄浦江中心地带，有 3 个可停靠 7～8 万吨级大型邮轮的泊位（因为被杨浦大桥通行高度限制，最大只能通过 7～8 万吨级邮轮），岸线总长 882 米，247 米辅助岸线。上海吴淞口国际邮轮港位于中国上海市宝山区炮台湾水域，岸线总长度 1 500 米，共有 4 个泊位，可以实现四船同靠，可接待 10～20 万吨级邮轮，其中，1 号泊位长 420 米，2 号泊位长 354 米，3 号泊位长 380 米，4 号泊位长度 446 米。

上海邮轮港口对于中国邮轮旅游产业的有非比寻常的意义，2006 年歌诗达邮轮"爱兰歌娜号"首次在上海运营母港邮轮航线，拉开了我国邮轮旅游产业快速发展的序幕，也开启了我国邮轮母港发展的先河。2012 年上海获批全国首个中国邮轮旅游发展实验区。上海吴淞口国际邮轮港继 2014 年成为亚洲最大邮轮母港后，又于 2016 年跃升为全球第四大邮轮母港，也是在 2016 年，中国超过德国成为全球第二大客源市场。表 2-1 展示了 2008 年到 2019 年上海邮轮靠泊和游客接待的详细数据。

表 2—1　　　　　　　　　　2008—2019 年上海邮轮市场接待数据

| 年份 | 总艘次 | 母港邮轮艘次 | 访问港邮轮艘次 | 游客总量（万人） | 母港游客量（万人） | 访问港游客量（万人） |
|---|---|---|---|---|---|---|
| 2008 | 63 | 23 | 40 | 10.72 | 4.82 | 5.90 |
| 2009 | 80 | 33 | 47 | 16.56 | 8.43 | 8.13 |
| 2010 | 109 | 61 | 48 | 26.67 | 17.02 | 9.65 |
| 2011 | 105 | 75 | 30 | 21.43 | 14.54 | 6.89 |
| 2012 | 121 | 80 | 41 | 35.74 | 26.40 | 9.34 |
| 2013 | 198 | 167 | 31 | 75.64 | 69.77 | 5.87 |
| 2014 | 272 | 243 | 29 | 121.80 | 115.35 | 6.45 |
| 2015 | 344 | 320 | 24 | 164.51 | 159.79 | 4.72 |
| 2016 | 509 | 481 | 28 | 294.46 | 285.90 | 8.56 |
| 2017 | 512 | 481 | 31 | 297.73 | 291.20 | 6.53 |
| 2018 | 432 | 403 | 29 | 274.56 | 267.87 | 6.69 |
| 2019 | 258 | 225 | 33 | 189.26 | 181.00 | 8.26 |
| 总计 | 3 003 | 2 592 | 411 | 1 529.98 | 1 442.99 | 86.99 |

资料来源：中国交通运输协会邮轮游艇分会 CCYIA。

## 五、厦门邮轮母港

厦门位于福建省厦门市的东南沿海，厦门国际邮轮母港是中国东南地区重要的邮轮母港之一，承担着促进海洋经济、发展旅游业和增强城市形象的重要使命。近年来，随着全球邮轮旅游市场的快速发展，厦门国际邮轮港也在不断扩展和升级，为邮轮产业的发展提供了更为坚实的基础。

厦门国际邮轮港岸线总长度 1 418.76 米，包括一个 15 万吨级泊位，两个 8 万吨级泊位和一个 3 000 吨级滚装泊位，可同时接待 3～4 艘中大型邮轮同时靠泊。同时部分岸线按照 20 万吨级水工结构设计，可以接待世界最大的 22.5 万吨邮轮靠泊。厦门国际邮轮港自投入运营以来，接待了包括"歌诗达""皇家加勒比""公主邮轮"等多家国际知名邮轮品牌，吸引了大量的海内外游客。

## 六、三亚邮轮母港

三亚位于中国海南省，三亚邮轮港是一个连接国内外的重要客运港口。作为海南省最大的邮轮港，三亚邮轮港不仅是邮轮旅游的主要入口，也是一座现代化的综合性港口设施，提供便捷的航运服务。三亚邮轮港凭借其得天独厚的地理位置和优美的自然风光，吸引了来自世界各地的游客。港区设施齐全，设有大型候船大厅、商业休闲区与旅游服务中心，为游客提供舒适的出行体验。港口周边还拥有丰富的旅游资源，包括阳光沙滩、热带雨林及众多旅游景点，极大地满足了游客的度假需求。在发展历程中，三亚邮轮港不断提升其服务水平，推动邮轮旅游产业发展，致力于建设成国际一流的邮轮母港，提升海南作为国际旅游岛的吸引力。随着邮轮数量的增加和旅游市场的拓展，三亚邮轮港未来的发展前景广阔，是游客探索海南美丽风光的重要起点。三亚邮轮港目前有四个有邮轮泊位,分为两期完成,共有 1 个 10 万吨级码头、2 个 15 万吨级码头和 1 个 22.5 万吨级码头。

# 第五节 我国邮轮母港经济发展趋势

## 一、邮轮母港经济的概念

邮轮母港经济是指以邮轮母港为核心所引发的一系列经济活动和产业链发展。邮轮母港通常指的是邮轮在开始和结束航程时所在的港口,它是邮轮旅行的出发点和终点站,旅客在此上下船。

邮轮母港不仅提供必要的服务设施,如客运码头、停车场、检票服务、出入境边检等,还经常提供购物、餐饮、娱乐、金融、物流、商业展览等服务,以附加更多的旅游和商业价值。此外,邮轮母港还会促进周边旅游资源的开发和整合,如机场连接、酒店住宿、市区观光、文化体验及其他休闲活动等。

邮轮母港经济涵盖的范围很广,具有多元化的特点,既包括了邮轮专业服务产业,也涉及了邮轮综合服务产业和邮轮相关产业。这些产业通过直接或间接服务于邮轮旅客和邮轮公司,从而为港口城市乃至所在地区带来经济增长和增值效应。

邮轮母港经济可以带来多方面的收益,包括直接经济收益和间接经济收益。直接经济收益是指邮轮停泊过程中为港口带来的直接收入,如码头费、停泊费和服务费等;间接经济效益是指邮轮乘客在母港的消费、就业机会的增加、税收的增长以及相关产业链的提升。同时,邮轮母港还带来衍生拓展经济效益。随着邮轮旅游市场的成熟和发展,更多的附加产业如邮轮建造业、修船业、邮轮租赁业务等相关产业链条也会随之发展。

此外,邮轮母港还能带来品牌效益,提升自我形象。一个港口成为知名邮轮母港能增强一个城市的国际形象,进一步吸引外国游客到访,形成良好的国际口碑,带来品牌效应。邮轮母港还能够促进国际社会文化交流,邮轮母港成为文化交流的窗口,不同文化的交融促使当地文化更富多样性,文化经济活动会进一步带来经济产出。

邮轮母港经济需要良好的战略规划和长远发展,要统筹兼顾环境保护、社会效益和经济收益。通过科学的管理和持续的创新,能够促进邮轮母港及周边地区旅游业的繁荣和可持续发展。

## 二、我国邮轮母港经济的发展现状

我国邮轮经济的发展始于 21 世纪初,近年来随着旅游业的发展和中等收入群体的扩大,邮轮旅游市场在中国迅速兴起。中国也因此成为全球邮轮产业新的增长点之一。全国邮轮港口 2009—2019 年市场接待情况见表 2—2。

表 2—2　　　　　　　2009—2019 年中国邮轮市场接待情况

| 年份 | 总艘次 | 游客总量（万人） | 母港轮航次 | 母港游客量（万人） | 访问港轮艘次 | 访问港游客量（万人） |
| --- | --- | --- | --- | --- | --- | --- |
| 2009 | 259 | 34.38 | 40 | 10.3 | 219 | 24.08 |
| 2010 | 294 | 48.08 | 79 | 22.2 | 215 | 25.88 |

续表

| 年份 | 总艘次 | 游客总量（万人） | 母港轮航次 | 母港游客量（万人） | 访问港轮艘次 | 访问港游客量（万人） |
|---|---|---|---|---|---|---|
| 2011 | 272 | 47.85 | 110 | 18.8 | 162 | 29.05 |
| 2012 | 275 | 65.69 | 169 | 41.2 | 106 | 24.47 |
| 2013 | 406 | 120.15 | 335 | 102.4 | 71 | 17.75 |
| 2014 | 466 | 172.37 | 366 | 147.9 | 100 | 24.47 |
| 2015 | 629 | 248.00 | 539 | 222.4 | 90 | 25.6 |
| 2016 | 1 010 | 456.66 | 927 | 428.9 | 83 | 27.76 |
| 2017 | 1 181 | 495.42 | 1098 | 478.0 | 83 | 17.42 |
| 2018 | 924 | 484.71 | 853 | 467.7 | 74 | 17.10 |
| 2019 | 808 | 414.30 | 733 | 393.9 | 76 | 17.83 |
| 总计 | 6 524 | 2 587.61 | 5 249 | 2 333.72 | 1 279 | 251.41 |

资料来源：中国交通运输协会邮轮游艇分会 CCYIA。

1. 基础设施建设

中国已经在上海、天津、深圳、厦门、青岛等多地建立了若干现代化邮轮港口，并计划进一步扩建和升级邮轮码头设施。上海港的国际邮轮码头和武昌船舶的母港特别受到关注，上海作为亚洲极为繁忙的邮轮港口之一，已成为许多国际邮轮公司在亚洲的重要母港。

2. 政策扶持

中国政府采取了一系列政策措施支持邮轮产业发展，包括简化海关、出入境手续，以及提供税收优惠等。这些措施吸引了国际邮轮企业进入中国市场，也促进了国内邮轮业的发展。

3. 市场潜力巨大

中国庞大的人口基数和迅速增长的中产阶级，为邮轮市场提供了广阔的潜在用户基础。邮轮旅游作为一种新兴的休闲方式，对不少中国消费者具有较大的吸引力。

4. 国产化趋势

与国际邮轮市场相比，中国邮轮市场在产品设计、邮轮制造等方面还处于起步阶段。但近年来，中国开始注重发展本土邮轮设计与建造能力，以减少对外依赖。最为令国人兴奋的是上海外高桥造船厂已经成功制造出我国首艘现代高端大型邮轮，爱达·魔都号邮轮已经于2023年交付，2024年在我国上海开启了商业首航。

### 三、我国邮轮母港的发展趋势

我国邮轮经济带动效应不断加强：邮轮经济不仅限于港口和航运业，还涉及旅游、餐饮、零售、文化娱乐等多个行业，对沿海城市乃至内地城市的经济带动作用日益显著。发展趋势主要呈现在以下几个方面：

(1) 国内母港航线的邮轮产品及路线多元化。为满足国内想要更具特色和差异化邮轮体验的需求，邮轮公司将提供更多样化的航线和主题邮轮，例如，针对家庭的乐园邮轮、探险邮轮等。

(2) 母港邮轮制造业的发展。国内船厂如中船集团等在上海等地开展了大型和中型邮轮的建造，在爱达·魔都号交付后，外高桥造船厂开始制造第二艘大型邮轮，具有了批量化生产能力,加快发展国内邮轮母港的邮轮制造业,增强本土制造能力,弥补了国内邮轮母港大型邮轮制造的空白。

(3)母港邮轮总部经济和本土邮轮品牌双双成长。国内邮轮品牌有望成长为国际品牌,例如,华夏邮轮,招商邮轮等本土邮轮公司发展迅速,且总部放在上海、厦门等母港,进一步扩大中国在全球邮轮产业的影响力。

(4)母港邮轮生态环保发展趋势。未来邮轮经济发展将更加注重可持续性与环境保护,在"绿水青山就是金山银山"的理念引领下,发展绿色母港邮轮经济将成为潮流,各大港口都争相配置邮轮岸电等。

(5)母港国际合作深化。中国邮轮港口不断增进与国际邮轮公司的合作,形成战略联盟,达成互为母港协议,共同开发新航线和产品,提升全球竞争力。

(6)人口老龄化驱使邮轮母港经济与大健康产业融合。针对邮轮银发客户这个庞大群体,母港与健康、养老、医疗等产业相结合,邮轮旅游新产品不断涌现,吸引更多年长客群。

案例:

## 上海宝山区吴淞口国际邮轮港母港经济发展

作为上海宝山区的一张"世界级名片"——吴淞口国际邮轮港自2011年10月15日正式开港以来,至2018年5月,累计接靠邮轮1 600余艘次、出入境游客突破1 000万人次,已跃升为全球第四大邮轮母港。长三角地区邮轮游客选择从吴淞口国际邮轮港出发的超过八成,带动中国成为全球仅次于美国的第二大邮轮客源地市场。

宝山区坚持在邮轮产业链延伸拓展上做文章,把邮轮旅游"过路经济"转化为母港所在地"产业经济"。载着3 400多名旅客的地中海"辉煌号"日前靠泊上海吴淞口国际邮轮港,由此迎来了该港第1 000万名出入境旅客。作为第20艘将吴淞口国际邮轮港作为母港的大型邮轮,将带着4 000名旅客从这里开启中国首航,踏上往返日本的5天海上之旅。

近年来,上海宝山区与上海市口岸办加强合作,推动邮轮口岸管理创新。与海关、检验检疫、海事、边检等口岸单位分别签订共同推进"区港联动"制度创新战略合作协议,各口岸单位纷纷出台创新支持举措,使吴淞口国际邮轮港在邮轮口岸监管创新方面取得了丰硕成果。上海市口岸办推出上海邮轮口岸诚信管理体系,根据守信激励和失信惩戒原则,对邮轮口岸实行诚信管理。上海海关创新管理机制,将宝山邮轮相关业务归口吴淞海关统一监管,简化了境外船供物资通关流程,采取了"通道""登轮""随船"三位一体的邮轮监管模式,实行了"三提前"和"一港两用"的便利通关工作法。上海边检总站启用邮轮港自助通关通道,游客自助通关率达到40%;简化中国籍邮轮游客出境后再入境程序,通关查验时间由平均15秒减为3秒,达到了世界领先水平;顺利实施144小时过境免签政策和国际邮轮旅游团15天入境免签政策。

时任宝山区委常委、副区长苏平表示,如今,宝山正着力打造"吴淞口"邮轮服务品牌,不断激发邮轮带动效应。2016年,成立了上海国际邮轮旅游服务中心,围绕母港服务升级,积极推动邮轮保险业务发展,同时在机场、高铁车站启动"邮轮直通车"服务,联动口岸单位创新推出"邮轮便捷通关条形码",为邮轮口岸实现"混合验放"及进一步落实交通运输部要求试点推行"邮轮船票"制度奠定了基础。目前,"邮轮船票"工作正稳步开展,力争在政府指导下建立船票制度,保障邮轮游客权益,同时进一步建立与国际接轨的规范高效的邮轮市场,重构邮轮分销渠道,引导和规范邮轮票务市场健康发展。

立足母港运营,依托上海中国邮轮旅游发展实验区平台,宝山区不断延伸邮轮产业链。

在上游,积极延伸发展本土豪华邮轮设计建造。2015年10月份,宝山区参与由中船集团领军的本土豪华邮轮建造战略,携手中投公司、英国劳氏船级社、美国嘉年华集团、意大利芬坎蒂尼集团,发布邮轮产业六方合作共同宣言,共同发展中国本土邮轮制造产业,培育本土邮轮产业链。2016年10月份,国内首个国际邮轮产业园——"上海中船国际邮轮产业园"——落户宝山工业园区,目前中船集艾、中船瓦锡兰等企业已成功入驻。此外,国内首只邮轮产业基金将落户上海宝山区,首期募集资金300亿元用于邮轮产业发展。在中游,大力吸引邮轮总部型企业入驻。目前,歌诗达、地中海等邮轮公司纷纷落户,宝山区已成功引进各类邮轮企业50余家,"邮轮总部经济"逐渐凸显。在下游,通过打造"吴淞口"邮轮服务品牌激发邮轮带动效应。2016年,上海国际邮轮旅游服务中心正式成立,积极推动"邮轮保险""邮轮直通车""邮轮便捷通关条形码"等服务,目前正携手上海文广互动传媒打造全国首档邮轮专属栏目——《目的地!邮轮!》。同时按照交通运输部要求,承接"邮轮船票"试点工作,目前吴淞口已全面实行"凭票进港,凭票登船",下一步将依托船票制度,进一步引导和规范邮轮票务市场健康发展。2017年3月份,吴淞口邮轮港还建成了乐购仕跨境电商项目,打造了"境内下单、境外提货"的邮轮旅游全新购物模式。此外,邮轮船供服务迎来重要机遇,全年邮轮船供总金额超过4亿元。在邮轮旅游带动下,2017年宝山旅行社、旅游饭店和旅游景点接待游客1 303.11万人次,实现旅游总收入115.08亿元,分别同比增长15%和4.5%。

为支持邮轮产业发展,把邮轮旅游"过路经济"转化为母港所在地"产业经济",宝山区委、区政府坚持在邮轮产业链延伸拓展上做文章,先后引进50余家上下游企业,推出了支持发展邮轮经济的"三十五条",从2018年起,宝山区财政将每年拿出不少于1亿元,3年不少于3亿元,对打造具有全球影响力的邮轮企业总部基地、建设具有全球竞争力的邮轮母港、构筑全产业链的邮轮经济发展高地、推动产城融合区港联动发展、优化邮轮经济发展的营商环境五大方面给予奖励和扶持,为上海邮轮产业发展提供更强的动力。

(资料来源:经济日报—中国经济网,2018年05月29日,http://district.ce.cn/zg/201805/29/t20180529_29273510.shtml。)

**本章思考题:**
1. 国外著名的国际邮轮港有哪些?
2. 我国著名的国际邮轮港有哪些?
3. 什么是邮轮母港经济?

# 第三章　世界主要邮轮港口发展地区及案例分析

**本章导语**：随着全球旅游产业的蓬勃发展，邮轮旅游作为一种全新的高端休闲旅行方式，逐渐受到越来越多旅游爱好者的青睐，近年来逐渐呈现由西方向东方发展的趋势。在邮轮旅游经济的助推下，邮轮港口的发展成为各国政府和相关企业关注的重点。从全球来看，地中海和北美地区是邮轮旅游的传统热点区域，近年来亚洲也迎来了邮轮旅游的迅猛发展，这些地区不仅拥有自然风光、文化遗产，还得益于航空、交通等综合配套设施的不断完善，有效提升了邮轮旅游的吸引力。同时，这些地区邮轮港口的建设与运营越发显现出领先优势，迈阿密邮轮港、巴塞罗那邮轮港以及上海邮轮港等一些港口是最具代表性的邮轮港口，这些港口在市场定位、客源结构、服务品质等方面为全球邮轮市场的可持续发展提供了宝贵的经验和深刻的启示。

## 第一节　北美地区邮轮港口

### 一、地理位置和规模

北美地区是世界上邮轮旅游业极为发达和受欢迎的地区，拥有许多重要的港口。这些港口位于北美大陆的各个地区，从东海岸到西海岸，从阿拉斯加到加勒比海等，覆盖了多个国家和地区。

1. 迈阿密港

迈阿密港位于佛罗里达州东南部，濒临大西洋，是美国东南沿海到加勒比海地区的重要航线枢纽。迈阿密港地理位置优越，距离热门邮轮目的地如巴哈马、加勒比海岛屿和墨西哥湾不远，这使得它成为邮轮公司和游客们的首选出发地。迈阿密港也位于迈阿密市中心的比斯坎（Biscayne）湾附近，毗邻迈阿密的主要旅游景点和商业中心。

迈阿密邮轮港口以其卓越的基础设施和设施著称。港口拥有多个现代化的码头，可同时停靠多艘大型邮轮。码头设施齐全，并配备了先进的仓储和操作设备，以确保高效的船只装卸和旅客服务。迈阿密港口还拥有舒适的候车区、现代化的安检系统和舒适的旅客大厅，为游客提供便利和舒适的登船体验。

作为全球邮轮业的重要节点，迈阿密港口接待了来自各个邮轮品牌的众多船只。从迈阿密港出发的邮轮提供多样化的航线选择，涵盖了加勒比海、巴哈马、墨西哥湾等地。游客们可以选择不同主题的邮轮,如奢华邮轮、家庭邮轮、冒险邮轮等,根据自己的偏好和需求进行选择。迈阿密港口还提供航程长度灵活的行程,从短暂的周末假期到长达几个星期的邮轮之旅,满足不同旅客的需求。

除了其卓越的设施和丰富的航线选择,迈阿密港口还以其多元化的旅游资源和活力四射的城市风情而闻名。迈阿密市拥有美丽的海滩、繁华的购物区、悠久的艺术文化历史和世界级的餐饮场所。游客们可以在邮轮出发前或返回后,在迈阿密市内留下美好的回忆和充实的旅程。

迈阿密港口还与当地旅游机构、酒店业和交通运输部门紧密合作,提供全方位的旅游服务和设施。游客们可以轻松地在港口附近找到高品质的酒店住宿、丰富的旅游活动和多样化的交通选择。此外,迈阿密港口还定期举办各类活动和娱乐节目,为游客提供更多的旅游体验和娱乐选择。

2. 洛杉矶港

洛杉矶邮轮港口地理位置优越,位于加利福尼亚南部沿海,濒临太平洋。它是美国西海岸的大邮轮港口之一,并且位居全球最繁忙的邮轮港口之列。洛杉矶港经营着多个邮轮码头,这些码头均可容纳大型邮轮上下游客。

洛杉矶港口是众多邮轮公司的重要航线起点和目的地。游客们可以选择各种不同类型的邮轮旅行,如豪华邮轮、家庭邮轮、主题邮轮等。邮轮航线覆盖了太平洋沿岸、墨西哥海岸、阿拉斯加、夏威夷和南太平洋等热门目的地。从洛杉矶出发的邮轮旅行提供了多样化的船只和航线选择,满足不同旅客的喜好和需求。

洛杉矶港口的特点之一是其与洛杉矶市的紧密联系。洛杉矶市是美国的大城市,拥有繁荣的文化、商业和旅游产业。游客们在登船或返航前可以探索洛杉矶市内的多样化旅游资源,如著名的好莱坞、圣塔莫尼卡海滩、环球影城和博物馆等。洛杉矶市还提供丰富的购物、餐饮和娱乐选择,为游客提供更多的旅游体验和活动。洛杉矶港口还定期举办各类活动和节日,吸引游客和当地居民参与。例如,每年都会举办圣佩德罗湾船舶展览会(San Pedro Bay Boat Show),展示各类豪华游艇和船舶,吸引了众多游客的关注。此外,港口附近的圣佩德罗区也有众多海滩、公园和海洋活动,游客们可以在登船前或返航后沿着海岸线漫步,享受大海和阳光。

洛杉矶港是全球最繁忙的集装箱港口之一,每年处理数百万个集装箱。它还是石油、天然气和其他散装货物的重要装卸站。港口附近的货运枢纽连接着铁路和公路网络,为货物运输提供便利。

洛杉矶港及其相关配套及衍生行业为洛杉矶地区经济做出了重要贡献,为当地居民提供了许多就业机会,也对整个北美地区的经济发展起到关键作用。

3. 纽约港

纽约邮轮港口地理位置优越,位于美国东海岸的大西洋沿岸。它位于纽约市的哈德逊河和东河交汇处,毗邻著名的自由女神像和曼哈顿岛的标志性建筑。由于其地理位置接近美国东海岸主要城市和加拿大东部地区,纽约港口成为邮轮公司和游客们的重要起点和目的地。

纽约邮轮港口是众多邮轮公司的重要航线起点和目的地。从纽约港口出发的邮轮提供了丰富的航线选择,涵盖了美国东海岸、加勒比海、巴哈马、欧洲和北欧等地。游客们可以选择不同类型的邮轮旅行,如豪华邮轮、主题邮轮、冒险邮轮等,根据自己的兴趣和需求进行选择。纽约港口还提供灵活的行程长度,包括短期的周末假期和长途的几个星期邮轮之旅,满足不同旅客的需求。

纽约港口的特点之一是其独特的城市背景和文化氛围。纽约市是全球极具活力和多样化的城市之一,拥有丰富的历史、文化和艺术遗产。游客们在登船或返航前可以探索纽约市的标志性景点,如时代广场、中央公园、百老汇剧院和博物馆群等。纽约市还提供世界级的购物、餐饮和娱乐选择,让游客们在航行之前或之后充分体验这座城市的魅力。

纽约港是纽约地区的重要经济引擎之一,为当地和周边地区创造了大量的就业机会。港口及其相关行业为纽约市和周边地区的经济发展做出了重要贡献。它为贸易、物流和制造业等行业提供了关键的支持。

4. 温哥华港

温哥华邮轮港口地理位置得天独厚,位于加拿大西南海岸的太平洋沿岸。它坐落在佛雷斯特河与菲沙河交汇处,毗邻壮丽的喀斯喀特山脉和深蓝色的太平洋。温哥华港口地理位置接近美国西海岸、墨西哥和阿拉斯加等目的地,因此成为邮轮公司和游客们的热门起点和目的地。

温哥华邮轮港口是众多邮轮公司的重要航线起点和目的地。从温哥华港口出发的邮轮提供了多样化的航线选择,包括太平洋海岸线、阿拉斯加、墨西哥海岸线和夏威夷等。游客们可以选择不同类型的邮轮旅行,如豪华邮轮、探险邮轮和家庭邮轮等,根据自己的喜好和需求进行选择。温哥华港口还提供灵活的行程长度,包括短途的周末假期和长途的几个星期的邮轮之旅,满足不同旅客的需求。

温哥华港口的特点之一是其壮丽的自然风光和丰富的户外活动。温哥华市周围环绕着美丽的山脉、峡湾和岛屿,游客们可以在航行前或返航后参加众多户外活动,如登山、远足、划船和观鲸等。此外,温哥华港口附近还有著名的斯坦利公园、格兰维尔岛和鲸鱼岛等值得探索的自然景点。

## 二、旅游资源

1. 自然景观

北美地区以其壮观的自然景观而闻名。其中包括美国的大峡谷国家公园、黄石国家公园和优胜美地国家公园,加拿大的洛矶山脉和尼亚加拉大瀑布,墨西哥的尤卡坦半岛和奇琴伊察等。这些地方有令人惊叹的山脉、湖泊、瀑布和自然奇观,吸引着大量的游客。

(1)大峡谷国家公园(美国亚利桑那州)。大峡谷是世界闻名的壮丽自然奇观,伸展数千米,呈现出令人难以置信的峭壁和峡谷景色。

(2)尼亚加拉大瀑布(加拿大/美国边界)。这个跨越加拿大和美国边界的著名瀑布景点吸引了无数游客。游客可搭乘船只亲临瀑布,并欣赏到壮观的瀑布景色。

(3)黄石国家公园(美国怀俄明州/蒙大拿州/爱达荷州)。黄石是美国第一个国家公园,拥有丰富的野生动物和喷泉间歇泉等地热活动,同时也是欣赏美丽山脉、湖泊和森林的理想地点。

2. 城市文化

北美地区有许多充满活力和多样化的城市。其中包括美国的纽约市、旧金山、洛杉矶和芝加哥,加拿大的多伦多、蒙特利尔和温哥华,以及墨西哥的墨西哥城。这些城市拥有世界级的博物馆、艺术机构、音乐和戏剧场,还提供丰富多样的美食、购物和娱乐选择。

(1)纽约市(美国纽约州)。纽约市是全球城市文化的中心,拥有世界著名的地标如时代广场、自由女神像和大都会艺术博物馆,还有丰富的文化表演、美食和购物区。

(2)蒙特利尔(加拿大魁北克省)。蒙特利尔是法语文化和现代艺术的中心,拥有令人惊叹的建筑以及美食和音乐节,还有活力四射的夜生活和艺术家社区。

(3)墨西哥城(墨西哥)。墨西哥城是世界上最大的城市之一,其丰富的历史和文化使其成为国家和古代文明的重要遗址。这里有古代遗址、博物馆、传统集市场和美食。

3. 历史遗迹

北美地区保存着许多重要的历史遗迹,展示了不同文化和历史时期的痕迹。例如,美国的独立纪念馆、华盛顿特区的国家广场和波士顿的自由之路,加拿大的魁北克城和渥太华的议会山庄,以及墨西哥的特奎斯科城和奥哈坎古城。这些地方为游客们提供了了解北美历史的机会。

(1)独立纪念馆(美国华盛顿特区)。这座纪念馆是为了纪念美国《独立宣言》的签署而建立的,游客可以了解美国独立的历史和重要的历史事件。

(2)魁北克城(加拿大魁北克省)。魁北克城是北美最古老的城市之一,保留着欧洲风格的街区和历史城墙。游客可以参观城堡、博物馆和古老的教堂,感受欧洲文化氛围。

(3)特奎斯科城(墨西哥城)。这座前阿兹特克帝国的首都是墨西哥最重要的历史遗址之一,游客可以参观古代庙宇、金字塔和博物馆,深入了解古代文明的辉煌。

4. 自然公园

北美地区拥有众多的国家公园和州立公园,提供丰富的户外活动和自然保护区。除了之前提到的大峡谷、黄石和优胜美地国家公园,还有美国的落基山脉国家公园和奥运国家公园,加拿大的贾斯珀国家公园和努纳武特国家公园,以及墨西哥的科巴国家公园和洞穴奇境国家公园。这些公园提供徒步旅行、露营、观鸟、划船和野生动物观察等活动。

(1)落基山脉国家公园(美国科罗拉多州)。位于洛矶山脉中,提供壮观的高山、湖泊和难忘的徒步旅行和野生动物观察机会。

(2)贾斯珀国家公园(加拿大阿尔伯塔省):贾斯珀国家公园是加拿大落基山脉中的国家公园之一,拥有壮丽的山脉、湖泊和冰川。游客们可以进行徒步旅行、露营、观鸟以及欣赏美丽的湖泊和瀑布。

(3)努纳武特国家公园(加拿大努纳武特地区)。努纳武特国家公园是北极圈内最大的国家公园,以其原始的冰川、冰山和野生动物而闻名。游客们可以进行冰川探险、观鸟和观赏北极圈内罕见的美景。

(4)科巴国家公园(墨西哥半岛)。科巴国家公园位于墨西哥半岛的东海岸,拥有令人叹为观止的海岸线和珊瑚礁。游客们可以进行潜水、浮潜和海滩休闲活动,欣赏美丽的海洋生物和珊瑚景观。

5. 文化节庆

北美地区还会举办许多独特的文化节庆活动。美国的好莱坞电影节、新奥尔良的爵士音乐节和墨西哥的独立日庆祝活动都吸引着游客们的关注。这些节庆活动提供了一些地区特有的体验,让游客们更好地了解当地文化和传统。

(1)好莱坞电影节(美国加利福尼亚州洛杉矶)。好莱坞电影节是全球电影界的盛事,吸引着来自世界各地的明星、制片人和电影爱好者。这个节日举办电影首映、红毯仪式和电影展览等活动。

(2)爵士音乐节(美国路易斯安那州新奥尔良)。新奥尔良是爵士音乐的发源地,每年都举行规模盛大的爵士音乐节庆。游客们可以沉浸在爵士音乐的魅力中,观赏演奏表演和参加街头庆祝活动。

(3)墨西哥独立日庆祝活动(墨西哥全国范围)。墨西哥独立日庆祝活动是墨西哥国庆日的重要庆祝活动。游客们可以观赏盛大的阅兵仪式、烟花表演和音乐演出,感受墨西哥人的热情和庆祝氛围。

6. 晨曦城市

晨曦城市是北美地区独特而有趣的旅游目的地。这些城市在夜晚常常人声鼎沸,为游客提供无数的娱乐和活动选择。例如,拉斯韦加斯以其赌场、表演和奢华酒店而闻名,迈阿密则以其潜水和海滩派对文化而吸引游客。

(1)迈阿密(美国佛罗里达州)。迈阿密是北美享有盛誉的晨曦城市之一。游客可以在该市的南海滩观赏美丽的日出,沿着沙滩散步或骑车,边享用早餐边欣赏大西洋的美景。

(2)坎昆(墨西哥)。坎昆位于加勒比海海岸,以其美丽的海滩和湛蓝的海水而闻名。游客可以早起欣赏到壮丽的日出。

7. 阿拉斯加

阿拉斯加州是北美地区最大的州,拥有壮观的冰川、极地野生动物和广袤的国家公园。游客们可以参加阿拉斯加邮轮之旅,欣赏海洋和山脉间的壮丽景色,或者参加冰川探险和观赏北极光。

(1)丹吉尔国家公园与保留区(美国阿拉斯加州)。丹吉尔国家公园被誉为北美最美的国家公园之一。在这里,游客可以早起观赏到壮丽的阿拉斯加晨曦,参加野生动物观察,包括观赏鲸鱼、海豹和各种鸟类。

(2)留尼塔湾(美国阿拉斯加州)。留尼塔湾是阿拉斯加州东南部一个美丽的海湾,被称为"阿拉斯加的小挪威"。游客可以在这里观赏到壮观的冰川、雄伟的山脉和丰富的野生动物,如海鸟、海豹和鲸鱼。

8. 海滩和度假胜地

北美地区的海岸线上遍布着美丽的海滩和度假胜地。例如,美国的佛罗里达州迈阿密和加勒比海沿岸地区,墨西哥的坎昆和科苏梅尔以及夏威夷的瓦胡岛和夏威夷岛等都是受欢迎的度假胜地,提供阳光、沙滩和水上活动。

(1)基韦斯特(美国佛罗里达州)。基韦斯特是美国的度假胜地,拥有美丽的白色沙滩和碧蓝的海洋。游客可以在这里放松身心,参加各种水上活动,例如冲浪、浮潜、深海钓鱼或只是享受阳光浴。

(2)夏威夷(美国夏威夷州)。夏威夷是一个度假天堂,拥有美丽的海滩、清澈的海水和丰富的海洋生物。可以在这里放松身心,尝试冲浪、滑浪、帆板等水上活动,或者只是沐浴在温暖的阳光下。

9. 美食之旅

北美地区拥有丰富多样的美食文化,各地的特色菜肴令人垂涎欲滴。例如,美国的洛杉矶以其多元化的食物场景和畅销的食物卡车而闻名,墨西哥的墨西哥城则是令人垂涎欲滴的墨西哥美食的胜地。

(1)纽奥良(美国路易斯安那州)。纽奥良以其独特的美食文化而闻名,例如炖菜、炸虾和各种口味的蛋糕。可以在这里品尝地道的克里奥尔菜肴,探索当地的市场和餐馆,参加烹饪课程,还有享受爵士音乐的同时品尝美食。

(2)蒙特利尔(加拿大魁北克省)。蒙特利尔被认为是北美的美食之都,拥有丰富多样的美食选择,如传统的魁北克料理、法式糕点和各国美食。可以在这里品尝到高品质的奶酪、巧克力、贝加尔熏肉和蒙特利尔风格的烤肉等。

10. 主题公园

北美地区有许多受欢迎的主题公园,提供令人兴奋的娱乐体验。其中包括美国的迪士尼乐园,以及美国和加拿大的环球影城、西部牛仔城和六旗乐园等。

(1)迪士尼乐园(美国加利福尼亚州和佛罗里达州)。迪士尼乐园是世界上最著名的主题公园之一。它包括在加利福尼亚州的迪士尼乐园和在佛罗里达州的魔法王国乐园,提供了经典的迪士尼角色、令人惊叹的骑乘设施、娱乐表演和梦幻般的景点等。

(2)环球影城(美国加利福尼亚州和佛罗里达州)。环球影城是一座电影为主的主题公园,提供了世界级的娱乐表演、刺激的过山车以及与电影作品相关的景点和互动体验,它位于加利福尼亚州的环球影城好莱坞和佛罗里达州的环球影城奥兰多。

(3)西雅图水族馆(美国华盛顿州)。西雅图水族馆是一个以海洋生物为主题的公共水族馆,位于西雅图市中心的皮尔57号码头。它展示了各种不同类型的鱼类、海洋哺乳动物和其他海洋生物,提供了学习和娱乐的场所。

### 三、邮轮运营商

1. 皇家加勒比国际邮轮(Royal Caribbean International)

皇家加勒比是全球知名的邮轮品牌之一,在北美地区提供多条航线。他们的船舶以豪华装饰和刺激的活动为特色,如冲浪模拟器、攀岩墙、溜冰场和高空飞跃等,另外还有丰富的餐饮选择和娱乐表演。

2. 嘉年华邮轮(Carnival Cruise Line)

嘉年华邮轮以其灵活自由的度假体验而著名,提供了多条航线,涵盖了加勒比海、百慕大、阿拉斯加等目的地。他们的船舶通常具有多个餐馆、休闲设施和娱乐场所,旨在为旅客提供自由度高的个性化体验。

3. 歌诗达邮轮(Costa Cruises)

歌诗达邮轮是一家历史悠久的豪华邮轮公司,提供了多条航线,包括加勒比海、阿拉斯加和欧洲等目的地。他们的船舶以舒适和优雅的氛围为特色,提供丰富的餐饮、文化活动和娱乐节目。

4. 迪士尼邮轮(Disney Cruise Line)

迪士尼邮轮是以迪士尼为主题的邮轮品牌,在北美地区提供多条航线,包括加勒比海、巴哈马和百慕大等目的地。他们的船舶充满迪士尼的魔法和娱乐,提供了与迪士尼角色的互动、儿童乐园、舞台表演和特色餐饮等活动。

### 四、经典航线

1. 阿拉斯加航线

阿拉斯加是一个著名的邮轮目的地,游客可以在航行中欣赏到壮观的冰川、雄伟的山脉和海洋生物。航线通常从美国西部的港口(如西雅图或温哥华)出发,途径阿拉斯加的海岸线和冰川,旅程中还可以进行登山、独木舟和观鲸等活动。

## 2. 加勒比海航线

加勒比海是另一个受欢迎的邮轮航线,通常包括东加勒比海、西加勒比海和南加勒比海。这些航线提供了各种岛屿和目的地的探索机会,如巴哈马、牙买加、开曼群岛、圣马丁和圣托马斯等。游客可以在美丽的海滩上放松,进行水上活动,参观当地的历史和文化景点等。

## 3. 百慕大航线

这条航线通常从美国东海岸的港口,如纽约或波士顿,出发前往百慕大。在百慕大,游客可以享受阳光、美丽的沙滩、粉色的珊瑚礁和水上活动,还可以参观该地区的历史古迹和英式文化等。

## 4. 萨圣西亚航线

这条航线通常从美国南部的港口出发,沿着墨西哥和中美洲海岸航行。游客可以探索墨西哥的海滩和文化景点,还可以参观中美洲国家如伯利兹、危地马拉和洪都拉斯等地的亚热带雨林和古老的遗址。

## 5. 美国东海岸航线

这条航线通常从北到南沿着美国东海岸航行,途经城市如纽约、费城、波士顿和迈阿密等。在这条航线上,游客可以欣赏到美丽的海滩,探索历史悠久的城市,还可以参观杰出的博物馆和文化景点等。

## 五、政策与合作

### 1. 港口安全合作

为确保邮轮旅行的安全,北美的邮轮港口进行了跨国合作。港口管理机构与当地执法部门密切合作,共享信息,加强安全检查和监督。他们通过安全培训和技术投资,提高港口的安全水平,确保游客和员工的安全。

### 2. 边境合作与过境检查

墨西哥、美国和加拿大之间的邮轮旅行通常涉及过境检查。合作国家的政府和边境管理机构进行合作,确保旅客的顺利过境,加快边境检查流程。

### 3. 旅游合作促进

北美地区的邮轮港口与当地政府和旅游部门合作,共同推广邮轮旅游和旅游目的地。他们举办活动,推广当地旅游景点和文化活动,为游客提供丰富多样的体验。

### 4. 环境保护合作

港口当局进行环境保护合作,采取措施减少邮轮对海洋环境的影响。例如,港口管理机构和邮轮公司合作实施排污和废物管理标准,并开展环境教育活动,提高环保意识。

### 5. 危机管理和紧急响应合作

北美地区的港口开展危机管理和紧急响应合作,应对灾害和突发事件。港口当局与相关机构合作,制定应急计划,加强救援准备,确保游客和员工的安全。

### 6. 卫生与安全合作

邮轮行业在面临突发疫情等公共卫生挑战时,采取了许多措施以确保乘客和船员的安全。港口管理机构与邮轮公司合作,制定了严格的卫生和安全准则,包括增加卫生设施、强化清洁和消毒程序以及进行健康筛查。

### 7. 法律和监管合作

北美地区的邮轮港口需要遵守一系列的法律法规和监管要求。政府部门与港口管理机构合作,确保邮轮行业的合规性和透明性。

8. 文化多样性与包容合作

港口管理机构与当地社群和民间组织合作,共同打造一个包容、友好的旅游环境。

9. 可持续发展合作

港口当局与邮轮公司、政府和环保组织合作,推动可持续发展的实践。

10. 旅客体验和满意度合作

港口管理机构与邮轮公司合作,致力于提供优质的旅客体验和满意度。

11. 培训和技术合作

港口管理机构与邮轮公司合作进行培训和技术合作,提高运营效率和服务质量。

12. 旅游推广合作

港口当局与旅游部门、航空公司和酒店等旅游相关行业进行合作,共同推广北美地区的邮轮旅游。

13. 数据共享与合作

港口管理机构与邮轮公司合作,共享数据并进行分析,以改善港口运营和旅客服务。他们收集和分析乘客的反馈和满意度调查数据,以便针对性地改进港口设施和服务。此外,他们还与航运行业的其他利益相关方合作,共享市场趋势和竞争情报,以指导战略决策和市场推广。

14. 科技创新合作

港口管理机构与邮轮公司合作推动科技创新应用于港口运营。他们与技术公司合作,引入先进的技术解决方案,例如,自动化系统、无人机和物联网技术,以提高港口效率、安全性和可持续性。

15. 职业培训与人才发展合作

港口管理机构与邮轮公司合作开展职业培训项目,提高员工的专业技能和服务质量。他们也与当地教育机构合作,培养本地人才,提供就业机会和经济发展。

## 第二节 欧洲地区邮轮港口

### 一、地理位置和规模

1. 巴塞罗那

巴塞罗那是西班牙重要的邮轮港口之一,位于西班牙东北部的加泰罗尼亚地区。巴塞罗那邮轮港口地理位置优越,拥有独特的文化、历史和美丽的自然风光,吸引了无数游客来此启程探索地中海和其他旅游目的地。

巴塞罗那邮轮港口处于地中海的中心位置,游客可以启程前往多个地中海国家和城市,如法国的马赛、意大利的罗马、希腊的雅典等。此外,港口与大西洋沿岸的葡萄牙、摩洛哥等目的地也有直接的联系。

巴塞罗那邮轮港口是地中海重要、繁忙的港口之一,拥有广阔的港区和现代化的设施。港口由多个泊位和码头组成,能够容纳大型邮轮船只。为了适应邮轮旅游的需求,港口设有豪华的客运大楼,提供方便快捷的登船、登陆和入境手续。

巴塞罗那邮轮港口提供丰富多样的航线选择,包括地中海航线、大西洋航线和跨大西洋航线等。游客可以选择从巴塞罗那出发,探索地中海沿岸的美景和历史名城,或者启程跨越大西洋,前往美洲等目的地。

巴塞罗那本身是一个充满活力、丰富多彩的城市,拥有悠久的历史和独特的文化遗产。游客在登船或上岸时,可以欣赏到巴塞罗那的著名建筑,如圣家堂、巴特罗之家和哥特区等。此外,游客还可以品尝到地道的加泰罗尼亚美食,体验巴塞罗那的传统艺术和文化活动。

2. 罗马翁布里亚诺港

罗马是意大利的首都和文化中心,也是地中海地区最重要的邮轮港口之一。罗马的邮轮港口位于奇维塔韦基亚(Civitavecchia),距离罗马市中心约 80 千米,是游客前往罗马及周边地区的主要出发地。罗马邮轮港口拥有便利的地理位置、现代化的设施与丰富多样的航线选择,为游客提供畅游地中海和探索欧洲的绝佳起点。

罗马邮轮港口位于意大利的西海岸,紧邻地中海。游客可以方便地启程前往地中海沿岸的其他国家和城市,如希腊、克罗地亚、摩纳哥等。此外,该港口还连接了大西洋沿岸的目的地,如西班牙、法国等国家。

罗马邮轮港口提供多种多样的航线选择,游客可以选择从这里出发,探索地中海和其他欧洲目的地。航线通常覆盖地中海沿岸的美丽城市,如巴塞罗那、马赛、那不勒斯和雅典等。邮轮还提供前往佛罗伦萨、威尼斯等意大利内陆城市的航线。

罗马作为意大利的首都,拥有丰富的文化和历史遗产。游客从罗马的邮轮港口出发后,可以参观罗马市内的著名景点,如斗兽场、圣彼得大教堂、罗马斗兽场和西斯廷教堂等。这些历史名城代表了古老的罗马文明和文化遗产。

3. 雷克雅未克

雷克雅未克(Reykjavik)是冰岛的首都和最大的城市,也是游客前往冰岛探索自然风光的主要出发地。雷克雅未克邮轮港口位于雷克雅未克市附近,拥有独特而壮丽的自然环境,为游客提供了一个探索冰岛的理想起点。

雷克雅未克邮轮港口地理位置独特,靠近雷克雅未克市中心,紧邻大西洋。港口位于波罗的海和北大西洋的交汇处,是前往冰岛和北冰洋地区的重要门户。游客在登船或上岸时可以欣赏冰岛大自然的壮丽景色,如海洋、山脉和火山等。

雷克雅未克邮轮港口提供多样的航线选择,游客可以选择从这里启程,探索冰岛以及北大西洋地区的其他目的地。航线通常包括前往格陵兰岛、法罗群岛、挪威和苏格兰等地的行程,让游客可以深入体验北欧和北极圈地区的迷人风光。

4. 圣彼得堡

圣彼得堡(St. Petersburg)位于俄罗斯西北部,是俄罗斯的第二大城市,也是该国重要的文化和艺术中心。圣彼得堡邮轮港口(St. Petersburg Cruise Port)位于涅瓦河(Neva River)沿岸,是游客前往圣彼得堡以及俄罗斯北部地区的重要门户。郎格亚桥(Langelinie bridge)是该港口的主要泊位之一,可以同时停靠多艘大型邮轮。

圣彼得堡邮轮港口的地理位置优越,靠近波罗的海,距离圣彼得堡市中心约 8 千米,游客可以快速抵达这个历史悠久、充满魅力的城市。该港口提供了便利的交通连接,游客可以通过陆路或水路快速到达市中心和其他重要景点。

圣彼得堡邮轮港口是波罗的海地区重要的邮轮港口之一,提供了多样化的航线选择。游客可以选择从这里出发,前往其他波罗的海国家的港口,如芬兰、瑞典、爱沙尼亚等,或者选择前往北欧和巴尔干半岛地区的目的地。航线多样,满足了游客对于不同国家和地区的探索和体验需求。

### 5. 阿姆斯特丹

阿姆斯特丹(Amsterdam)是荷兰的首都和最大的城市,也是欧洲最受欢迎的旅游目的地之一。阿姆斯特丹邮轮港口(Amsterdam Cruise Port)位于市中心附近的易北河畔,是游客前往阿姆斯特丹和欧洲其他地区的主要出发点之一。

阿姆斯特丹邮轮港的地理位置优越,靠近荷兰的主要交通运输枢纽和国际机场,为游客提供了便利的交通连接。邮轮港毗邻阿姆斯特丹的市中心,游客可以步行或乘坐公共交通工具方便地到达市内各个重要景点和购物区。

阿姆斯特丹邮轮港口是欧洲最繁忙的邮轮港口之一,提供了多样化的航线选择。游客可以选择从这里出发,前往诸如挪威、丹麦、瑞典、芬兰等北欧国家的港口,也可以选择前往地中海和加勒比海的目的地。航线多样,满足了游客对于不同地区和风景的需求。

阿姆斯特丹以其独特的运河系统而闻名,被称为"北方威尼斯"。港口位于易北河畔,游客在登船或上岸后可以亲身体验到阿姆斯特丹著名的运河风光。沿着运河,游客可以欣赏到阿姆斯特丹的历史建筑、美丽的桥梁和迷人的街景,感受这座城市独特的魅力。

阿姆斯特丹每年都有众多的文化和艺术活动,如音乐节、电影节和艺术展览等。游客可以在港口上岸后参加这些活动,体验这个城市丰富多样的文化生活。

## 二、旅游资源

### 1. 自然景观

欧洲地区拥有许多令人惊叹的自然景观,如阿尔卑斯山脉、挪威的峡湾、冰岛的冰川、瑞士的湖泊等。游客可以在这些地方徒步、攀岩、滑雪或乘坐观光船等,欣赏到壮丽的山脉、瀑布、峡湾等自然奇观。

(1)阿尔卑斯山脉是欧洲最壮丽的山脉之一,横跨法国、意大利、奥地利、瑞士等国家。这里有壮观的峰峦、宏伟的冰川和湖泊,吸引了众多登山爱好者和风景摄影师。

(2)挪威的峡湾国家公园(Norwegian Fjords National Park)是挪威重要的自然保护区之一,也是世界上极为壮丽的自然景观之一。该国家公园位于挪威西部,包括斯图贝陶(Sognefjord)、哈达兰格峡湾(Hardangerfjord)、盖朗格峡湾(Geirangerfjord)等多个峡湾。这里有陡峭的峭壁、冰川,以及令人惊叹的瀑布和湖泊。公园内的自然环境与生物多样性独特,包括各种珍稀的植物和动物品种。游客可以乘船或徒步穿越这些峡湾,近距离欣赏壮丽景色,并有机会观察到野生动物,如海豹、海鹰和山羊等。

### 2. 历史遗迹

欧洲有世界上保存完整的历史遗迹。游客可以参观意大利的古罗马遗址、希腊的雅典卫城、法国的巴黎圣母院、英国的巨石阵等,感受悠久的历史和古老文明的魅力。

(1)罗马的古罗马遗址包括斗兽场(Colosseum)和罗马广场(Roman Forum),这些古罗马遗迹展示了古罗马帝国的辉煌与丰富多彩的文化遗产。游客可以通过参观这些遗址,了解古代罗马的政治、社会和建筑风格,感受历史的魅力。

(2)雅典卫城(Acropolis of Athens)是希腊著名的古代遗迹之一,位于希腊首都雅典的城市中心。它是古希腊时期的一个重要宗教和政治中心,是古代雅典的象征。参观雅典卫城,游客可以欣赏到古代希腊建筑的壮丽和精湛工艺,同时感受到古希腊文化和宗教的深厚影响。

(3)巴黎圣母院(Cathédrale Notre-Dame de Paris)是法国巴黎著名的宗教建筑之一,也是世界上极具标志性的教堂之一。它位于塞纳河岛(Île de la Cité)上,始建于12世纪,在法国中世纪的文化和宗教生活中扮演了重要的角色。巴黎圣母院不仅是一个重要的宗教场所,也是吸引游客和信徒的地标之一。在雨果的小说《巴黎圣母院》中,这座教堂成了一个浪漫而神秘的背景,进一步增加了它的魅力。无论是艺术爱好者、历史迷还是旅行者,都会对巴黎圣母院的壮丽和历史感到震撼。

3. 文化艺术

欧洲被誉为艺术和文化的发源地之一,拥有许多世界级的博物馆、艺术展览和音乐剧院。游客可以参观巴黎的卢浮宫、伦敦的大英博物馆、意大利的佛罗伦萨美术馆等,欣赏世界级的艺术品和文化遗产。

(1)巴黎卢浮宫(Louvre Museum)是世界上著名的艺术博物馆之一,位于法国巴黎市中心的卢浮宫宫殿内。这座宫殿本身就是一件艺术品,是一座具有丰富历史的建筑。参观卢浮宫,游客可以领略到从古埃及、古希腊和古罗马时代到现代欧洲艺术的各个时期的杰作。此外,卢浮宫本身作为一座历史建筑,也值得参观。卢浮宫是世界上著名的艺术博物馆之一,它的丰富藏品和壮观的建筑使之成为巴黎必游的景点之一。

(2)伦敦大英博物馆(The British Museum)是世界上极为重要和著名的博物馆之一,位于英国伦敦市中心的布卢姆斯伯里区。它于1753年建成,是世界上第一批对公众开放的博物馆之一。参观伦敦大英博物馆,游客可以探索不同文化和时代的艺术品和文物。这座博物馆提供了反映世界历史和人类文明的众多实物,为人们提供了一个了解不同文化遗产的机会。

4. 美食和葡萄酒

欧洲地区以其美食文化而闻名,每个国家和地区都有独特的传统菜肴和特色餐厅。游客可以品尝到法国的美食、意大利的比萨和面食、西班牙的塔帕斯、希腊的地中海风味等。此外,欧洲还是世界上著名的葡萄酒产区之一,游客可以参观葡萄园和品鉴各种美味的葡萄酒。

(1)法国以其精致的烹饪和丰富的葡萄酒产区而闻名。法国的美食包括著名的菜肴,如鹅肝、卤鹅腿、培根和奶酪等。而葡萄酒方面,勃艮第(Burgundy)、香槟(Champagne)和波尔多(Bordeaux)等产区都是法国著名的葡萄酒产区。

(2)意大利是另一个令人垂涎欲滴的美食天堂,以其传统的意大利面食、比萨、意大利冰激淋等闻名。此外,意大利还是著名的葡萄酒生产国,产区包括托斯卡纳(Tuscany)、皮埃蒙特(Piedmont)和阿布鲁佐(Abruzzo)等。

(3)西班牙的美食以其丰富的海鲜、各种小吃(Tapas)和传统的瓦伦西亚海鲜饭(Paella)而闻名。西班牙也是一个重要的葡萄酒产区,最著名的有利用特定工艺制成的气泡酒(Cava)和红酒产区里奥哈(Rioja)。

(4)希腊美食以其新鲜的海鲜、浓郁的沙拉和新鲜的橄榄油而闻名。希腊葡萄酒产区主要分布在克里特岛(Crete)、圣托里尼岛(Santorini)和著名的拉修米酒产区。

5. 购物天堂

欧洲拥有许多购物天堂,如米兰的时尚之都、巴黎的香榭丽舍大街、伦敦的牛津街等。游客可以购买到国际知名品牌的时尚服装、奢侈品、珠宝和艺术品等。

(1)作为时尚之都,巴黎是世界上著名的购物目的地之一。游客可以沿着香榭丽舍大道和法国独特的百货公司(如 Printemps 和 Galeries Lafayette)购物,寻找时尚的服装、奢侈品、美妆产品和家居装饰品等。

(2)伦敦也是一个购物的天堂,有世界著名的购物街区和百货公司。前往牛津街和滑铁卢街,可以找到一系列品牌店、奢侈品店和各种时尚潮流店。另外,哈罗德百货公司(Harrods)也是一个让人难以抗拒的购物胜地。

(3)米兰被公认为意大利时尚之都,因此是购物爱好者的理想目的地。可以前往米兰的时装区(Quadrilatero della Moda),这里集结了众多的设计师品牌店和高级时装店。而佛罗伦萨则以其精美的皮革制品和手工艺品而闻名。

6. 节日和庆典

欧洲地区每年举办许多盛大的节日和庆典,吸引了大量游客。如德国的慕尼黑啤酒节、意大利的威尼斯狂欢节、西班牙的圣费尔明节等。游客可以参加这些活动,感受到欢乐和狂欢的氛围。

(1)德国慕尼黑啤酒节(Oktoberfest)是世界上著名的啤酒节之一,每年在德国慕尼黑举行。这个传统盛事吸引了来自世界各地的游客,是一个庆祝和品尝德国啤酒文化的盛大节日。

(2)意大利威尼斯狂欢节(Venice Carnival)是世界上特别著名和古老的狂欢节之一,每年在意大利威尼斯举行。这个节日始于13世纪,并在现代得到了恢复和重新发展。威尼斯狂欢节以其精美的面具和华丽的装饰而闻名,吸引了成千上万的游客。在狂欢节期间,游客可以参加各种活动,如游行、音乐表演和狂欢游行等。一些活动还包括舞蹈、音乐会和烟花表演等。此外,也有一些专门的活动,如最佳面具评选和糖果撒播等。

7. 风景如画的乡村和海滨小镇

欧洲地区还有许多迷人的乡村和海滨小镇,如法国的普罗旺斯地区、爱尔兰的郁金香地区、希腊的圣岛等。游客可以在这些地方度过宁静的假期,欣赏到宜人的风景和宁静的生活方式。

(1)法国普罗旺斯地区是一个美丽而具有浓厚文化氛围的地区,位于法国东南部。这个地区以其宜人的气候、悠久的历史和迷人的自然风光而闻名。普罗旺斯地区的大部分地区都是农村和小镇,拥有壮丽的乡村风景和古老的城堡,薰衣草田、麦田和橄榄园构成了这个地区的美丽景观。游客可以在普罗旺斯的乡村小道上漫步,欣赏迷人的自然风光。

(2)希腊圣岛是指希腊境内的一群岛屿,位于爱琴海东南部。这些岛屿以其美丽的风光、古老的历史和独特的文化吸引着众多游客。希腊圣岛中最著名的是圣托里尼(Santorini)、米科诺斯(Mykonos)、克里特(Crete)和罗得(Rhodes)等。这些岛屿拥有壮丽的海滩、迷人的小镇和传统的白色房屋,让人流连忘返。除了海滩度假,游客还可以参观古代遗址、探索岛上的风车和蓝顶教堂,品尝当地美食和体验希腊独特的生活方式。

8. 建筑壮观的教堂和宗教遗址

欧洲地区有许多宏伟壮观的教堂和宗教遗址,如巴塞罗那的圣家堂、罗马的圣彼得大教堂、希腊的帕台农神庙等。这些地方是欧洲宗教和建筑的瑰宝,吸引着许多信徒和游客。

(1)罗马圣彼得大教堂(St. Peter's Basilica)是梵蒂冈城内的一座宏伟教堂,也是天主教教廷的总部所在地。它位于意大利罗马城,被认为是天主教教会特别重要的教堂之一。游客可以参观教堂的主殿、圆顶和巴洛克式的祭坛,还可以登上圣彼得大教堂的顶部,欣赏到罗马城的壮丽景色。

(2)希腊的帕台农神庙(Parthenon Temple)是古代雅典卫城上著名的建筑之一。它是古希腊的多理斯式建筑,修建于公元前5世纪,是为了纪念雅典娜女神而建造的。虽然神庙曾多次遭受战争和自然灾害的破坏,但至今仍能看到它的壮丽遗址。帕台农神庙也被列为世界文化遗产,吸引着众多游客前来参观,感受古希腊历史和建筑的魅力。

### 三、邮轮运营商

1. 皇家加勒比邮轮（Royal Caribbean Cruises）

其旗下拥有多家知名品牌，包括皇家加勒比国际、嘉年华邮轮和南太平洋邮轮等。他们提供各种航线和邮轮选择，适合不同偏好和预算的旅客。

2. 嘉年华邮轮（Carnival Cruise Line）

嘉年华邮轮提供多条欧洲航线，探索地中海、北欧和英伦三岛等地的风景和文化。

3. 歌诗达邮轮（Costa Cruises）

这家意大利邮轮公司在地中海地区运营广泛的航线，包括西地中海和东地中海。他们提供豪华的邮轮、丰富的娱乐和美食选择，为旅客带来独特的邮轮体验。

4. 挪威邮轮（Norwegian Cruise Line）

挪威邮轮以其自由式巡航概念而闻名，旅客可以根据自己的喜好选择用餐时间、活动和娱乐。他们的欧洲航线包括北欧、地中海和英伦三岛等目的地。

### 四、邮轮航线

1. 地中海航线

地中海是欧洲极受欢迎的邮轮目的地之一，有多条航线供选择。游客可以游览南部地中海的希腊圣岛、意大利的威尼斯和罗马、西班牙的巴塞罗那等地；或者选择北部地中海航线，包括法国的尼斯、摩纳哥、克罗地亚的杜布罗夫尼克等。

2. 北欧航线

北欧因其壮观的自然风光和迷人的文化而备受游客欢迎。这些航线通常穿越挪威峡湾、瑞典的斯德哥尔摩、芬兰的赫尔辛基以及丹麦和挪威的一些海港城市。游客可以欣赏到壮观的峡湾和冰川，参观古老的城堡和博物馆。

3. 波罗的海航线

波罗的海是连接东欧和北欧的内海，沿岸有多个有趣的城市和国家。游客可以游览俄罗斯的圣彼得堡、爱沙尼亚的塔林、芬兰的赫尔辛基、瑞典的斯德哥尔摩等。

4. 英伦三岛航线

这些航线通常包括英国、爱尔兰和苏格兰等地。游客可以探索伦敦的塔桥、英格兰南部海岸的多佛尔港口、苏格兰的爱丁堡等。

## 第三节　亚太地区邮轮港口

### 一、地理位置和规模

1. 新加坡

港口位于新加坡的南端，地处马六甲海峡和南中国海交汇处，属于东南亚地区。它连接了亚洲东南部和东北部的重要海上航道，是贸易和航运活动的重要枢纽。

新加坡港口是世界上特别繁忙的港口之一，也是东南亚地区特别忙碌的港口之一。它承办了大量的航运和贸易活动，每年处理数以百万计的集装箱和货物。从新加坡港口出发，旅客可以选择多条航线前往马来西亚、泰国、印度尼西亚、越南和菲律宾等东南亚国家。此外，也有航线连接中国大陆的各大城市以及日本、韩国、印度和中东等地。

新加坡港口地理位置优越,拥有良好的陆路和空路交通连接。乘坐地铁、出租车或巴士都可以方便地抵达港口,而新加坡樟宜国际机场也位于港口附近,提供国内和国际航班。

2. 中国香港

中国香港港口位于中国广东省珠江三角洲东南端,东临南中国海。它是一个天然良港,周围环绕着山脉和海湾。中国香港地处世界主要海上航道的交汇点,连接了亚洲和世界其他地区之间的重要贸易航线。

香港港口连接了世界各地的多条航线。从这里,船舶可以前往中国内地的各大城市,如上海、深圳和广州,也可以前往日本、韩国、越南、泰国、菲律宾和马来西亚等亚洲国家。此外,中国香港还连接着更远的地区,如中东、欧洲和美洲。

香港港口不仅拥有优越的海上交通网络,还具备便捷的陆路和空路交通连接。香港国际机场位于港口附近,提供了海陆空多式联运的便利条件。此外,中国香港还有世界一流的市内交通系统,如地铁、公交车和出租车,方便旅客和货物的快速运输。

3. 上海

上海港口位于中国东部沿海,地处长江入海口附近,它地理位置十分优越,与长江经济带紧密相连。上海是华东地区的经济中心和交通枢纽,也是中国内地和国际贸易的重要门户之一。

上海港口提供了多样的航线选择。旅客可以从上海前往日本、韩国和菲律宾等邻近地区,也可以选择前往中国内地的各大城市,如北京、上海、广州和深圳等。这些航线连接了亚洲不同地区的重要城市,使得上海港口成为亚洲邮轮旅行的重要出发点之一。

上海港口的快速发展带动了周边地区的经济增长。随着港口规模的不断扩大,上海港口经济呈现出繁荣的态势。港口的发展带来了大量的就业机会和投资机会,促进了上海及周边地区的经济发展。

4. 东京

东京港口位于日本东部,地处东京湾的中部。东京湾濒临太平洋,是日本的大海湾之一。作为日本的首都,东京拥有便捷的陆路和空路交通网络,连接了全国各地和国际航线。它处理着大量的货物,包括集装箱、石油、化工品、钢铁、粮食等。东京港口是日本经济的重要枢纽,也是日本对外贸易的关键通道。

东京港口拥有大规模的港口设施和现代化的码头。港口设有多个集装箱码头、散装货物码头和油轮码头,可以同时处理不同类型的货物。它提供先进的装卸设备和物流管理系统,确保货物的高效运输和转运。此外,东京港口还设有专门的邮轮码头,为游客提供邮轮旅游服务。

东京港口与日本国内各大城市以及世界各地都有良好的航运连接。船舶可以通过东京港口前往其他日本港口,如大阪、名古屋和福冈等,也可以航行到中国、韩国和其他亚洲国家。此外,东京港口也提供航线连接太平洋岛国和北美洲各大城市。

东京港口致力于环境保护和可持续发展。港口管理机构采取了一系列措施,减少废气排放和水污染,致力于可持续运营。同时,东京港口积极探索清洁能源的利用,在港口设施中推广使用可再生能源和低碳技术。

东京港口周边拥有丰富的旅游资源。游客可以在港口附近的东京湾海滩度假、参观港口博物馆和水族馆,或者乘坐邮轮游览东京湾和附近的海域。东京港口也是来日本旅游的游客的重要抵达点之一。

5. 悉尼

悉尼港口位于悉尼市东部,地处悉尼湾的中心位置。它濒临太平洋,是澳大利亚东海岸重要的港口之一。港口通过深水航道和水道与大洋相连,方便贸易和航运的发展。悉尼港口享有得天独厚的地理位置,便于与全球各地和澳大利亚其他主要城市进行贸易和航运活动。

悉尼港口与世界各地都有良好的航运连接。大型货船和邮轮可以从悉尼港口启程,前往亚洲、欧洲、美洲和其他太平洋岛国等地。悉尼港口还与澳大利亚其他主要港口有航线连接,如墨尔本、布里斯班和阿德莱德等。

悉尼港口由悉尼港务局负责管理和运营。港务局致力于提供安全可靠的港口服务,并推动可持续发展。他们确保港口的良好管理,包括船舶和货物的安全、环境保护和社会责任。悉尼港口采取了一系列措施,减少废物和污染,促进绿色可持续发展。

悉尼港口是一些知名邮轮公司的主要目的地之一。许多豪华邮轮停靠在悉尼港口,游客可以从这里出发,探索南太平洋和其他目的地。游客可以选择乘坐邮轮游览大堡礁、新西兰、夏威夷等地,享受舒适的邮轮旅程。

## 二、旅游资源

1. 自然景观

(1)大堡礁是世界上著名的珊瑚礁系统之一,被列为世界自然遗产。它位于澳大利亚东海岸,提供了丰富多样的海洋生态系统。游客可以进行潜水、浮潜、乘船游览等活动,欣赏壮丽的珊瑚礁、五颜六色的热带鱼和其他海洋生物。

(2)位于巴布亚新几内亚的海上气泡湖是一个奇特的地理现象。湖水中有许多气泡从海底冒出,形成一片奇幻的景象。游客可以乘船到湖上观赏这一独特景观,并欣赏周围壮观的红树林和海洋生物。

(3)奥克斯福德大峡谷位于新西兰南岛,是一个壮丽的峡谷景区。这里有雄伟的山脉、陡峭的峡谷和清澈的河流。游客可以进行徒步旅行、攀岩和漂流等户外活动,欣赏壮丽的自然风光。

2. 文化遗迹

(1)日本的京都古都是一个文化遗迹的瑰宝。这个拥有一千多年历史的城市,是日本的文化和艺术中心,保存着许多古建筑、庭园和寺庙,其中包括著名的金阁寺和清水寺等。

(2)泰国的大城府(Ayutthaya)是一处备受推崇的旅游景点,这个古城曾是泰国的首都。它保留着许多古老的寺庙和建筑,其中包括著名的瓦艾亚拉玛寺(Wat Yai Chai Mongkol)和瓦纳堪寺(Wat Mahathat)等。游客们可以在这里欣赏到美丽的佛塔和石雕。

(3)马来西亚的槟城是另一个值得一提的文化遗产地。它是一个历史悠久的港口城市,保存着许多殖民时期的建筑和文化遗迹。槟城的乔治市历史中心被联合国教科文组织列为世界文化遗产,游客们可以在这里探索殖民时期的街道、寺庙和教堂。

3. 城市风光

(1)上海是一个国际化的繁华城市,被誉为"东方巴黎"。上海拥有令人叹为观止的现代化建筑,比如东方明珠电视塔和上海陆家嘴三件套等。外滩是一个受欢迎的旅游景点,游客们可以欣赏到浦江两岸的璀璨夜景。南京路是上海的主要商业街,提供了各种购物和美食选择。此外,上海还有许多历史悠久的文化景点,如豫园和田子坊等,展示了上海的传统文化和建筑风格。

(2)作为韩国的首都,首尔是一个充满活力和现代化的城市。这里有许多令人印象深刻的景点,如景福宫(Gyeongbokgung)和昌德宫(Changdeokgung),这些宫殿展示了韩国悠久的历史和传统建筑风格。明洞(Myeongdong)是购物和享受美食的热门地区,汉江河岸则是放松和休闲的理想场所。此外,首尔还有许多现代化的购物中心、美术馆和咖啡馆,使游客们享受到现代都市生活的魅力。

4. 自然公园

(1)澳大利亚的大堡礁是一个世界著名的自然保护区,被列为世界遗产。这个巨大的珊瑚礁系统提供了令人难以置信的海洋生物多样性。游客们可以进行潜水、浮潜或乘船观光,欣赏美丽的珊瑚、热带鱼和其他海洋生物。

(2)印尼的苏门答腊岛上有著名的婆罗洲热带雨林,这里是世界上古老、复杂的生态系统之一。坤甸国家公园是一个热带雨林保护区,拥有壮观的山脉、瀑布和丰富的生物多样性。游客们可以进行远足、观鸟、探险和观赏野生动物。

(3)新西兰的皇后镇是一个位于南岛的独特自然公园,周围环绕着山脉、湖泊和河流。皇后镇是一个受欢迎的目的地,提供了各种户外活动,如滑雪、漂流、徒步旅行和观赏美丽的风景。格伦奇峡谷和米尔福德峡湾是皇后镇附近的两个壮观景点,值得一游。

5. 文化节庆

(1)日本的樱花季是一个受欢迎的文化节庆活动,每年春天(通常在3月至4月之间),日本的许多城市都会举办赏樱活动。东京的上野公园、大阪的大阪城公园和京都的哲学之道等地都是观赏樱花的热门景点。游客们可以欣赏粉色的樱花盛开,同时还可以体验日本的传统文化和美食。

(2)泰国的水灯节(Loy Krathong)是一个传统的庆祝活动,通常在十一月的满月之夜举行。游客们可以在曼谷的娘惹河或清迈的湄公河上看到成千上万的水灯漂浮,这是一幅美丽的景象。此外,游客们还可以欣赏到传统的舞蹈、音乐表演和盛大的花车游行。

6. 海滩和度假胜地

(1)泰国的普吉岛(Phuket)是一个度假胜地,拥有许多美丽的海滩,如卡塔海滩(Kata Beach)和卡伦海滩(Karon Beach)。游客们可以在这些海滩上休息、晒太阳,还可以参加刺激的水上活动,如冲浪、潜水和帆板等。

(2)巴厘岛(Bali)是印度尼西亚极受欢迎的旅游目的地之一,也以其美丽的海滩而闻名。库塔海滩(Kuta Beach)是巴厘岛特别热闹的海滩之一,游客们可以在这里冲浪、游泳和享受海滩之旅。其他值得一提的巴厘岛海滩包括吉姆巴兰海滩(Jimbaran Beach)和努沙杜瓦(Nusa Dua)。

(3)澳大利亚的黄金海岸(Gold Coast)是一个受欢迎的度假胜地,以其长长的沙滩和多样化的水上活动而闻名。阳光海滩(Surfers Paradise Beach)是黄金海岸著名的海滩之一,吸引着冲浪爱好者和度假者。另外,澳大利亚的凯恩斯(Cairns)也有美丽的海滩,如帕尔姆湾海滩(Palm Cove Beach),游客们可以在这里享受宁静和美丽的海滩风景。

### 三、邮轮运营商

1. 海洋邮轮(Princess Cruises)

海洋邮轮是全球知名的邮轮品牌之一,在亚太地区运营多条航线。他们的船只提供豪华舒适的客房、丰富多样的餐饮、休闲娱乐设施和各类活动,旅客们可以享受舒适的旅行体验。

2. 诺唯真邮轮(Norwegian Cruise Line)

诺唯真邮轮是另一家在亚太地区广受欢迎的邮轮运营商。他们提供灵活的航线选择,旅客可以根据个人偏好自由安排行程。邮轮上有丰富的娱乐设施,包括剧院表演、水上乐园和多间餐厅等。

3. 文莱邮轮(Dream Cruises)

文莱邮轮旗下拥有多艘现代化的邮轮,提供各种亚洲风情的航线选择。他们的船上设施先进,包括泳池、水上乐园、娱乐场所和餐厅等,能满足不同旅客的需求。

### 四、邮轮航线

1. 阿里斯塔通道(Alaska Inside Passage)

这条航线位于北美洲和亚洲之间,它通常从美国西海岸的港口出发,如西雅图或温哥华。游客将沿着阿拉斯加的海岸线航行,欣赏壮丽的冰川、山脉和海洋风光。

2. 太平洋岛屿之旅(Pacific Islands Cruise)

这条航线从澳大利亚或新西兰出发,穿越南太平洋,前往著名的太平洋岛国。游客们可以在汤加、斐济、瓦努阿图等地停靠,体验热带海岛的美丽风光和文化。

3. 亚洲沿海巡游(Asia Coastal Cruise)

这条航线通常在东南亚地区运行,游客们可以在新加坡、马来西亚、泰国、越南和印度尼西亚等国家的港口停靠。这个航线提供了丰富的文化、历史和自然景观,让旅客们领略亚洲的多样性。

4. 长江邮轮游(Yangtze River Cruise)

这条航线在中国境内,旅客可以乘坐邮轮沿着长江航行,欣赏中国的美丽风景和历史名胜。航线通常包括停靠重庆、三峡大坝和上海等地,提供了丰富的文化和自然体验。

5. 环日本航线(Japan Cruise)

这条航线围绕着日本的主要岛屿,游客们可以探索日本独特的文化、美食和景观。航线通常包括停靠东京、大阪、北海道和冲绳等地,让旅客们领略到日本的多元魅力。

**本章思考题:**

1. 成为世界知名的邮轮港口需要哪些资源?
2. 中国上海发展邮轮旅游的优势是什么?
3. 北美和欧洲各有哪些著名邮轮航线?

# 第四章　邮轮港口设施设备系统

**本章导语**：在现代邮轮旅游业快速发展的背景下，邮轮港口设施设备的建设与管理越发显得至关重要。作为邮轮航行的起点和终点，港口设施不仅关系邮轮靠泊的安全性，更关系邮轮乘客的出行体验，直接影响整个邮轮旅游行业的运营效率和可持续发展。因此，邮轮港口必须不断提升基建设施水准和功能设备水平，才能更好地吸引邮轮公司航线设置停靠和港口的健康可持续发展。

## 第一节　邮轮港口的主要基建设施

### 一、邮轮港口的基本设施

邮轮母港需具备综合服务设施和设备，能满足大型邮轮停靠和操作所需。作为邮轮经济发展的基地，它提供全面、综合的服务和配套设施。母港在此为邮轮提供补给、废物处理、维护和修理等服务，并吸引邮轮公司在此设立地区或总部。邮轮母港对所在区域的经济推动作用显著，其经济收益通常是停靠港口的 10～14 倍。

当邮轮母港作为接待港或旅游目的地港口时，它提供的服务与作为客源地港口时提供的服务有所不同。此时，重点关注邮轮游客的游客大厅服务、旅游服务和交通服务等功能，这是国际邮轮母港在设施服务流程和标准方面应重视的具体内容。国际邮轮母港的基本功能见表4—1。

表 4—1　　　　　　　　　　国际邮轮母港的基本功能

| 序号 | 基本功能 | 具体内容 |
| --- | --- | --- |
| 1 | 办公 | 各类邮轮公司的地区总部设置和管理运作 |
| 2 | 游客服务 | 游客大厅服务、出入境服务设施、残疾人服务设施、乘客候船室、VIP通道 |
| 3 | 邮轮营运服务 | 补给服务设施、岸电设施、垃圾收集站、拖车服务设施、安全服务设施、废物处理 |
| 4 | 交通服务 | 室内私人停车场、出租车站、大型巴士站、公共停车场 |
| 5 | 岸检服务 | 安全检查、边境控制 |
| 6 | 旅游服务 | 大型广场、标志性景观、公园、公共绿地、办公大楼、展览中心、购物中心等 |

为了实现以上功能,邮轮母港应当包括以下九个组成要素:水域及码头、泊位、客运大楼、上下船设施、物资补给、行李处理、对外交通,停车场和住宿。

### 1. 水域及码头

邮轮母港的水域通常位于港口附近的河流、海湾或海域,提供足够的空间供大型邮轮停靠和航行。水域通常会进行适当的疏浚和拓宽,以确保水深和通航条件满足大型邮轮的需要。码头是邮轮停靠和操作的地方,通常具备坚固的结构和必要的设施,如系留线、桥梁、护舷设备等。为了适应不同规模的邮轮,码头可能会有多个泊位和停靠区。邮轮母港还可能设有配套设施,如旅客候船区、行李管理区、安全检查区等,以提供方便和安全的服务。

### 2. 泊位

邮轮母港的泊位是供邮轮停靠和靠泊的区域。泊位通常位于码头上,并配备了必要的系留线、护舷设备和桥梁等。泊位的数量和类型可以根据母港的规模和需要进行设计和规划。大型邮轮母港通常拥有多个泊位,可以同时停靠多艘邮轮。每个泊位通常都具备足够的长度和宽度,使得邮轮能够安全地停靠和操作。泊位的规划还会考虑到水深和通航条件,确保船舶能够顺利进出港口。泊位的设计和设施有助于提供高效、安全的邮轮运营服务,为游客提供舒适的登船和下船体验。

### 3. 客运大楼

邮轮母港的客运大楼是为邮轮游客提供综合服务的重要设施。这些大楼通常位于码头附近,提供乘客登记入船、行李处理、安全检查和乘船手续等服务。客运大楼通常设计宽敞明亮,内设候船区、候机室、餐厅、商店和旅游信息中心等设施,以满足乘客的各种需求。这些大楼还可能提供航线和船票售卖服务以及作为旅行社和旅游公司的办公室。客运大楼的设计和服务旨在为乘客提供舒适、便捷的登船和离船体验,为他们的邮轮旅行增添更多的便利和愉悦。

### 4. 上下船设施

邮轮母港的上下船设施旨在为乘客提供方便、顺畅的上下船体验。主要包括登船桥、船舶登船口、行李传送带、安全检查区和海关检查区等。登船桥连接着码头和邮轮,使乘客可以轻松地步行进出邮轮。邮轮登船口设有登船通道,方便乘客有序地上下邮轮。行李传送带用于将乘客的行李从岸上传送至船舱或从船舱传送至岸上。安全检查区和海关检查区是为了确保乘客和船舶的安全,进行必要的安全和边境管控程序。这些上下邮轮设施的设计和运营旨在提供便利和保障乘客的出行安全。

### 5. 物资补给设施

邮轮母港的物资补给设施为邮轮提供必要的物资补给服务。这些设施通常包括供应水、燃料和食品等物资的储存、加注和供应系统。邮轮母港会配备储存大量物资的仓库和设备,并确保安全储存和供应这些物资。燃料供应系统包括油料储存区、输送管道和加注设备,用于为邮轮提供燃料。水和食品供应系统则负责为邮轮提供足够的清洁用水和食品储备。邮轮母港的物资补给设施的设计和运营旨在确保邮轮能够满足航行和乘客需求所需的物资,并保证邮轮运营的可持续性和顺利进行。

### 6. 行李处理设施

邮轮母港的行李处理设施旨在为乘客提供方便、高效的行李处理服务。这些设施通常包括行李传送带、行李存储区和行李服务台等。行李传送带用于将乘客的行李从登船口或登船桥上传送至船舱或其他指定地点,使乘客无需携带行李上下邮轮。行李存储区提供安全、有序的行李储存空间,确保乘客的行李在上下邮轮过程中得到妥善保管。行李服务台则为乘客提供行李存取、查询和咨询等服务,以满足他们的行李需求和解答相关问题。邮轮母港的行李处理设施旨在提供高效、可靠的行李管理服务,使乘客能够享受轻松、愉快的邮轮旅行。

7. 对外交通设施

邮轮母港的对外交通设施是为邮轮游客提供便捷的交通接驳服务。这些设施通常包括公共交通站点、出租车服务、停车场和接送巴士等。公共交通站点提供方便的公共交通工具,如巴士、地铁或轻轨,以便乘客从邮轮母港前往城市其他地区。出租车服务为乘客提供个体化的交通选择,让他们能够随时随地方便地前往目的地。停车场则为自驾游客提供停车场所,让他们可以安全地停放私家车。接送巴士通常由邮轮公司或相关机构提供,为乘客提供从机场或火车站等主要交通枢纽到达母港的便捷服务。这些对外交通设施的设计和运营旨在为乘客提供多样化的交通选择,提高他们的旅行便利性和舒适度。

8. 停车场

邮轮母港通常设有停车场,为自驾游客提供停车服务。停车场位于母港附近,配备了足够的停车位和停车设施,以容纳游客的私家车。停车场通常会划分为不同区域和标记停车位,方便游客停放和寻找车辆。停车场设施可能包括停车费收费站、停车指示牌、车辆安全监控和保安巡逻等,以确保游客的车辆安全。停车场的设计和管理旨在为自驾游客提供方便、安全的停车环境,为他们顺利进出邮轮母港提供便利。

9. 住宿设施

邮轮母港通常设有住宿设施,为乘客提供舒适的住宿体验。这些设施可以包括酒店、宾馆或宿舍等不同类型的住所。酒店常常位于母港附近,为乘客提供各类房间、套房和配套设施,如餐厅、健身房和游泳池等,以满足乘客的住宿需求和提供额外的休闲娱乐选择。宾馆和宿舍则可提供更为经济实惠的住宿选择,通常设有基本的住房设施和共享空间,适合需要简洁舒适住宿的乘客。邮轮母港的住宿设施的设计和运营旨在为乘客提供多样化的住宿选择,为他们的邮轮旅行提供更完善的住宿条件。

**案例:**

## 青岛邮轮母港的服务设施

2013年3月31日,投资8亿元的青岛国际邮轮母港码头主体正式通过验收,这标志着从这一天起,世界最大的22.5万吨级邮轮"海洋绿洲"号和"海洋魅力"号可以全天候自由进出青岛港。记者获悉,接下来将继续推进邮轮客运中心和配套设施,整个启动区将于明年全体投入运营。

据了解,青岛邮轮母港启动区占地35公顷,总建筑面积约50万平方米,投资约50亿元。邮轮母港启动区共有三个邮轮专用泊位,包含原有六号码头两个泊位,总长度达到1 000米。其中,青岛国际邮轮母港码头主体工程建设一个15万总吨级邮轮泊位(码头水工结构和长度按靠泊22.5万总吨级邮轮泊位设计),码头长度为490米,陆域纵深为95米,水深13.5米,设计年通过能力为60万人次。服务配套区主要是会展、商务等功能区,包括餐吧、酒吧、茶吧和五星级酒店等。在码头周边还将专门建设50万平方米的停车位,可供近100辆大客车和100辆私家车停放。邮轮母港启动区于2014年实现正常运营。

"以后,咱青岛就能迎接全世界最大的邮轮进港了。"青岛港相关负责人表示,世界最大的22.5万吨级邮轮"海洋绿洲"号和"海洋魅力"号可全天候自由进出。而记者获悉,投资7亿元、总建筑面积6.3万平方米的邮轮客运中心3月底已开工建设,年底将完成主体施工,2014年上半年正式投入运营。

"青岛国际邮轮母港建成后,将借助邮轮经济强力带动青岛老城区改造,打造一个具有全球示范作用的'邮轮母港城',成为集金融商务、商业贸易、文化休闲、航运旅游于一体'东北亚区域性邮轮母港'和'重要的海上旅游集散中心'。"青岛港总裁常德传说,邮轮经济对邮轮母港所在区域的经济具有强大的推动力,研究表明,邮轮母港的邮轮经济收益是停靠港的10~14倍。

以13.8万吨级邮轮"海洋航行者号"为例,其一天的日用品、食品等物资需求量就达到近10万美元;一艘邮轮每船次的采购量往往突破100万美元,邮轮在母港还需要添加补给、油料、淡水与处置废品、接受港口服务、邮轮的维护与修理……这都能给城市带来新的产业、新的商机。邮轮经济还将为青岛提供大量就业岗位,成为青岛市实现蓝色跨越的重要经济增长极。

目前我国已拥有天津、上海、厦门、三亚4个国际邮轮母港,此外还有好几个沿海城市在打造邮轮停靠港,但青岛邮轮母港拥有明显优势:自然条件好、旅游资源佳、管理团队强、可靠船舶吨位大、服务设施优。有专家表示,它将发展成为中国北方最重要的全球顶级邮轮母港。

(资料来源:搜狐网 http://qd.sohu.com/20130401/n371258338.shtml？pvid=58ff89c3805fc87f。)

## 二、邮轮港口的基建设施的功能特征与趋势

根据对国际邮轮港口设施配备率的综合评估,重要的服务功能如停车场、候船室、交通服务、旅游信息和残疾人设施等,其配备率均超过50%。表明港口运营商对游客基本需求的重视程度较高。具体而言,细分指标显示超过30%的服务功能主要针对满足邮轮游客基本的出游需求。这些服务涵盖了基本生活设施、旅游咨询服务、交通、安保以及购物和餐饮场所等。举例来说,配备良好的厕所、便捷的公交车和出租车、乘客咨询台,提供邮轮及航线咨询服务和安全保障的设施等。然而,其他附加服务功能,如邮政、租赁、休闲和娱乐等方面,在配备率方面还有改善的空间。

1. 停车场地

国际邮轮母港在停车场配备方面非常重视游客的需求。为便于游客自驾或租车前往港口,邮轮母港设有大型停车场。这些停车场配备良好,提供充足的停车位,确保游客可以安全地将车辆留在港口内。此举有助于游客的便利和流畅出行,为游客提供了舒适和周全的停车服务。这样的停车场配备不仅为游客提供了方便,而且体现了邮轮母港对游客出行的关注,为游客提供舒适和无忧的体验。

2. 候船室

国际邮轮母港对候船室服务的配备也非常重视,以满足游客在候船期间的需求。候船室是游客在登船前的休息和等候区域,必须具备舒适、安全和便利的特点。这些候船室配备齐全,提供宽敞的座位、洁净的环境和舒适的氛围,使游客可以在登船之前放松身心。候船室还提供基本的设施和服务,如厕所、饮水机、自助餐厅和信息咨询台等,以满足游客的基本需求。通过提供高质量的候船室服务,国际邮轮母港在为游客营造愉快的登船体验方面发挥着重要作用。

3. 行李处理

国际邮轮母港对行李处理方面的配备也十分注重,以确保游客在登船和登陆时的顺畅体验。母港设有专门的行李处理区域,游客在抵达港口时可以将行李交由工作人员负责处理。这些工作人员经过专业培训,能够高效地将游客的行李运送到相应的目的地,如客舱或存放区域。此外,游客在登船时也可以方便地领取行李,以确保他们能立即感受到邮轮母港的服务质

量和关注程度。国际邮轮母港通过有效的行李处理系统,为游客提供了便利和顺畅的登船和登陆体验,使他们的旅程更加轻松和愉快。

4. 残疾人服务设施

在其他服务设施配备方面,大多数邮轮港口非常重视关爱残疾人,均规划配备了残疾人便利设施,这些设施可以包括无障碍通道、轮椅租赁服务、坡道和电梯等,以确保残疾人旅客能够轻松进出港口和使用各项服务。邮轮港口运营商充分意识到残疾人旅客的需求,致力于提供一个无障碍、包容性和友善的环境。这种重视残疾人关爱的做法体现了港口的社会责任感和服务质量。通过提供完善的残疾人便利设施,邮轮港口为所有旅客创造了一个包容和舒适的环境,使他们能够无忧地享受邮轮旅游。

## 第二节 邮轮港口的主要设备工具

邮轮港口的主要设备主要是指服务邮轮货物和邮轮旅客上下船,以及船舶靠泊所需要的设备,保障船舶靠泊安全,邮轮船舶转运集装箱、船供货物和游客行李上下船运输安全,以及游客上下船和进出港的安全,同时它们主要作用是提高邮轮港口的运作效率和游客及货物的吞吐量。

### 一、货运设备

1. 起重机类设备

起重机是港口用来装卸货物的重要设备。常见的起重机有门式起重机、塔式起重机、桅杆式起重机等。它们能够搬运各种不同类型的货物,如重型机械设备、散装货物、集装箱等。起重机的重要性在于它们的吊重能力和搬运速度,可以显著提高港口的装卸效率。

(1) 门式起重机,又叫龙门吊,主要服务集装箱堆场堆存业务,具有场地利用率高、作业范围大、适应面广、通用性强等特点,在港口货场得到广泛使用。比如,RTG(轮胎式集装箱龙门吊),RTG 是专门设计用来在集装箱堆场横向和纵向移动并堆叠集装箱的移动式龙门吊。它们可以在容器堆存地区快速移动,将集装箱从一个位置移动到另一个位置。RMG(轨道式集装箱龙门吊)与 RTG 类似,RMG 也用于移动和堆叠集装箱,但是它们沿着固定的轨道行驶,通常用在自动化或半自动化的码头。

(2) 桥式起重机,又叫桥吊。是岸边集装箱起重机的简称,也叫岸桥,是现代港口的主要集装箱装卸设备。

(3) 集装箱正面起重机,也叫正面吊。是用来装卸集装箱的一种起重机,属于起重设备的一种,也可以说是一种流动机械。正面吊是专门为 20 英尺和 40 英尺国际集装箱而设计的,主要用于集装箱的堆叠和码头、堆厂内的水平运输,与叉车相比,它具有机动灵活、操作方便、稳定性好、轮压较低、堆码层数高、堆场利用率高等优点,可进行跨箱作业。

2. 港口运输车辆

(1) 叉车(Forklifts)。叉车在码头被广泛使用,主要用于搬运板条箱、托盘货物或散装货物。根据需要搬运的货物类型和重量,叉车可以有不同的大小和起重量。

(2) 前移式叉车(Empty Handler)。这种叉车被设计用来处理空的集装箱。它们具有更高的桅杆和更大的承载能力,可以在堆场中堆高和移动空集装箱。

(3) 堆高机(Reach Stacker)。这种车辆主要用来搬运和堆放集装箱。它具有很高的灵活性和移动性,可以在仓库和堆场中快速移动,并且能够将集装箱堆叠多层。

(4)平板车(Terminal Tractors)和半挂车(Chassis)。平板车是一种牵引车辆,用于在码头区域内短距离搬运集装箱。集装箱通常被放置在一个半挂车上,平板车将其从卸货区搬运到堆存区或者反过来。

(5)自动导引车(AGV)。在自动化港口中,AGVs是无人驾驶的车辆,它们使用地面上的标识线、磁条或利用GPS导航进行路线规划,自动搬运集装箱。

(6)固定式装载机/卸载机(Conveyors/Unloaders)。对于行李、散货等使用传送带系统或其他特殊装置进行装卸作业。

(7)拖车(Trailers)。用于搬运散杂货,尤其是那些较重或者体积较大的货物。拖拉机牵引拖车在港口内部或与连接的物流中心之间运输货物。

## 二、客运设备

(1)登船桥(Gangway)/海港人行桥。这种设备连接邮轮和码头,是旅客和船员上下船的主要通道。通常由金属结构制成,内部有台阶或斜坡,有的登船桥甚至可以调节高度和位置,以适应不同大小的船和不同的潮汐。

(2)悬挂式登船装置(Brow)。悬挂式登船装置类似于较小的移动登船桥,用在规模较小的船或港口,或作为临时的上下船装置。这种装置通常会使用索具悬挂在船侧,可提供较窄的通行道路给乘客行走。

(3)转盘式登船桥(Rotating Gangway)。转盘式登船桥能够沿着固定的轴旋转,以适应停靠位置的变化。这种登船桥较为先进,便于邮轮在限制空间内实现快速的乘客登船和下船。

(4)浮动码头或浮桥(Floating Dock/Pontoon)。浮桥适用于水位变化较大或小型船只的情况,可以随着水位的升降而浮动。这为乘客上下船提供了相对固定的平台,并可以与登船桥结合使用。

(5)人行自动登机桥(Passenger Boarding Bridge)。人行自动登机桥(PBB)多用于较大型的邮轮码头,它是一种可伸缩、可移动的封闭通道设施,允许乘客在不受恶劣天气影响的情况下舒适、安全地上下邮轮。PBB的高度和角度通常都是可调的,以适应不同的船型和码头条件。

(6)舷梯(Accommodation Ladder)。舷梯是一种可伸展的楼梯,从码头延伸至船舶的舷边,常用于中小型邮轮或供船员登船时使用。

(7)栈桥(Pier)。栈桥是延伸到水中的平台,其尽头通常设有一个更宽敞的区域供船只靠泊。旅客可通过栈桥在靠泊区与船只之间往来。

(8)游客水上交通工具(Water Shuttles/Tenders)。在一些港口,邮轮可能无法直接靠岸,船上的乘客可能需要通过水上交通工具转移到码头。这类小船被称为"Tender"或"Shuttle",它们可以在邮轮和码头之间运送乘客和物资。

(9)游客岸上接驳车辆。由于一些港口离公共交通设施较远,所以邮轮港口提供一些客运大巴或者中小巴进行游客的短途接驳运输。

## 三、邮轮船舶靠岸设备

(1)拖船(Tugboat)。拖船是小型但功能强大的船只,用来帮助邮轮在限制水域(如狭窄的航道或者紧邻码头的区域)进行机动。拖船通过牵引或推动邮轮,帮助其安全地进港或出港,并在必要时协助邮轮调整方向。在恶劣天气条件下或邮轮自身操控系统出现问题时,拖船起到至关重要的辅助作用。

(2)引水员及其上船设备(Pilot)。虽然引水员并非设备,但他们在船舶靠岸过程中扮演至关重要的角色。引水员是受过专门训练的船员,了解当地水域的特点,包括海底地形、水流和风向等。邮轮进入或离开港口时,引水员会上船指导船长完成安全进出港的操作。引水员要在海上等上邮轮船舶,大多是需要通过一定的港口专用船舶运送,国外先进的邮轮港也有用直升机运送引水员上船,不过是极少数。

(3)码头缆绳和系泊设施(Dock Lines and Mooring Equipment)。当邮轮到达港口后,需要使用码头缆绳将船体牢牢固定在码头上。这些缆绳通常很粗很结实,并通过绞车、滑轮和系泊位固定在系泊装置上,确保邮轮能够安全停靠。

(4)系泊缆绳绞车(Mooring Winches)。系泊缆绳绞车是安装在邮轮甲板上的装置,用来控制系泊缆绳的延展和收紧。操作人员可以利用绞车调节应用到缆绳上的张力,以适应不同的潮汐变化和风力影响。

(5)水下安全检查设备(Underwater Inspection Devices)。靠岸前后,为了确认泊位下的水域没有任何可能对邮轮造成损害的物体(如岩石、破损的码头设施等),水下安全检查设备(如潜水员或远程操作的水下无人机)可能被用来进行检查。

(6)码头供应基础设施(Dockside Utilities)。靠岸后,邮轮需要连接到码头的供水、供电等基础设施。供电通常是通过"岸电系统"完成,让邮轮在停靠时关闭燃料驱动的发电机,在污染控制方面起到积极作用。

(7)防撞垫和防摩擦设施(Fenders and Rubbing Strakes)。为了防止邮轮靠岸时与码头碰撞,码头通常安装有防撞垫(Fenders)。防撞垫是一种可缓冲撞击力的装置,通常由橡胶或其他耐用材料制成。同时,邮轮的船体也可能安装有防摩擦设施(Rubbing Strakes)来减少与码头的直接摩擦。

### 四、邮轮游客安检设备

(1)金属探测门(Metal Detector Gate)。金属探测门用来快速检测走过的乘客身上是否携带了金属物品。所有乘客在登船前需要通过金属探测门。如果金属探测门发出警报,安检人员会使用手持金属探测器进行二次检查。

(2)手持金属探测器(Handheld Metal Detector)。当乘客经过金属探测门时触发警报,或者在特定情况下,安检人员会使用手持金属探测器对个人进行详细检查,以查找任何可能隐藏的金属物品。

(3)X光行李扫描机(X-ray Baggage Scanner)。X光行李扫描机用于检查乘客及其随身携带的行李内是否含有禁止携带的物品,例如,武器、易燃物品等。所有随身或托运行李都必须通过这种机器进行扫描和检查。

(4)液体检测器(Liquid Scanner)。液体检测器用于检查乘客携带的液体是否符合安全标准。因为一些液体可以作为制造炸弹的成分,因此拥有特别的检查标准。乘客可能被要求将携带的液体放置在某种形式的检测设备中进行检查。

(5)爆炸物探测设备(Explosive Detection Device)。这种设备能够检测行李或物品上是否有爆炸物残余,常通过对行李表面擦拭后在特殊设备内分析擦拭物来进行。

(6)毒品探测设备(Drug Detection Device)。在某些情况下,也可能使用毒品探测器来检

59

查行李或物品上是否有违禁药物的痕迹。

（7）安检隔离区（Screening Separation Area）。这是一个用于对被金属探测门或其他检测设备选中需要进行更严格个人检查的乘客进行安检的专用区域。

（8）安检通道（Security Lanes）。安检通道用于合理安排乘客排队等候接受检查，确保旅客和行李的检查有序进行，防止拥堵。

（9）身份验证设备（Identity Verification Device）。这些设备，包括护照扫描器和登船通行证（Boarding Pass）扫描设备，用于核查乘客的身份信息和登船资格，以确保只有合法的旅客才能上船。

所有这些设备都是为了确保乘客、船只及其乘员的安全，保证不会有违禁品或其他危险物品带上邮轮。此外，这些设施的使用还符合国际海事组织（IMO）和其他相关机构的安全规定和标准。

**本章思考题：**

1. 邮轮港口的主要基建设施有哪些？
2. 邮轮港口的主要工具设备有哪些？
3. 从提高游客满意度的维度分析邮轮港应当如何优化设施和设备？

# 第五章　邮轮港口经营收益管理

**本章导语**：在全球旅游产业蓬勃发展的背景下，邮轮旅游产业已经成为各国港口经济增长的重要推动力。邮轮港口不仅是游客上船和下船的中转站，更是展示地方文化、推动经济发展的重要平台。邮轮港口虽然能够带来母港经济和收益，但是因为其重资本投入的特性，使得邮轮港口经营管理收益日益受到广泛关注。邮轮港口的经营收益模式和管理策略，对邮轮港口经济效益和竞争力都具有十分重要的意义。

## 第一节　邮轮港口的成本投入

### 一、邮轮港口基础设施建设投入成本

邮轮港口基础设施建设成本投入巨大，以邮轮码头为代表的基础设施都属于重资产项目。从世界范围看，北美邮轮经济最为发达。美国迈阿密享有"世界邮轮之都"的美称，拥有 12 个超级邮轮码头，可同时停泊 20 艘邮轮。欧洲邮轮经济也有很长历史，形成了许多著名邮轮都市，其中首推西班牙的巴塞罗那。巴塞罗那是地中海出入大西洋的咽喉，附近旅游资源十分丰富，设有 6 个客运码头，可同时停泊 9 艘邮轮。亚洲邮轮业起步较晚，但近年来发展势头良好，其典型代表是中国香港和新加坡。香港港口可同时停靠 2 艘大型、4 艘小型邮轮，新码头于 2008 年建成。新加坡 1991 年年底投资 5 000 万新元兴建了邮轮码头，1998 年又由政府投资 2 300 万新元建成可同时停泊 8 艘邮轮的深水码头，被世界邮轮组织誉为"全球最有效率的邮轮码头经营者"。

邮轮港口的服务设施布置根据港口具体情况不同而有所不同，基本有两种模式：一是广义的邮轮中心，港口只布置码头及码头附属设施、客运设施，其他设施依托城市解决，旅客在港口只是办理进出港手续以及短暂停留，即通过大巴集散到市区，如迈阿密奥兰多、旧金山邮轮码头等；二是比较具体的、狭义的邮轮中心，码头周边一定区域内功能齐备，基本包括所需的各种设施，如新加坡和中国香港的邮轮中心，周边建有大型娱乐中心和购物中心，除为邮轮旅客服务外，还吸引了大量游客和市民来此休闲、购物。

为了实现以上功能，邮轮母港应当包括以下 9 个组成要素：水域及码头、泊位、客运大楼、上下船设施、物资补给、行李处理、对外交通、停车场和住宿。

1. 水域及码头

邮轮港口水域应尽量满足邮轮全天候进出港的要求。虽然邮轮有大型化的趋势,但其吃水并不是很深。

邮轮干舷以上部分很高(50米以上),邮轮港选址应保证有足够的净空。

邮轮对码头结构本身没有特别的要求。

2. 泊位

邮轮港泊位的长度和水深应满足现代超级邮轮的停泊要求。

3. 客运大楼

客运站是邮轮中心的必备设施。客运站内可以实现旅客候船休息、行李取送、验票、安检、通关、上下船等。客运设施的效率体现在两个方面:旅客的快速通过和行李的快速处理。一般要求一艘邮轮乘客的出入境手续在2小时内办理完毕,这对于有数千乘客的大型邮轮是较高的要求,除了多开辟旅客通道外,合理的流程布置和组织管理也至关重要。邮轮乘客行李一般每人2~3件,这比普通国内旅客要高,行李一般在验票前和出关后取送,在船上则需要在旅客房间交接。这就需要有完善的管理措施,一般邮轮码头也设有专门的行李处理设施。

比如,迈阿密国际邮轮母港服务设施齐全,有舒适的休息大厅、多个商务会议大厅、能容纳733辆汽车的车库(2010年)、全封闭并加装中央空调的游客上船通道;有完善的订票系统、安全系统、登轮查验系统和行李管理系统等;有私人汽车看管、汽车出租、搬运车预约、公共汽车查询、自助银行和问询处等,服务内容无微不至。

又如,西雅图邮轮母港附近有各式快餐店、咖啡馆、酒吧、航海俱乐部、加油码头、免要停车场、二手游艇交易中心、游艇配件商店、游艇修理服务终端、银行、邮局、杂货店海鲜餐馆、海产品店、工艺品店、美容店以及烟草商店等。

再如,阿姆斯特丹国际邮轮母港服务设施齐全,主要包括咖啡馆、等候大厅、花店公用电话、外汇兑换点、商用停车场、艺术画廊、礼宾接待处、儿童室、阅读室、出租等候处以及封闭式的室内大型广场。码头的一侧有一座著名的音乐剧院,另一侧有商务大厦、餐馆和办公楼。附近还有艺术中心、电信公司、居住区、会展场馆等。

4. 上下船设施

邮轮港口需要设置便捷的上下船设施。多数邮轮码头都采用"登船桥+登船机"的模式来适应泊位的变化和舱门位置的不同,登船机可以实现水平移动和竖直方向上的升降,使登船口和邮轮舱门保持对接。

登船机后方设置登船桥,后方与客运大楼相连,形成便捷的上下船通道以及实现客运设施的封闭管理。

5. 物资补给设施

邮轮母港应给邮轮提供各种补给和物资运送服务,因此港口应配备适当的储存和作业区。

以观光为主的邮轮港,港区是否美观会直接影响游客的观感和心情,应通过适当的立面处理来隐藏作业区。在邮轮港规划中,将休憩区和作业区做适当的分割是必要的,以避免作业区对环境的冲击。

6. 行李处理设施

邮轮乘客通常携带行李较多,在管理方式上,乘客和行李一般是分离的,这和机场管理比较相似,不同之处在于机场行李是由乘客进行自行托运,邮轮上则需要由服务人员将行李送至乘客的房间。

国际邮轮乘客行李一般每人2~3件,这比普通国内旅客要多,行李一般在验票前和出关后取送，在船上则需要在旅客房间交接，这就需要有完善的管理措施，一般邮轮码头设有专门的行李处理设施。

行李处理区的最小面积通常是每位旅客 1 平方米。另外，还应考虑进出通道、海关检查和休息室所需的面积。

7. 对外交通设施

对外交通联系存在广义和独义之分。狭义的对外交通联系指具体的邮轮港口的对外交通联系，具体方式包括公路、城市铁路等。交通工具包括大型巴士、出租车、地铁等。广义的对外交通联系指邮轮港口所在城市的对外交通设施，具体包括公路、铁路、航空水运等。

对于邮轮母港，由于邮轮乘客来源广泛，往往对航空运输要求较高，单艘邮轮的载客量可接近大型客机的 10 倍，邮轮港口的高效运行需要机场提供充分便捷的航空保障以及邮轮港口与机场之间交通、管理、票务方面的无缝衔接。

对于普遍邮轮港口，邮轮码头只是旅客上下船的节点，只需要通过交通工具实现乘客到市区的快速集散即可，一般采用巴士或自驾车等。

对于综合性邮轮港口，除面向邮轮乘客外，往往还承担部分城市功能，需要考虑其他旅客及市民的交通需求，因而在交通规划上需要综合考虑各种交通方式的便捷衔接，形成交通枢纽。

例如，在交通服务方面，上海、天津拥有较为发达和完善的立体交通网，运输方式多样、网络覆盖面广，但在邮轮码头交通方面的交通设施仍比较薄弱，公交网络覆盖率和停车场车位数指标关联度均不高。据了解，上海吴淞口邮轮港的停车场正在扩建，扩建后停车场车位数可增加到 700 个左右，而且码头周边交通也在不断改善。

8. 停车场

小汽车到港比例的高低，与当地的大众交通运输系统的发展程度有关。例如，北美地区由于大部分城市的公共交通发展不完善，因此港口的停车设施需求量较大，而欧洲和亚洲地区（中国香港及新加坡）则是搭乘公共运输系统，故港口整体的停车需求较少。

9. 住宿设施

邮轮母港的旅客中约有 20%～25% 的人，在邮轮假期开始前或结束后需要住在港口所在城市内，等待邮轮或者航班，故需要有足够的酒店住宿服务。

## 二、邮轮港口运营费用

邮轮港口的运营费用是指港口为了顺利运营和提供各项服务所需的费用投入。这些费用涉及港口管理和运营人员的工资、培训成本、与船舶服务相关的费用以及港口设备和设施维护费用等。这些费用的合理预算和管理对于港口的正常运营和服务水平的提升至关重要。

1. 管理和运营人员工资

港口需要聘请一定数量的管理和运营人员来确保港口的日常运营顺利进行。这些人员可能包括港口经理、行政人员、运营主管、技术支持人员和一线工作人员等。他们会负责监督和协调各项港口工作，并与邮轮公司、旅客和其他合作伙伴进行沟通和协调。

2. 培训成本

港口需要不断提供培训来提升员工的技能和知识水平，以适应不断变化的邮轮业务需求和安全要求。培训内容可能包括港口操作流程、客户服务技能、应急响应和安全意识等方面。培训费用涉及培训课程、培训师傅、培训设施和材料等方面的投入。

3. 船舶服务费用

港口需要提供各种服务来满足停靠的邮轮需求，包括供油、供水、垃圾处理、电力供应等。这些服务可以港口自身提供，也可以通过与第三方服务商合作。港口需要投入相应的费用来维护和更新设备，保证服务质量和可靠性。

4. 港口设备和设施维护费用

港口需要对设备和设施进行定期的维护和保养，以确保其正常运作和安全性。这包括修理和维护码头、泊位、行李传送带、机械设备、照明系统等。保持设施的良好状态有助于提高港口的效率和服务质量。

5. 港口设备更新和升级费用

为了满足不断发展的邮轮业务需求和技术要求，港口可能需要更新现有的设备或引入新设备。这可能涉及购买新的装卸设备、安检设备、导航设备、能源管理系统等。设备的更新和升级有助于提高港口的操作效率和安全性。

6. 运输和物流费用

在港口运营过程中，可能需要进行物料和设备的运输和物流。这包括在港口内部或与其他供应商之间进行货物运输，以保证港口正常运作所需的各种物资和设备的及时到位。运输和物流费用可能涉及货车、叉车、物流公司的合作等。

7. IT 系统和软件支出

现代港口运营离不开信息技术系统的支持，如船舶调度系统、客户服务系统、安全监控系统等。港口可能需要投资购买、开发和维护这些系统，确保港口的顺畅运作以及与邮轮公司和旅客的信息交流。

8. 安全和保险费用

港口需要投入一定的费用来确保安全措施和保险的覆盖。这可能包括聘请安保人员、安装监控设备、购买保险保障等，以应对潜在的安全风险和意外事件。

9. 航道疏浚

邮轮港口给当地带来利益，同时也会产生新码头建设或航道疏浚等较大的费用。随着现代邮轮的大型化，邮轮港口也必须不断更新其基础设施。一些大型邮轮，如"海洋魅力号"和"海洋绿洲号"，能够容纳数量庞大的乘客，为接待这些大型邮轮，邮轮港口必须确保航道水深能够满足邮轮行驶，掉头区的半径也要相应加大。因此，邮轮港口每年都要进行疏浚，耗费大量的人力和物力，对于港口和当地政府来说，是一笔不小的开支。

## 第二节　邮轮港口的主要收益

### 一、港口收费

中国的港口收费主要由三个部分组成，包括行政性收费、船舶服务收费以及港口经营企业收费。行政性收费主要包括港口建设费、船舶港务费、船舶吨税和检疫费等。这一类费用都有明确的收费依据和计费方式。其中为了鼓励航运业的发展，自 2015 年 10 月起，我国政府取消了船舶港务费的收取。船舶服务类费用主要包括代理费、引航费、拖轮费、供淡水费、垃圾接受处理费等。港口经营服务性收费，主要包括港口作业包干费、堆存保管费、库场使用费等。

根据交通运输部 2016 年 1 月出台的《港口收费计费方法》第三条的规定，港口收费包括实行政府定价、政府指导价和市场调节价的经营服务性收费,其中实行政府定价的港口收费包括货物港务费、港口设施保安费等;实行政府指导价的港口收费包括引航(移泊)费、拖轮费、停泊费、驳船取送费、特殊平舱费和围油栏使用费等;实行市场调节价的港口收费包括港口作业包干费、堆存保管费、库场使用费,以及提供船舶服务的供水(物料)服务费、供油(气)服务费、供电服务费、垃圾接收处理服务费、污油水接收处理服务费、理货服务费等。

对于邮轮港口,不收取货物港务费、港口设施保安费、驳船取送费、理货费、特殊平舱费和围油栏使用费等,而港口作业包干费、堆存保管费、库场使用费演变为人头费和行李费。有些港口不收行李费,行李费包含在人头费中,有些港口则单独收取行李费。

根据交通运输部、国家发展改革委联合印发的《关于放开港口竞争性服务收费有关问题的通知》(交水发〔2014〕253号)及《关于调整港口船舶使用费和港口设施保安费有关问题的通知》的要求,港口经营人应当将下列收费项目对应作业或者服务纳入包干范围一并计费:国际客运、旅游客运码头服务费,港站使用服务费,行李代理费,行李装卸费和迎送旅客码头票费,同时将系解缆费并入停泊费收取。

在实际运行中,各邮轮港不再单设旅客行李费,并将系解缆费并入停泊费收取。剔除掉相对固定的船舶吨税、靠泊费外,各大邮轮港的人头费收费标准为80～150元/人。

表5—1　　　　　　　　　　　中国邮轮港口收费分类

| 分　类 | 费用组成 |
| --- | --- |
| 港口服务费 | 靠泊费、人头费、行李费等 |
| 船舶服务费 | 拖轮费、系解缆费、船舶代理费、引航费等 |
| 港口规费 | 船舶吨税等 |

## 二、行政性收费

在市场竞争日益激烈的今天,港口行政性收费的合理与否对于港口的长远利益具有重要意义。港口收费过高,会影响港口的发展;港口收费过低,又会给港口当前建设的资金筹集带来困难,影响港口长期战略的实施。港口行政性收费作为整个非商品收费的重要组成部分,在较短的时间内经历了从无到有、从少到多的进程。但是近年来乱收费现象有所抬头,给国家、港口造成了严重的侵害。2011年12月,我国正式加入WTO后,港口竞争更加激烈,因此,保证港口行政事业性收费对于加快港口建设,增加我国港口的国际吸引力和竞争力是至关重要的。

**(一)行政性收费的含义**

行政事业性收费是指国家行政机关、执法机关、事业单位和社会团体在向特定服务对象实施特定行政管理或提供特殊服务时,按照非营利原则收取的费用。行政事业性收费分为行政性收费和事业性收费。

目前共有公安部门、工商部门、经贸部门、科技部门、外经贸部门、卫生部门、文化部门、新闻出版和广播电视部门、药品监督管理部门、国土房管部门、环境保护部门、建设部门、城市规划部门、林业部门、农业部门、水利部门、保密部门、质量技术监督部门18个部门允许按标准规定项目收取行政性收费。

行政性收费是指国家行政机关或政府授权履行行政管理职能的单位,为加强社会、经济、技术管理所收取的费用。其特征为国家强制性、社会管理性、稳定性、补偿性、财政预算合理性。具体表现形式为收取管理费、登记费和手续费、审核费和评审费、证明费等。

《财政部、国家发展和改革委员会关于发布〈行政事业性收费项目审批管理暂行办法〉的通知》（财综〔2004〕100号）规定，行政事业性收费项目实行中央和省两级审批制度，国务院省（自治区、直辖市）人民政府及其财政、价格主管部门按照国家规定的权限审批管理收费项目。除国务院和省级政府及其财政、价格主管部门外，其他国家机关、事业单位、社会团体以及省级以下（包括计划单列市和副省级城市）人民政府，均无权审批收费项目。

### （二）港口行政性收费的内容

港口行政性收费的内容包括港务费、港口岸线使用费、港口公益性设施维护费、水路运输管理用费。

1. 港务费

对于进出对外开放口岸，港口辖区范围的所有码头、浮筒、锚地（含外资、中外合资、合作经营、企业专用和地方公用的码头、浮筒、锚地）及经此水域过驳等装卸作业的船舶征收港务费。

港务费的征收管理工作由交通运输部（原交通部）负责。经交通运输部批准的开放口岸所在地的港口管理机构为港务费的代征单位。受交通运输部委托，负责归口管理代理港口征收工作的单位为代管单位。

港务费的义务缴费人（以下简称缴费人）为游客。

2. 港口岸线使用费

港口岸线是国家稀缺而不可再生的战略资源。目前，各地都在探索科学规范的岸线管理办法，征收岸线使用费就是其中之一。

按照国务院、交通运输部的相关规定，港口岸线使用费的征稽由各地实施，使用本地区港口岸线及相关水域开展生产和经营活动的单位，均须缴纳岸线使用费。其征收范围、标准和征收时间，由当地港口行政管理部门会同财政、物价管理部门制定。征收岸线使用费，对于提高岸线资源的综合利用率和经济效益、强化岸线的产权管理、推动港口基础建设资金的积累、实现港口岸线资源的优化配置和合理布局等，作用非常明显。

（1）从各地的实际操作来看，港口岸线使用费目前主要存在以下三种形式。

①使用者无偿取得岸线，定期缴纳岸线使用费。如上海现有的岸线管理体制是港口管理局下属的港政管理中心负责办理岸线使用手续，收取岸线使用费。岸线使用人提出申请，经审核批准后，由港政管理中心发放《岸线使用许可证》，岸线使用人无须支付岸线占用费。在使用过程中，使用人按占用岸线的长度每季度缴纳岸线使用费，具体的计费标准按不同的水深确定不同的水深确定。

②使用者在取得岸线使用权时，一次性支付岸线占用费。较典型的是深圳，《深圳经济特区港口岸线管理办法》规定，到港区和规划港区申请使用港口岸线的建设项目，申请单位应办理岸线使用手续港口岸线的使用年限与批准的相关陆域和水域的使用年限一致。《深圳经济特区协议用地地价标准及减免的规定》中规定，特区协议出让土地使用权，应收取土地使用权出让金和土地开发费，使用岸线的，按不同用途收取岸线占有费。

③使用者以更高的价格取得土地使用权，不再另行支付岸线使用费或占用费。如天津港不征收岸线使用费或岸线占有费，为体现岸线的特殊价值，在港区土地管理办法中，对涉及岸线的土地出让金设定了较高标准，与一般用地相差80%～100%。

（2）港口岸线使用费的具体问题。虽然目前许多地方对港口岸线资源的使用均实行了收费制度,并制定了相应的地方性法规,但港口岸线资源使用收费仍存在不少问题亟待解决。

①缺乏统一的收费模式。目前,各地大多数城市自有一套港口岸线使用收费机制,虽然有的不乏相似,但无论在收费标准还是在收费方式上都存在差异。

②岸线使用费标准偏低。现行岸线使用费收取标准,相对于岸线占用单位从中获利而言显得微乎其微。这是不利于岸线资源的最优化配置的。

③拖欠或拒交岸线使用费。一些岸线使用单位缺乏岸线资源价值观念,拖欠或拒交岸线使用费,使属于国有资产的岸线资源价值大量流失。

④缺乏产权管理理念。在岸线的使用管理中,管理部门注重技术管理、实物管理,缺乏产权管理。由于岸线使用收费标准偏低,使有些岸线占用单位未将岸线资源按资产运营规则进行经营,使岸线被无偿或低价值使用,合理利用率不高。

### 三、经营性收费

关于我国港口收费的规定,目前有两个:《中华人民共和国交通部港口收费规则(外贸部分)》和《中华人民共和国交通部港口收费规则(内贸部分)》。《中华人民共和国交通部港口收费规则(外贸部分)》于1997年4月29日由中华人民共和国交通部颁布,并于2001年12月24日由中华人民共和国交通部令第11号公布的《关于修改〈中华人民共和国交通部港口收费规则(外贸部分)〉的决定》修正。《中华人民共和国港口收费规则(内贸部分)》于2005年7月12日经中华人民共和国交通部第14次部务会议通过,并经国家发展和改革委员会同意,自2005年8月1日起施行。

我国目前尚无关于邮轮港口经营性收费的专门规定,因此主要介绍《中华人民共和国交通部猫口收费规则(外贸部分)》的相关内容。

1. 引航、移泊费

由引航员引领船舶进港或出港,按下列规定计收引航费:

(1)引航距离在10海里以内的港口,按"航行国际航线船舶港口费率表"的标准计收;

(2)引航距离超过10海里的港口,除按"航行国际航线船舶港口费率表"的标准计收引航费外,其超程部分另按标准计收超程部分的引航费;

(3)超出各港引航锚地较远的引领,其超出部分的引航费按"航行国际航线船舶港口费率表"的标准加收30%;

大连、营口、秦皇岛、天津、烟台、青岛、日照、连云港、上海、宁波、厦门、汕头、深圳、广州、湛江、防城、海口、洋浦、八所、三亚港以外的港口,除按本条(1)(2)的规定计收引航费外,另据情况可加收非基本港引航附加费,但最高不超过每净吨0.30元。

引航距离由各港务管理部门自行公布,报交通部备案。

引航费按第一次进港和最后一次出港各一次分别计收。

(4)航行国际航线船舶在长江的引航、移泊费,按《航行国际航线船舶长江引航、移泊收费办法》(附录)办理。

2. 拖轮费

船舶靠离泊位使用拖轮和引航或移泊使用拖轮,提供拖轮服务的单位向船方或其代理人计收拖轮费。航行国际、国内航线船舶每拖轮艘次费率分别按航行国际航线船舶拖轮费基准费率表、航行国内沿海航线船舶拖轮费基准费率表和航行国内内河航线船舶拖轮费基准费率表规定计收。

沿海港口的船舶靠离泊位和引航或移泊使用拖轮艘数的配备标准由所在地港口行政管理部门会同海事管理机构提出，各省级交通运输主管部门对其合规性、合理性进行审核后公布。长江干线拖轮艘数的配备标准由交通运输部长江航务管理局会同沿江相关省级交通运输主管部门制定，并对外公布。

被拖船舶靠离的泊位与最近的拖轮基地距离超过30海里但小于等于50海里的，其拖轮费可按基准费率的110%收取；距离超过50海里的，可按120%收取。

拖轮费与燃油价格实行联动，燃油价格大幅上涨或下跌影响拖轮运营成本发生较大变化时，适当调整拖轮费基准费率标准，具体联动机制和办法另行规定。

3. 停泊费

停泊在港口码头、浮筒的船舶，由提供停泊服务的港口经营人向船方或其代理人计收停泊费。停泊费计收应符合下列规定。

（1）航行国际、国内航线船舶，停泊费分别按航行国际航线船舶港口收费基准费率表和航行国内航线船舶港口收费基准费率表规定费率计收。

（2）下列航行国际、国内航线的船舶，分别按航行国际航线船舶港口收费基准费率表和航行国内航线船舶港口收费基准费率表规定费率计收停泊费：

①货物及集装箱装卸或上、下旅客完毕4小时后，因船方原因继续留泊的船舶；

②非港口原因造成的等修、检修的船舶（等装、等卸和装卸货物及集装箱过程中的等修、检修除外）；

③加油加水完毕继续留泊的船舶；

④非港口工人装卸的船舶；

⑤国际客运和旅游船舶。

停泊在港口锚地的航行国际航线船舶，由负责维护港口锚地的单位向船方或其代理人按航行国际航线船舶港口收费基准费率表规定费率计收停泊费。

船舶在港口码头、浮筒、锚地停泊以24小时为1日，不满24小时的按1日计。船舶在港每24小时交叉发生码头、浮筒、锚地停泊的，停泊费按航行国际航线船舶港口收费基准费率表规定费率计收。

系靠停泊在港口码头、浮筒的船舶，视同停泊码头、浮筒的船舶计收停泊费。

由于港口原因或特殊气象原因造成船舶在港内留泊，以及港口建设工程船舶、军事船舶和执行公务的公务船舶留泊，免收停泊费。

4. 港口作业包干费

港口经营人为船舶运输的货物及集装箱提供港口装卸等劳务性作业，向船方、货方或其代理人等综合计收港口作业包干费；港口经营人为客运和旅游船舶提供港（航）站使用等服务，向客运和旅游船舶运营企业或其代理人综合计收港口作业包干费。

港口作业包干费的包干范围包括港口作业的全过程，港口经营人应分别将下列货物及集装箱港口作业、客运港口服务纳入港口作业包干费，不得单独设立收费项目另行收费。

（1）货物及集装箱港口作业：散杂货装卸，集装箱装卸，铁路线使用，铁路货车取送，汽车卸，搬移、翻装，集装箱火车、驳船装卸，集装箱拆、装箱，起重船、起重机、吸扬机使用，起货机工力，拆包和倒包，灌包和缝包，分票，挑样，一般扫舱和拆隔舱板，装卸用防雨设备、防雨罩使用，装卸及其他作业工时，岸机使用，以及困难作业，杂项作业，减加载，捣载，转栈，超长（笨重、危险、冷藏、零星）货物作业，地秤使用，轨道衡，尺码丈量，库内升降机或其他机械使用，除尘，集装箱清洗,成组工具使用。

(2)客运港口服务:客运和旅游客运码头服务、港(航)站使用服务、行李代理、行李装卸、进出码头迎送旅客。

港口经营人可根据港口作业情况增加或减少第四十条规定的作业内容,但均应纳入港口作业包干费统一计收,收费标准由港口经营人自主制订。

港口作业包干费不得包含实行政府定价、政府指导价的收费项目和其他实行市场调节价的收费项目。

5.船舶供应服务费

港口经营人为船舶提供供水(物料)、供油(气)、供电、垃圾接收处理、污油水接收处理服务,由港口经营人向船方或其代理人收取船舶供应服务费。

船舶供应服务费的收费标准由港口经营人自主制订。水、油、气、电价格按照国家规定价格政策执行。

6.驳船取送费

在长江干线和黑龙江水系港口使用拖轮取送驳船到码头装卸货物,由提供拖轮服务的港口经营人向船方、货方或其代理人收取驳船取送费。驳船取送费经双方协商可选择下列计费方法:

(1)以驳船重量和取送距离计费,自港口中心锚地至装卸货物码头,只按重载一次计算,距离在5千米及以内的按航行国内航线船舶港口收费基准费率表规定费率计收。

(2)距离超过5千米的按航行国内航线船舶港口收费基准费率表规定费率计收。

7.特殊平舱费和围油栏使用费

为在船舱散货上加装货物进行平舱以及按船方或其代理人要求的其他方式进行平舱,由港口经营人向船方或其代理人收取特殊平舱费。散货在装舱过程中的随装随扒、装舱完毕后扒平突出舱口顶尖和为在散货上面装载压舱包所进行的一般平舱,不得收取特殊平舱费。

船舶按规定使用围油栏,由提供围油栏服务的单位向船方或其代理人收取围油栏使用费。

航行国际航线船舶的特殊平舱费、围油栏使用费,分别按航行国际航线船舶港口收费基准费率表规定费率计收。

航行国际航线船舶节假日或夜班的特殊平仓作业应根据实际作业情况分别加收特殊平仓费附加费。节假日、夜班的特殊平仓作业时间占全部作业时间一半及以上,或节假日、夜班的作业时间大于等于半小时的,节假日或夜班的特殊平仓费附加费应按航行国际航线船舶港口收费基准费率表规定费率的45%分别加收,既为节假日又为夜班的特殊平仓费附加费按规定费率的90%一并加收。

航行国内航线船舶的特殊平仓费、围油栏使用费,按航行国内航线船舶港口收费基准费率表规定费率计收。

## 四、港口服务合作收入

港口可能与其他旅游服务提供商、物流公司等达成合作,向他们提供港口设施和服务。这些合作可能涉及租赁港口场地、使用港口设施、提供物流支持等。合作收入可以作为港口的额外收益来源。

港口服务合作收入是邮轮港口的主要收入来源之一。港口为了提供良好的服务和便利的设施,通常会与其他旅游服务提供商、物流公司等进行合作,实现资源共享和互利共赢。这些合作包括但不限于租赁港口场地、使用港口设施、提供物流支持等。

### 1. 旅游服务提供商

港口可能与旅游服务提供商合作，共同推动当地旅游业的发展。港口作为邮轮旅游的重要组成部分，可以与当地的旅游景点、景区、旅行社等进行合作。港口可以提供方便的交通和停靠条件，吸引更多的邮轮和旅游者到访。与旅游服务提供商的合作可以包括协议安排、宣传推广和行程规划等方面。当地的旅游服务提供商可以通过与港口的合作来吸引邮轮旅游者，从而提高收入。

### 2. 物流公司

港口还可能与物流公司合作，提供物流支持和便利的港口设施。在港口运营过程中，物流是至关重要的一环。物流公司可以与港口合作，提供货物运输服务，确保港口正常运作所需的各种物资和设备。这些物资和设备包括粮食、水、燃料、备件、旅客行李等。港口提供合适的场地和设施，便于物流公司进行货物的装卸、集散和储存。物流公司与港口的合作可以使得物流过程更加高效和顺畅，为港口提供便利的物流服务。在合作过程中，港口可以向物流公司收取相应的费用，作为港口服务合作收入的一部分。

### 3. 其他服务商

港口服务合作还可以包括与其他服务商的合作，如燃油供应商、清洁服务提供商等。邮轮在停靠港口的过程中，可能需要进行燃油补给和垃圾处理等工作。港口可以与相应的服务商进行合作，提供燃油供应和垃圾处理服务。港口与这些服务商之间的合作可以通过签署协议、建立配套设施和设备等形式进行。港口提供方便的燃油供应设施和垃圾处理设施，使得邮轮能够及时补充燃料并妥善处理垃圾。港口可以从这些合作中获得相应的服务费用，作为港口服务合作收入的一部分。

港口服务合作收入的具体金额根据港口合作的范围、合作力度和港口自身的情况而不同。合作收入通常会根据合作协议的内容进行计费，如按照合作时长、使用的设施和服务项目等计费。港口管理部门会根据合作的实际情况进行合理的商业定价，确保港口能够获得合理的收入，同时提供优质的服务。

### 4. 邮轮公司与供应商

除了与旅游服务提供商和物流公司的合作外，港口服务合作还涉及其他合作伙伴。例如，港口可以与邮轮船公司建立合作关系，提供船舶维护和修理服务。邮轮在停靠期间可能需要进行船体检查、设备维护和维修等工作，而港口可以为邮轮提供相应的服务设施。这种合作关系将使港口能够为邮轮提供方便的维护和修理服务，并从中获得相应的收入。

港口服务合作还可能涉及与当地供应商的合作。例如，港口可以与当地的餐饮供应商、旅游纪念品商店、零售商等进行合作。港口可以提供合适的场地和设施，让这些供应商在港口周边提供服务和销售商品。港口与供应商的合作可以促进当地经济的发展，增加供应商的收入，同时也为港口自身带来一定的收入。

### 5. 海关与安全机构

港口服务合作涉及与海关和安全机构的合作。当邮轮停靠港口时，海关和安全机构需要进行安全检查、边境检查和旅客登记等工作。港口可以与这些机构合作，并为邮轮提供必要的支持和便利条件。港口可以提供合适的设施和场地，使海关和安全机构能够有效地开展工作。港口与海关和安全机构的合作可以为港口带来一定的收入，同时也保证了港口运营的安全和顺畅进行。

综上所述,港口服务合作收入是邮轮港口的重要收入来源之一。它涉及与旅游服务提供商、物流公司、船舶公司、供应商以及海关和安全机构等的合作。这些合作可以提高港口的服务水平和设施便利性,为邮轮旅客和港口周边的商家提供更好的体验和机会。同时,港口通过这些合作可以获得相应的收入,促进港口的可持续发展。

### 五、旅客和邮轮公司的消费支出

停靠港口的邮轮乘客通常会在港口周边地区进行各种消费,如购物、餐饮、旅游服务等;邮轮公司也可能在港口周边进行补给和维护等。这些消费支出为港口所在地的商家和服务提供商带来收入,推动当地经济的发展。

旅客和邮轮公司的消费支出是邮轮港口的重要收益来源之一。当邮轮停靠在港口时,旅客和邮轮公司会在港口周边地区进行各种消费,如购物、餐饮、旅游等,从而带来收入。以下是一些关键点,有助于理解这一部分的收益来源。

首先,旅客的消费支出是邮轮港口的重要收入来源之一。停靠港口期间,旅客通常有机会参观港口所在地的景点、参加当地特色活动,并在港口周边地区消费。例如,他们可以购买当地特色商品、参加各种旅游服务(如观光巴士、导游服务等)、在当地餐厅用餐等。这些消费支出为港口周边地区的商家和服务提供商带来收入,推动当地经济的发展。

其次,邮轮公司的消费支出也是港口的重要收入来源。邮轮公司在停靠港口期间,可能需要进行船舶补给、维护、清洁等工作。他们可能与港口合作的燃油供应商、清洁服务提供商等进行商业合作,获得相应的支持和服务。此外,邮轮公司还可能购买当地的物资和设备,以满足船上旅客和船员的需要。这些消费支出为港口提供商、物流公司等带来了收入,丰富了港口的经营收益。

再次,旅客和邮轮公司的消费支出也会促进当地经济的发展。当旅客和邮轮公司在港口周边地区进行消费时,他们为当地商家和服务提供商带来了收入。这些收入可以用于创造当地就业机会、提供更好的服务、改善基础设施等。此外,当港口成为旅游目的地的一部分时,更多的游客和邮轮公司会选择停靠,从而进一步提升当地旅游业和知名度,带来更多的消费支出。

最后,邮轮港口还可能通过税收渠道从旅客和邮轮公司的消费支出中获得收入。根据当地法规和政策,港口管理机构可以向旅客和邮轮公司征收各种税费,如停靠费、船舶服务费等。这些税收收入可以用于港口设施的维护、改进和港口管理的支出。同时,税收收入也可以用于地方政府的各种公共事业和社会福利项目,促进当地社会的发展。

**案例:**

**上海吴淞口邮轮港盈利之谜**

《瞭望东方周刊》记者从上海宝山区人民政府网站查询得知,上海吴淞口国际邮轮港自2011年开港以来,接待国际邮轮和游客规模持续大幅增长,2014年游客吞吐量占全国邮轮旅游的半壁江山,接靠邮轮216艘次,接待出入境游客约110万人次,成为中国邮轮门户港及亚洲最大的邮轮母港。近年来,随着中国邮轮旅游市场的迅速增长,中国邮轮经济快速起步,港口建设因此也备受关注。"建设邮轮母港,不仅可以接待更多的游客,更重要的是其与城市的产业转型、功能升级、环境改善和形象塑造密切相关。"中国交通运输协会邮轮游艇分会(以下简称邮轮分会)郑炜航说,邮轮分会的资料显示,到2014年为止,上海、天津、厦门、三亚已建成5个国际邮轮港口,舟山、青岛、大连、深圳4个城市正在建设邮轮港口,海口、广州、宁波、南京、烟台、秦皇岛6个城市有计划、规划建设邮轮港口。同时,中国已成为亚太地区邮轮航线的重要始发港和环球航线的重要挂靠港。《中国邮轮产业发展报告(2014年)》的数据显示,2010年中国大陆接待国际邮轮246艘次,2014年这一数字上升到了466艘次,平均每年增长22.3％。预计2015年中国大陆将接待邮轮550艘次,从中国大陆境内乘坐邮轮的人数将达到200万人次。但是,目前中国已建成运营的邮轮港口中,只有位于上海宝山的吴淞港实现了盈利。

## 一、建设吴淞港的原因

上海作为全国重要的港口城市,拥有上海国际客运中心和吴淞港2个邮轮接待码头。建设吴淞港的原因,在上海吴淞口国际邮轮港发展有限公司(以下简称吴淞国际邮轮港公司)副总经理叶欣梁看来,"与其说是政府规划,不如说是市场的选择。"

2008年8月5日,位于上海北外滩的国际客运中心码头(以下简称上海国际客运中心)首次接待歌诗达邮轮旗下的"爱兰歌娜号"靠泊,成为上海第一个真正意义上的邮轮码头,它可同时接待3艘7万吨以下豪华邮轮的停靠。而那时的中国邮轮产业刚刚起步,但这个被寄予厚望的邮轮港口很快就陷入了尴尬的境地。因为,邮轮的大船时代来了。郑炜航告诉《瞭望东方周刊》:"目前在中国运行的10艘邮轮中,有7艘超过了7万吨。尤其是近两年进入国内的邮轮,大多在10万吨以上。"

叶欣梁向《瞭望东方周刊》介绍,邮轮从公海沿黄浦江驶入上海国际客运中心前,必须经过限制船舶高度的杨浦大桥,因此大吨位的邮轮被挡在了国际客运中心之外。所以,当时7万吨以上的邮轮停靠上海港,只能停在外高桥的货运码头。具体而言,每次游客都要在上海国际客运中心过边检、办理各种登船手续,然后再被统一运送到外高桥码头登船,既给边检工作增加了难度,增加了邮轮的运行成本,也降低了游客的体验。这甚至导致2009年时一度没有邮轮愿意在上海停靠。所以,重新选址,再建新邮轮码头势在必行。"但是具体新的邮轮码头建在哪里,还需要论证。"吴淞国际邮轮港公司副总经理高艳辉说。

而当时的宝山区正在进行滨江开发,谋求产业转型。宝山区本是上海的重工业区,其产业支撑是宝山钢铁集团(以下简称"宝钢")和物流运输业。但随着上海城市功能定位的变化和经济的转型升级,特别是国际航运中心建设的不断加快,宝山原有的货运码头开始逐步外迁,而宝钢的外迁也成定局。"这就使宝山区失去了重要的产业支撑,也为滨江地区的开发建设和岸线功能的调整提供了契机。"宝山区发展和改革委员会副主任王友农告诉《瞭望东方周刊》,引入新的产业功能成为当务之急。彼时的宝山区已启动了滨江开发项目,吴淞炮台湾湿地公园建设也初显成效,但是对于一个有着137万常住人口的区域来说,"当时的宝山区手中资源有限,必须找一个功能性的龙头项目",王友农说。位于黄浦江与长江交汇处的炮台湾船舶基地,原本是一座用于船舶编组、解组的中转基地,最高峰时每天有200多艘为宝钢运输铁矿石及钢材的驳船进出,同样面临着转型问题。三方的需求几乎同时叠加在一起,于是,2009年炮台湾船舶基地被上海市政府确定为新的码头建设用地,也就是今天的吴淞港所在地。

## 二、不断挖掘邮轮衍生产业

也是在2009年,宝山区政府与炮台湾船舶基地的所有方——中国外运长航集团有限公司合作,合资组建了吴淞口国际邮轮港发展有限公司,正式启动新港口建设工程。两年后,即2011年4月27日,随着11.6万吨级别的"钻石公主号"邮轮缓缓靠上吴淞港的码头,船上的游客通过引桥,走出客运大楼。这个基础设施投资9.3亿元,耗时两年多建成的邮轮港口顺利实现了首靠成功。次年,吴淞港正式开始运行,并确立了建成国际邮轮母港的目标。当年就接待邮轮停靠60艘次,客流量达到了20万人次。"吴淞港建好后,中国邮轮旅游的发展形势远远超出了预料,所以公司的运营出乎意料地好。"叶欣梁告诉本刊记者。吴淞口国际邮轮港公司提供给《瞭望东方周刊》的数据显示,吴淞港2013年接待邮轮靠泊121艘次,接待邮轮游客60万人次;2014年这一数字上升到了217艘次和111万人次,分别增加了79.3%和85%。而且,2014年吴淞港接待邮轮靠泊艘次占全国总量的46%,全国64%的邮轮游客通过吴淞港进出。"根据目前的排期情况来看,2015年吴淞港将接待邮轮靠泊280艘次,预计接待邮轮游客将超过150万人次。"叶欣梁说,这超过了新加坡港口,使吴淞港成为亚洲第一大邮轮母港。更重要的是,吴淞港从2012年正式运行开始,年度收入就高出了年度各项支出。"这在国际的港口运营中也是很少见的。"叶欣梁说。数据显示,2014年吴淞港的收入达2亿元,实现盈利约1 500万元。叶欣梁认为,这种盈利不仅得益于中国蓬勃发展的邮轮旅游市场,更关键的是对邮轮衍生产业的不断挖掘。"最早的时候,公司有80%的收入来自港务费。"叶欣梁说,但是到2014年,吴淞港传统港务收入的比例已经下降到了六成多,其他业务收入的比例则不断增加。吴淞口国际邮轮港公司的管理层认为,真正意义上的邮轮母港要能够为邮轮经济发展提供全程、综合的服务及其配套。因此,吴淞港不断围绕邮轮完善各种服务和商业的配套。2013年6月,吴淞口国际邮轮港公司与歌诗达邮轮公司签订协议,港口将逐步参与歌诗达邮轮的全球采购项目,最终成为地区级的独家船供代理商。一位不愿意透露姓名的专家预估,仅这项业务每年就可为吴淞港带来约6 000万元的收入。

船工劳务输出也已成为吴淞港新开辟的重要业务之一。2014年,吴淞口国际邮轮港公司与歌诗达邮轮公司达成了培训输送中国船员的协议,目前已成功为其输送了1 000名中国船员。此外,吴淞口国际邮轮港公司还建立了自己的旅行社、开辟了广告业务和其他港务商业服务。

三、现邮轮母港的差距

实际上,宏观层面上庞大的产业配套是吴淞港盈利更重要的因素。例如,上海建设邮轮港口、发展邮轮经济有着中国其他城市无可比拟的区位和经济优势。上海是长江的入海口,在亚洲的旅游版图上,以上海为中心,邮轮可以在48小时内,通达韩国、日本、新加坡、中国香港、中国台湾等亚洲重要的旅游目的地。而且,上海又是长三角的中心,背靠江浙等重要的邮轮客源地。邮轮经济发展成熟的国家的经验表明,当人均GDP达到6 000~8 000美元时,邮轮经济将进入高速增长期。而早在2008年,浙江的人均GDP就超过了6 000美元,统计数字显示,2013年长三角地区的人均GDP是14 425美元,并且还在不断增长,这就为上海邮轮经济的发展提供了巨大的市场。同时这一地区发达的产业集群,也为上海邮轮经济的发展提供了丰富的产业配套。"在邮轮经济发展的过程中,政府的作用就是搭建平台,吸引企业参与。"王友农说。宝山区政府也积极为吴淞港的发展进行产业和周边配套,除了不断改善吴淞港周边的交通条件外,还为邮轮相关的企业入驻宝山提供了政策优惠。同时,对长江、黄浦江交汇处沿线的老码头、老港区、老堆场、老厂房等进行整体的功能和结构调整,以实现与吴淞口港区的联动。

但是,全球可以挂靠邮轮的码头有900多个,而真正成为母港的不到20个。吴淞港想要成为真正的邮轮母港,还有较大差距。首先是硬件方面的差距。在世界的邮轮母港中,吴淞港2.4万平方米的建筑面积并不算小,但是真正用于游客办票、停留休息的空间却十分有限,只占整个客运大楼不到1/3的空间。局促的空间使得两船同时靠泊时,每天约有1.5万人次需要经由客运大楼进出码头。港口的服务管理水平也需要进一步提升。由于吴淞口国际邮轮港公司是由宝山区政府与中国外运长航集团有限公司合资组建的,港口的工作人员也都来自双方。因此,原本从事货运服务的人员转而从事客运服务工作,还需要更多时间去适应和培训。在港口的管理模式和信息化管理方面,也还有很大的提升空间。例如,在邮轮港口的运行中,固定员工越多,企业的成本越大,因此世界一流的港口一般只有少量的固定职工。"英国的一个邮轮港口公司,只有5个固定工人进行日常管理,其他业务都是外包给专业公司完成。"叶欣梁说,吴淞港目前仅编制内员工就有100多人。

港口周边配套和商业配套的缺失,也是不容忽视的问题。例如,以吴淞港为中心,500米的辐射范围内没有对接港口的地铁交通,距离吴淞港最近的地铁站直线距离有1.5千米。吴淞港周边目前也还没有观光、购物、餐饮、娱乐设施。另外,围绕邮轮的产业配套也需要加强,"在这方面,宝山区还需要提供更多的优惠政策,吸引更多的供货商在宝山区注册。"叶欣梁认为。

### 四、从"钢花"到"浪花"

邮轮母港带动城市经济的经验在世界海滨城市中并不少见,如香港的尖沙咀依靠邮轮母港成为世界游客的聚集地,美国的迈阿密更是因为邮轮母港而被冠之以"世界邮轮之都"的称号。数据显示,2012年时,迈阿密的邮轮游客接待量超过了400万人次,邮轮停靠收入超过4500万美元,而游客在迈阿密的消费更是超过了222亿美元。邮轮母港对地区经济的带动作用更为"显赫",数据显示,邮轮母港的经济收益一般是停靠港的10~14倍。仅就吴淞港而言,其带动作用也初步显现。据王友农介绍,随着邮轮产业的集聚发展,宝山区的产业转型逐步发力。其中最明显的是,近两年宝山区的宾馆住宿和交通运输业增长明显。公开数据显示,2013年,宝山区第三产业的产值在GDP总量中的占比已经达到了57%,三大产业的比重为0.2∶42.5∶57.3。"这里面有邮轮港的带动作用。"王友农说。

但是,上海工程技术大学管理学院副教授闫国东认为,由于目前邮轮经济在国内还处于起步阶段,母港建设究竟能够为当地经济带来多大的影响,国内还没有明确的统计。闫国东向《瞭望东方周刊》解释:"这是因为国内对邮轮旅游业的统计,目前还没有办法像国外做得那么细致专业。"不过,目前可以肯定的是,在吴淞母港的带动下,宝山区的产业转型不断推进,城市功能定位因此发生了重大变化。原本宝山区的功能定位是宝钢的生活配套区,而随着邮轮经济的发展,宝山区将建设成为一个旅游接待区,宝山区官方将这一变化描述为从"钢花"到"浪花"的转变。为了进一步推动这种转变,宝山区政府确定了"区港联动"的行动方案。也就是说,在未来的规划中,宝山区希望将自贸区与吴淞港的建设开发结合起来,同时拓展更多的邮轮业务,开辟更多的邮轮航线,吸引和留住更多邮轮游客。

"我相信,在邮轮产业的带动下,宝山区将展示出全新的城市面貌。"王友农自信地说。按照宝山区委书记汪泓2013年接受记者采访时透露的目标,到2015年全区实现靠泊邮轮及出入境旅客分别达300艘次和150万人次,邮轮旅游总产值超过35亿元;到2020年实现靠泊邮轮及出入境旅客分别达500艘次和250万人次,邮轮旅游总产值超过60亿元。

(资料来源:搜狐网,https://www.sohu.com/a/34547573_115402。)

**本章思考题:**

1. 邮轮港口的主要经营成本有哪些?
2. 邮轮港口的主要收入有哪些?
3. 邮轮港口可以通过哪些途径扩大经济收入?

# 第六章 邮轮港口的船舶服务管理

**本章导语**：邮轮港口与邮轮船舶服务之间存在着密切的关系。邮轮港口是为邮轮提供停靠、上下客、装卸货物以及提供各种服务的场所，而邮轮船舶服务是指为船舶提供靠泊、维护、补给、安全和其他支持服务的活动。邮轮港口提供的服务是确保邮轮在停靠期间顺利进行船舶服务所必需的。港口为邮轮船舶提供燃料加注、淡水补给、垃圾处理、再处理和卸货等服务。此外，港口还需要提供安全设施，确保邮轮在停靠期间的安全和稳定，包括适当的系缆设备和锚泊设备。邮轮港口与邮轮船舶服务之间存在着相互依赖和相互促进的关系。邮轮港口为邮轮船舶提供必要的停靠和服务设施，而邮轮船舶服务则对港口的运营和管理产生影响。通过密切合作和有效协调，邮轮港口与邮轮船舶服务可以共同促进船舶运营的顺利进行。

## 第一节 邮轮的靠泊服务

邮轮港口为邮轮提供靠泊服务。靠泊服务是指为邮轮提供停靠泊位和相应的服务设施，以便邮轮能够安全停靠并顺利进行上下客、装卸货物等活动。

邮轮港口需要提供适当的停靠泊位，以满足邮轮的大小和构造要求。港口管理部门会根据邮轮的尺寸、吃水深度和其他需求，为邮轮分配合适的泊位位置。这些泊位通常配备有系缆设备、锚泊设备以及必要的救援设施，以确保邮轮在停靠期间的安全和稳定。

除了泊位，港口还需要提供其他服务设施，以便邮轮能够顺利进行上下客和装卸货物。这包括上下客平台、行李传送带、旅客接待区、安全检查设施等。港口也需要与邮轮公司和船舶运营商协调合作，安排必要的资源和人员，以确保邮轮在停靠期间能够顺利进行各项活动。

邮轮港口为邮轮提供靠泊服务的目的是确保邮轮的安全停靠和顺利运营。通过合理的泊位分配和有效的服务设施，港口可以提高泊位使用效率，满足邮轮运营的需求，并为旅客提供良好的停靠体验。

### 一、邮轮泊位分配与管理

邮轮泊位分配与管理是指在邮轮停靠港口期间，对邮轮的停靠位置进行分配和管理的过程。它涉及确保邮轮能够安全停靠，并根据港口的设施能力、邮轮需求和运营安排，合理安排停靠时间和位置。泊位分配与管理的目标是提高港口的运行效率、航线的顺畅运作和船舶的安全稳定。

## 1. 邮轮泊位分配与管理的重要性

邮轮泊位分配与管理的重要性体现在多个方面。

(1) 它对于港口的运行效率和服务质量至关重要

通过合理分配泊位，港口可以有效利用资源，避免泊位过度拥挤和浪费。这有助于提高泊位的使用效率，确保邮轮能够按计划停靠，避免延误和拥堵。

(2) 泊位分配与管理对于邮轮公司和船舶运营商来说也非常重要

邮轮公司需要合理安排邮轮的停靠时间和位置，以满足船舶的运营安排，并确保旅客和货物的良好运输。通过与港口管理部门合作，邮轮公司可以在停靠期间获得所需的船舶服务和供应，提高船舶运营的效率和顺畅性。

(3) 邮轮泊位分配与管理还与邮轮港口的安全性密切相关

通过合理安排停靠位置和时间，港口可以确保在停靠期间邮轮的稳定性和安全性。这涉及提供稳定的系缆设备和锚泊设备，制定停靠指导规范和程序，以避免与其他邮轮和港口设施的冲突和干扰。

## 2. 邮轮泊位分配与管理的影响因素

邮轮港口进行邮轮泊位分配与管理时需要考虑以下因素。

(1) 港口的设施能力

港口的设施能力包括可用的泊位数量和承载能力。港口需要评估和确定可用泊位数量，并确保其能够满足邮轮的需求和运营安排。

邮轮港口的泊位数量指的是港口提供给邮轮停靠的泊位数量。这个数量取决于港口的规模、设施能力和需求。

不同港口的泊位数量可能会有很大的差异。一些大型的邮轮港口，如迈阿密港、巴塞罗那港和迪拜港，通常具有多个泊位，可以同时容纳多艘邮轮停靠。这些港口可能拥有数十个甚至上百个泊位，以满足较大规模的邮轮船队的停靠需求。

较小的港口可能只有少量的泊位，通常能容纳数艘或更少的邮轮。这些港口可能服务于中小型邮轮船队或接待较少数量的邮轮旅客。

泊位数量的配置通常是根据港口的需求和市场预期来确定的。港口管理部门会根据邮轮船队的规模、每年的邮轮停靠数量、邮轮旅客的年增长率以及港口设施的能力进行评估和计划。他们会努力平衡泊位数量与港口的可持续性和安全经营之间的关系，以确保满足邮轮运营的需求并提供良好的服务。

需要注意的是，泊位数量可能会随着时间和需求的变化而有所调整。随着邮轮旅游行业的发展和需求的增加，港口可能会考虑扩展现有的泊位或增加新的泊位，以适应更多的邮轮停靠需求。

邮轮港口泊位的吨位是指每个泊位能够接纳的船舶的最大重量或吨位。它是港口管理部门根据港口设施能力和安全要求确定的一个重要指标。

邮轮的吨位是指邮轮的总重量，包括船体、货物、燃料、设备以及乘客和工作人员等。吨位可以作为衡量邮轮大小和能力的一个关键指标，通常以总吨位(Gross Tonnage, GT)来衡量。

邮轮港口泊位的吨位需要与邮轮的吨位相匹配，以确保泊位能够容纳并支持相应的邮轮。泊位吨位可以根据邮轮船队的需求和港口设施的条件来确定。一些大型港口可能具有适应不同吨位的泊位，以方便各种大小的邮轮停靠。

泊位的吨位还涉及港口设施的承载能力和安全要求。港口管理部门需要确保泊位能够支持停靠邮轮的安全和稳定。他们会考虑港口设施的建设标准、码头结构的强度以及相应的设备和资源等因素,来确定泊位的吨位范围。

邮轮港口泊位的吨位是为了确保邮轮的安全停靠和航行安全。港口管理部门需要根据邮轮的吨位和安全要求,分配合适的泊位给不同大小和类型的邮轮,以实现高效的港口运营和船舶服务管理。

(2)邮轮的特点和需求

邮轮的特点和需求包括规模、排水量和停靠要求。港口需要了解到访邮轮的特点,选择合适的停靠位置和配置船舶服务。

邮轮的规模和特点会对邮轮的靠泊产生影响,主要有以下几个方面的原因:

①尺寸和吃水深度。不同规模的邮轮具有不同的尺寸和吃水深度。较大的邮轮通常需要更深的水域才能安全地航行和停靠。港口需要根据不同邮轮的尺寸和吃水深度,为其分配合适的泊位位置和水域空间,以确保邮轮的安全靠泊。

②设施需求。不同规模的邮轮可能具有不同的设施需求。较大的邮轮通常需要更多的上下客平台、行李传送带和旅客接待区等服务设施。港口需要根据邮轮的规模和特点,提供相应的服务设施和支持,以便顺利进行上下客和装卸货物等活动。

③乘客和货物容量。邮轮的规模和特点直接影响邮轮的乘客和货物容量。较大的邮轮通常能够容纳更多的乘客和货物,需要更大的停靠泊位和相关设施来支持其运营。港口需要根据邮轮的容量需求,为其提供相应的泊位和服务设施。

④安全和航行要求。不同规模的邮轮在安全和航行要求方面可能存在差异。较大的邮轮通常需要更多的水深、安全距离和航行空间等要求。港口需要考虑邮轮的规模和特点,以确保邮轮在靠泊和航行过程中的安全。

邮轮的规模和特点决定了邮轮对泊位尺寸、设施支持和航行安全的需求。港口需要根据不同邮轮的规模和特点,提供适当的泊位和支持,以确保邮轮能够安全停靠并顺利进行各项活动。

(3)港口和邮轮公司的相互协作

港口需要与邮轮公司和船舶运营商密切合作,制定泊位分配方案,确保公正、高效地管理泊位。邮轮泊位分配与管理可以通过多种方式进行,一些港口采用先到先得的原则,根据邮轮到港时间的先后顺序进行泊位分配;另一些港口则采用预定和分配系统,邮轮公司和港口管理部门提前协商并确定每艘邮轮的停靠时间和位置。现代化港口还可以利用自动化和数字化技术,如泊位预订系统、自动指导系统和数据分析工具,提高泊位分配和管理的效率和准确性。

邮轮泊位分配与管理是邮轮港口船舶服务管理中的重要环节。它影响着港口的运行效率、航线的顺畅运作和船舶的安全稳定。

## 二、停靠指导与支持

停靠指导与支持在邮轮港口管理中起着重要的作用。它涵盖了航线规划、泊位分配、靠泊指导、海事服务支持和旅客服务支持等内容。停靠指导与支持的提供者包括港口管理部门、当地海事机构、旅游和观光机构以及港口服务提供商等。通过合作与协调,他们共同努力,提供全面的指导和支持,确保邮轮安全、高效地停靠和运营。

1. 主要内容

(1)航线规划

停靠指导与支持为航线规划提供重要的指导和决策支持。邮轮船队需要根据市场需求、目的地吸引力、船舶规模和港口容量等因素，制定适宜的航线规划。停靠指导与支持通过分析各个港口的特点、资源和限制，给邮轮航线规划提供的建议和指导。这确保了航线的经济效益和运营的可行性，使得船舶能够按照合理的航线安排进行停靠和运营。

航线规划不仅关乎船舶运输的效率和经济性，也影响着邮轮旅客的旅游体验和满意度。停靠指导与支持的作用是为邮轮船队提供关于不同港口的旅游资源、吸引力和可行性的信息。基于这些信息，船舶公司可以调整航线规划，选择适宜的停靠港口，提供多样化的旅游体验和目的地选择，从而满足不同旅客的需求。

(2) 泊位分配

停靠指导与支持在泊位分配方面提供必要的指导和协助。不同规模和特点的邮轮需要具备适合的泊位，以确保安全、高效地停靠。停靠指导与支持了解各个港口的泊位资源和限制，并与港口管理部门进行协调，为船舶提供合适的停靠位置。

泊位分配涉及预订系统的管理、泊位安排的协调和资源平衡的考虑。停靠指导与支持的作用是帮助港口管理部门根据邮轮的规模、特点和停靠需求，进行合理的泊位分配。通过专业的指导和协调，确保每个邮轮能够得到适宜的停靠泊位，并避免拥堵和资源浪费的问题。

泊位分配的合理性和准确性对于港口和船舶运营都至关重要。适当的泊位分配可以提高港口的容量利用率、优化停靠顺序、减少待泊时间、提高邮轮的运营效率。停靠指导与支持通过泊位分配的协助，帮助港口和船舶实现资源的最佳配置，确保泊位资源的合理利用，同时提升停靠港口的效益。

(3) 靠泊安全

停靠指导与支持在靠泊安全方面发挥着重要作用。靠泊是指邮轮从海面上移向码头并稳定停靠。在进行靠泊操作时，船舶需要考虑水深、潮汐、风速和风向等因素，以确保安全稳定地停靠。

停靠指导与支持通过提供靠泊指导，确保邮轮安全靠泊。

靠泊指导与支持提供实时的靠泊条件信息，包括水深、潮汐、风速和风向等，以帮助船舶决策和调整靠泊策略。这些信息对于船舶驾驶员、船员和码头工作人员来说至关重要，可以在靠泊过程中提供正确的指导和决策依据，保证邮轮的安全。

靠泊指导与支持还可以协调船舶和港口工作人员之间的沟通与协调。在靠泊过程中，船舶需要与港口工作人员进行良好的沟通和协调，以确保停泊操作的顺利进行。停靠指导与支持可以提供沟通渠道和平台，帮助船舶和港口工作人员实时交流，解决问题并确保顺利靠泊。

靠泊安全是停靠指导与支持的重要职责之一。通过提供准确的靠泊信息和指导，停靠指导与支持可以帮助船舶避免靠泊失误和事故。它提供了船舶靠泊过程中必要的技术支持和安全认证，确保船舶按照规定的程序和安全标准进行靠泊操作。

(4) 海事服务

停靠指导与支持提供涉及海事服务的支持和协助。海事服务涵盖了船舶检查、许可证申请、通关手续等各种服务。这些服务与船舶的合规性和安全性密切相关，确保船舶遵循港口管理规定和海事法规，以实现合规运营和安全。

停靠指导与支持通过协助邮轮船队办理与海事服务相关的手续，简化了船舶运营的程序和流程。它可以为船舶提供必要的审批和证明文件，支持船舶满足港口管理和海事机构的要求。同时，停靠指导与支持还可以为船舶提供海事法规和安全操作的培训和指导，以提高船舶的合规性和运营安全性。

(5)旅客服务

停靠指导与支持也提供旅客服务方面的支持。旅客服务包括提供旅游信息、推荐旅游景点、安排游览和其他旅客活动,以提供优质的旅游体验。

停靠指导与支持可以为邮轮船队提供详尽的旅游信息和景点介绍,帮助船舶设计旅游路线和行程安排。通过与旅游和观光机构的合作,停靠指导与支持可以提供全面的旅游指导和推广,为旅客提供多样化的旅游选择和体验。

此外,停靠指导与支持还可以协助旅客下船手续、行李传送以及各项服务设施的使用等方面。它帮助邮轮船队提供良好的旅客导航和服务支持,确保旅客在停靠期间的方便和满意。

2. 提供主体

停靠指导与支持的服务提供者包括港口管理部门、船舶公司、邮轮港口服务公司和旅游服务机构等。他们通过合作和协调,为邮轮船队提供综合的停靠指导和支持服务,以确保顺利的停靠和满足旅客需求的旅游体验。

(1)港口管理部门

港口管理部门是停靠指导与支持的重要服务提供者之一。港口管理部门负责管理和运营港口设施,负责泊位分配、停靠管理和海事服务等。他们通过与邮轮船队和船舶公司协调合作,提供专业的停靠指导和支持。他们了解港口的特点和资源限制,并根据邮轮船队的需求,为船舶提供适宜的停靠泊位和必要的支持服务。

(2)船舶公司

船舶公司也是停靠指导与支持的服务提供者之一。船舶公司负责船舶的运营和管理,并需要与港口管理部门和其他相关机构进行合作。他们利用航线规划和航行操作的经验,为港口管理部门提供船舶需求和停靠计划,以确保船舶按照合适的时间和顺序停靠在港口。

(3)邮轮港口服务公司

邮轮港口服务公司是专门为邮轮船队提供停靠指导与支持服务的机构。这些公司通常与港口管理部门和船舶公司紧密合作,通过了解港口资源和管理要求,提供专业的停靠指导和支持。他们还可能提供一些附加的服务,如靠泊安全指导、海事服务协助和旅客服务支持等。

(4)旅游服务机构

旅游服务机构也为停靠指导与支持提供一定的服务。这些机构通常与邮轮船队合作,为旅客提供旅游信息、景点推荐和旅游活动安排等服务。他们通常了解各个港口的旅游资源和吸引力,并与停靠指导与支持的其他提供者协调合作,以提供满足旅客需求的优质旅游体验。

## 三、靠泊设施和设备的维护

靠泊设施和设备的维护对于港口管理和船舶靠泊操作至关重要。靠泊设施和设备包括泊位、码头、系船设备、护舷设备以及与靠泊操作相关的设施和设备。维护这些设施和设备的良好状态可以确保船舶的安全靠泊和港口运营的高效性。

1. 泊位的维护

(1)泊位表面的维护

泊位的表面通常是混凝土或钢结构,需要定期检查和维护,以确保其结构完整性和承载能力。定期检查可以发现潜在的破损、裂缝或腐蚀问题,并及时修复。此外,定期的漆工保养也可以防止腐蚀和氧化,延长泊位的使用寿命。

(2) 护舷设备的维护

护舷设备是保护泊位和船舶的重要部分，如护舷墙、橡胶缓冲块等。护舷设备需要定期检查并进行必要的维护和更换。定期检查可以发现护舷设备的磨损、老化或损坏情况，并及时修补或更换。护舷设备的良好维护可以保护泊位和船舶免受碰撞和损坏。

(3) 系船设备的维护

系船设备是确保船舶稳定靠泊的重要组成部分，如缆绳、缆索、系船桩等。系船设备需要定期检查并进行必要的维护和更换。定期检查可以发现系船设备的磨损、断裂或腐蚀情况，并及时修补或更换。系船设备的良好维护可以确保船舶在停泊期间的稳定性和安全性。

2. 码头的维护

(1) 码头结构的维护

码头是供船舶停靠和装卸货物的重要设施。码头结构如桥梁、平台、栈桥等需要定期检查和维护，以确保其结构完整性和承载能力。定期检查可以发现潜在的破损、裂缝或腐蚀问题，并及时修复。此外，定期的防腐和防锈处理也可以延长码头的使用寿命。

(2) 码头道路的维护

码头道路是供货车和人员进出码头的通道，需要定期检查和维护，以确保其平整度和安全性。定期检查可以发现道路表面的坑洼、裂缝或沉降问题，并及时修复。此外，定期的清理和排水处理也可以防止道路积水和泥泞，确保码头道路的可通行性。

3. 其他相关设施和设备的维护

(1) 灯光和标志设备的维护

港口的灯光和标志设备对船舶的导航和引导至关重要。这些灯光和标志设备包括导航灯、航标、信号灯等，需要定期检查和维护，以确保其正常运行和可持续性。定期检查可以发现灯光和标志设备的损坏、故障或磨损问题，并及时修复或更换。灯光和标志设备的良好维护可以确保船舶在夜间或恶劣天气条件下的安全导航和准确靠泊。

(2) 浮动码头和浮筒的维护

浮动码头和浮筒是一些港口常见的设施，用于支持船舶的靠泊和停泊。这些设施通常是浮动的或可以调节的，需要定期检查和维护，以确保其稳定性和可靠性。定期检查可以发现浮动码头和浮筒的漏水、磨损或损坏情况，并及时修补或更换，以确保船舶在泊位上的稳定靠泊。

(3) 燃油和水源设备的维护

港口通常提供给船舶燃油和水源设备，以满足船舶的能源和水源需求。这些设备包括燃油泵站、水源泵站、管道和阀门等，需要定期检查和维护，以确保其正常运行。定期检查可以发现设备的故障或损坏问题，并及时修复或更换，以确保船舶在停靠期间的能源和水源供应。

## 第二节　邮轮的船供服务

邮轮是一个巨大的移动旅游场所，它需要大量的燃料以支持动力系统的运行，需要淡水以及各种食品和消耗品供应以满足旅客和船员的需求。此外，船舶设备和工具也需要定期的维护和修理，以确保船舶的正常运行和设备的可靠性。

邮轮港口在提供这些船供服务时，确保邮轮船舶能够无缝衔接，并为旅客提供一个安全、舒适的环境。并且，邮轮港口为邮轮提供船供服务，也是邮轮港口重要的收入来源。同时，这些服务也有助于提高邮轮港口的声誉和竞争力，吸引更多的船舶和旅客来到港口停靠和游览。

邮轮港口为邮轮提供的船供服务是指为邮轮船舶提供所需的燃料、淡水、粮食和消耗品等服务。这些服务包括燃料供应和管理、淡水供应和管理、粮食和消耗品供应和管理以及船舶设备和工具的维护。通过提供这些服务,邮轮港口确保邮轮船舶的正常运营和旅客的舒适体验。

## 一、燃料供应和管理

### (一)燃料供应

邮轮船舶通常需要大量的燃料以支持其动力系统运行。船供服务提供商负责供应高质量的燃料,并确保其符合环境和安全标准。他们负责监测燃料消耗量,进行燃料管理和优化,以提高能源效率和减少环境污染。此外,他们还为船舶提供燃料储存和加注设备。

船用燃油主要由以下四个类别构成:船用轻柴油(LDO)、船用柴油(MDO)、中间燃料油(IF)和船用燃料油(MFO)。

根据国际标准 1S08217(2010),船用轻质馏分燃料油分为 DMX、DMA、DMZ、DMB 四类,由于运动熟度及含硫量的不同,DMX 和 DMA 通常称为 MGO,而 DMZ 和 DMB 通常称为 MDO。残渣燃料油分为 RME、RMG 等,其中 RME-25 相当于通常所说的 MFO180CST,即 1 500 秒重油,RMG-35 相当于通常所说的 MFO380CST,即 3 000 秒重油。

### (二)燃料的供应管理

燃油的供给管理包括采购、接油工作、储存、使用计量等。

1. 燃料的采购管理

在采购上,不同港口能加的燃油的种类存在差异,价格和特性也存在不同之处。邮轮公司应从适用性和经济性两方面考虑加油港的选择。一般情况下,邮轮的燃油在母港采购,若母港不能提供所需燃油的供油服务或燃油价格太高,则要在挂靠港或在离航线较近的港口加油。就数量而言,邮轮公司根据燃油市场情况和船舶用油需求决定要加什么油,加多少油。

对于燃油的品种而言,由于邮轮需要消耗大量燃油并且燃油价格不断上涨,已有邮轮公司开始考虑使用生物燃油替代常规燃油。相关的试点项目已经取得成功而且集成战略已开始采用。北美已成为生物燃油最大的消耗和进口商。

2. 燃料的接油管理

在接油上,轮机长要对整个接油的工作进行全面有效的控制,对主管轮机员的操作进行核查。船上主管轮机员负责接油操作,要注意在接油时对质量、数量的把关,保证作业安全,避免在接油时燃油的泄漏。接油时,港口和船上工作人员应该保持合作、沟通,密切关注管道接口,及时发现泄露情况并给予解决方案;接油工作完成后,双方就数量和质量做最终核实,在相关表格中签字确认;若遇到加油量短少的情况,应立即提出,必要时需要做出加油短少的声明,由供油方签收。

3. 燃料的储存管理

(1)在储存上,存储燃料油要注意以下几点:

①防变质。在燃料油储存过程中,要注意温度的变化对燃料油质量的影响,如影响其抗氧化安定性,减少空气与水分的影响。

②降损耗。在燃料油储存过程中,降低燃料油蒸发损耗不仅能保证燃料油的数量,还能保证燃料油的质量。

③提高燃料油储存的安全性。由于燃料油火灾危险性和爆炸危险性较大,故储存时应采取措施提高燃料油储存的安全性,具体要求是:使燃料油的爆炸敏感性降低。一方面要求平时

加强火种管理；另一方面要求在生产中防止火星的产生，且在收发油过程中减少静电产生，防止静电积聚。

（2）存储柴油要注意以下几点：

①防变质，柴油在储存过程中，容易蒸发、氧化或混入杂质，胶质含量增多，柴油启动性能变差会加速机件的磨损，缩短设备的使用寿命。

②防火防爆，柴油属可燃物，其蒸气在60摄氏度时遇明火会燃烧、爆炸。储存使用时要注意防火防爆。

③防中毒，柴油主要危害方式为皮肤接触，人体因吸入其蒸气而致中毒的可能性较小。防静电，柴油是电的不良导体，在运输、灌装过程中，油分子之间、柴油与其他物质之间的摩擦会产生静电，其电量会随着摩擦的加剧而增大，如不及时导出，会在两带电体之间跳火（即静电放电），产生电火花。因此，柴油在储存时须采取防静电措施。

4. 燃料的使用计量

在使用计量上，轮机部人员应做好燃油盘点工作，对燃油存量数据有动态的掌握，为制订下一次加油计划建立依据。在计量方法上，现在国际上普遍使用美国材料试验协会的修正表格T54B和T56进行燃油的计量。

## 二、淡水供应和管理

邮轮船舶需要大量的淡水用于旅客、船员和船舶设备的日常用水需求。船供服务提供商负责提供足够的淡水供应，并确保其质量安全。他们负责监测淡水消耗量，进行淡水和节水管理，以确保供应的持续性和可靠性。

邮轮港口通常设有岸上供水系统，可以连接到邮轮船舶的淡水接口。在停靠期间，邮轮船舶可以通过与岸上供水系统连接，并使用系统提供的淡水供应。岸上供水系统可以提供大量的淡水，以满足邮轮船舶的用水需求。

## 三、餐饮素材管理

1. 餐饮素材采购

由于邮轮进港后多数时候仅停靠几个小时，在船舶抵港前几个月要抓紧时间做好食品饮料的采购。在乘客行李送上船的同时，航次所需食物及饮料也应该送达船上储藏室，并满足食物的冷藏需求。因此诸如新鲜的鱼、蔬菜和水果等应在邮轮抵达港口前就准备好。

邮轮上的游客和船员数量庞大，对餐饮素材的需求很大。邮轮公司应根据其特定的航线安排餐饮素材的采购，从安全、经济的角度选择合适的供应商。

在安全方面，邮轮公司应选择经过检验检疫机构备案的供应商，采购原辅料必须向供货方索取卫生许可证及产品卫生检验报告，采购肉禽类应索取检疫和各证明，采购蔬菜应索取农残检测报告。

在经济方面，邮轮公司应按照产品分类和顾客需求选择合适的供应商，采购一定数量的产品，实现在质量保证的前提下价格的经济性。

2. 餐饮素材运输

通常，船上的餐饮素材是由供应商安排车辆运送至指定码头。供应商应注意在运输食品饮料时要专车专用，运输原辅材料时必须将成品和半成品分开，不得与有毒有害物质混装混运；运输冷冻和冷藏食品必须有保温、冷藏设施，长距离运输时，其温度不得超过3摄氏度。船方与供应商在签订合同中应指明双方的责任义务，对合同中关于餐饮素材的数量、交货期价格等条款有明确规定，在供应商责任范围内，食物饮料遇到损坏，船方应得到赔偿。船方和供应商还应把握好时机，注意做好沟通工作，避免由于沟通不及时导致的食物损坏。

3. 餐饮素材的接收和储存

邮轮储藏室应能满足冷藏、冷冻和干货区的需要，干货区位于靠近进料台的底层甲板。邮轮仓储管事负责船上物品的仓储，通常会配有助理，这些船员会向餐饮经理报告情况，与主厨和吧台经理密切合作。上食料通常会在邮轮母港随着旅客的上下船同时进行。供应商在向海关和检疫部门申报后，将货运至码头，在船靠好并在港口办妥手续后，开始将食品、饮料装上船。将货物运上邮轮通常是用叉车和托盘，船上有时会有传送带。船上和岸上的人共同合作，完成装船，仓储经理会检查质量和数量。大多数邮轮公司都有仓库管理系统，保证精确地控制货物状况。食品储存务必要关注安全和卫生，货物必须被安全地堆码和储存，以便不被损坏或在船晃动的时候跌落引起事故。接近腐烂和变质的食物必须及时周转以保证最小的浪费和最高的菜品质量。船上仓储员应密切关注高价值餐饮素材的存储，定期检查，防止腐烂和变质。对素材存储的位置也应有妥善的安排，将经常使用的食材，如新鲜蔬菜，存储在方便提取的位置。食材被从仓库调出后，它们就进入下一环节，酒水送到酒吧或餐厅，食物送到备菜的厨房。

## 第三节　邮轮的维护服务

邮轮港口为到港邮轮提供维护服务是为了确保船舶的安全、可靠和舒适，提高整体运营效率，并确保旅客在航行期间获得良好的体验。这些服务有助于保持邮轮船舶的良好形象，吸引更多旅客和船舶公司选择该港口作为停靠地。邮轮维护服务是指为邮轮船舶提供的各种维护、保养和修理等服务。它旨在确保邮轮船舶的正常运行、设备的可靠性和旅客的安全。邮轮维护服务通常包括对船体和设备的维护、电力和工程的维护、润滑油和化学品的管理以及维修和紧急修理服务等。

### 一、船体和设备维护

1. 船体维护

船体维护涉及船体表面清洁、涂装和防腐、船底清洁和防污、船体结构检查、船底防腐和避震、船体尺寸和位移检查以及对安全设备的检查和维护等工作。这些维护措施有助于保持船体结构的完整性和强度，提高船舶的性能和安全性，延长船体的使用寿命，并确保旅客在船上获得安全和舒适的旅行体验。

船体维护是邮轮维护服务中的重要部分，主要涉及对船体结构进行定期检查、维护和保养的工作。以下将详细论述船体维护的各个方面。

（1）船体表面清洁。船体表面清洁是船体维护的基础工作之一。船体表面容易积聚污垢、盐渍和藻类，这些污染物会对船体结构造成损害，并影响船舶的性能。清洁工作通常包括使用高压清洗机清洁船体外壳，去除表面的杂质和污垢。

（2）船体涂装和防腐。船体涂装和防腐是保护船体结构的关键措施。船体外壳需要定期检查并进行涂漆，以减少腐蚀和氧化的风险。涂漆可以增加船体表面的耐久性和防护能力，并保持船舶良好的外观。同时，在船体内部，也需要对防腐涂层进行检查和维护，以避免腐蚀和结构损坏。

(3)船底清洁和防污。船底清洁和防污是船体维护的重要环节。船底容易积聚海藻、贝壳、藤壶等海洋生物,这些附着物会增加船舶的阻力,影响航行速度和燃油效率。船底清洁通常使用专业清洗设备和工艺,以便去除附着物并恢复船底的光滑表面。此外,船舶还可以采用防污涂层或防污剂,减少附着物的黏附,延长清洁间隔。

(4)船体结构检查。船体结构检查是确保船舶结构完整性和强度的重要环节。定期的船体结构检查可以检测和评估可能出现的腐蚀、裂纹、变形或其他结构问题。检查工作通常包括对船体结构进行测扭、超声波和视觉检查,并且进行必要的修复和加固工作。

(5)船底防腐和避震。船底防腐和避震是船体维护中的重要措施。船底防腐是为了保护船底结构免受腐蚀和侵蚀。这可以通过防腐涂层、防腐剂和防腐处理来实现。同时,船舶还需要安装防振设备,以减少船体在航行中的晃动和振动。

(6)船体尺寸和位移检查。船体尺寸和位移检查是为了确保船体结构符合设计要求和船级社标准。这种检查通常包括测量船体尺寸、容积和位移,并且对相关文件和记录进行核对。

(7)安全设备检查和维护:船体维护还涉及对船体上的安全设备进行检查和维护。这包括救生艇、救生圈、救生衣、消防设备等。检查和维护工作通常包括检查设备是否完好、有效和易于使用,确保其满足相关的法规标准。

2. 设备维护

邮轮设备维护是指对邮轮上各种设备进行定期检查、维护和保养的过程。邮轮作为一个复杂的运输和居住系统,依赖各种设备来保证其正常运行和旅客的舒适体验。设备维护的主要目标是确保设备的安全性、可靠性和持久性,减少设备故障和停机时间。

设备维护涉及邮轮上各种设备的定期检查、维护和保养。主要包括动力系统维护、电气系统维护、通信和导航系统维护、安全设备维护、空调和供暖系统维护、卫生和消毒系统维护,以及其他设备的维护。通过定期的维护和保养,可以确保设备的安全性、可靠性和持久性,提高设备的性能和寿命。

设备维护的重要性在于确保设备的正常运行、安全性和性能,减少设备故障和停机时间。定期的维护工作可以帮助发现潜在的问题,预防设备故障,并提前采取修复措施,从而确保设备的可靠性和连续性。

(1)邮轮设备维护的重要性

①保证设备正常运行。设备维护可以确保各种关键设备的正常运行。船舶设备可能面临各种压力和环境变化,定期的维护工作可以检查设备状态,清洁和润滑部件,更换磨损或老化的零部件,以确保设备的正常运行。这有助于避免设备故障和停机时间,保证邮轮正常运营。

②提高设备的安全性。设备维护可以提高设备的安全性。船舶上的一些设备,如火灾报警系统、救生设备等,直接关系旅客和船员的安全。通过定期检查、测试和校准这些设备,可以确保其正常工作并满足相关的安全标准。这有助于预防事故和应对突发事件,保障旅客的安全。

③增强设备的可靠性。设备维护可以增强设备的可靠性。通过定期的保养和维修,可以预防潜在的设备问题并及时采取措施。定期维护可以帮助发现设备的磨损、老化或潜在故障迹象,提供机会修复或更换必要的部件,从而减少设备故障和不可预见的停机。

④延长设备的使用寿命。设备维护可以延长设备的使用寿命。定期维护和保养可以减缓设备的磨损和老化过程,保持设备的良好状态。及时更换磨损的零部件,清洁和润滑机械部件,可以延长设备的寿命,减少设备的更换和购置成本。

⑤提高客户满意度。设备维护直接影响旅客的舒适体验。通过保持设备的正常运行和良好状态,可以确保旅客在船上获得安全和舒适的服务。设备维护有助于提供连续的服务,满足旅客的需求,提高客户满意度和口碑。

此外,设备维护还包括记录和管理维护活动、制定维护计划和预算、培训和指导维护人员等方面。维护记录和管理可以跟踪设备维护情况,分析设备故障和故障模式,并提供数据支持用于维修决策和改进措施。

(2)邮轮设备维护的项目

设备维护是邮轮维护服务中的重要组成部分,主要涉及对邮轮上各种设备进行定期检查、维护和保养的工作。以下将详细论述设备维护的各个方面。

①动力系统维护。邮轮的动力系统包括主机、发电机、螺旋桨和推进装置等。动力系统维护的重点是确保主机和发电机的正常运行,螺旋桨和推进装置的效率。维护工作包括定期检查和清洁,更换磨损的零部件,润滑轴承和关键部件,并进行必要的校准和调整。

②电气系统维护。邮轮的电气系统包括发电机、电缆、开关设备和配电系统等。电气系统维护的主要目标是确保电气设备的安全性和可靠性。维护工作包括定期检查电气连接、电缆绝缘和开关设备的状态,清洁和润滑接触器和断路器,以及校准和更换电气传感器和控制元件。

③通信和导航系统维护。邮轮的通信和导航系统包括雷达、卫星通信、GPS导航系统和通信设备等。通信和导航系统维护的关键是确保这些系统的准确性、可靠性和及时性。维护工作包括检查设备状态,校准仪器,更新软件和固件,以及修复和更换损坏的部件。

④安全设备维护。安全设备是确保船舶安全和旅客安全的关键部分,包括火灾报警系统、救生艇、救生衣、灭火设备和船体监控等。安全设备维护的任务是确保这些设备正常工作并满足相关的安全标准。维护工作包括定期检查、测试和校准安全设备,更换过期或损坏的设备,并提供适当的培训和指导。

⑤空调和供暖系统维护。船舶的空调和供暖系统对旅客的舒适度和船上环境至关重要。维护工作包括清洁和更换过滤器、检查和调整温度和湿度控制器、清洁和润滑风扇和冷凝器等。定期维护和保养可以确保空调和供暖系统的正常运行和能效。

⑥卫生和消毒系统维护。邮轮的卫生和消毒系统包括供水系统、污水处理系统和垃圾处理系统等。维护工作包括检查供水质量、清洗和消毒供水管道,检查并维护污水处理设备,确保垃圾处理设备有效运行,并按规定进行处理和处置。

⑦其他设备维护。此外,还有许多其他设备需要进行定期维护,如起重设备、船载设备、厨房设备和娱乐设备等。维护工作包括检查设备状态,清洁和润滑机械部件,更换磨损或损坏的部件,并进行必要的校准和调整。

## 二、电力和工程维护

电力和工程维护对于保持邮轮正常运行和旅客舒适至关重要。它们确保电力供应的可靠性、空气质量的良好、供水和卫生系统的正常工作、机械设备的安全和可靠运行,以及自动化和控制系统的有效性。通过定期的维护和保养,可以减少设备故障和停机时间,提高邮轮的性能和旅客的满意度。

在邮轮船供服务中,电力和工程维护是负责维护和管理邮轮上电力系统和相关设备的工作。这包括电力生成、供电、通风、空调、供水、卫生和污水处理等方面。下面将对这些方面的维护工作进行详细说明：

（1）电力系统维护。电力系统是邮轮上各项设施和设备所需的电力供应基础。电力系统维护涉及发电机的检查和维护，电力分配系统的监测和调试，发电机的燃油管理，以及备用电源的预防性维护。此外，还需要定期检查电池组、电线和电缆的连接，以确保电力供应的连续性和可靠性。

（2）通风和空调系统维护。通风和空调系统对于确保船舶内环境的舒适度和空气质量至关重要。维护工作包括定期检查和清洁通风设备、调节空调设备的温度和湿度，清洁和更换过滤器，润滑和校准风扇和空调设备。

（3）供水和卫生系统维护。供水和卫生系统涉及供水、排水和污水处理等方面。维护工作包括检查供水管道、水泵和水质，清洗和消毒水箱，定期检查污水处理设备，确保污水处理系统的有效运行，以及按规定处理和处置垃圾。

（4）工程设备维护。工程设备维护涉及各种机械设备和设施，如发动机、润滑系统、起重设备和紧急发电设备等。维护工作包括定期检查设备状态，包括发动机、润滑系统和起重设备等。清洁和润滑机械部件，保持设备的良好运行状态。更换磨损的零部件，减少设备故障和停机时间。进行必要的校准和调整，确保设备的正常工作。

（5）船舶自动化和控制系统维护。邮轮自动化和控制系统涉及各种船舶系统的监控和控制，如电力分配系统、动力系统、通风和空调系统等。维护工作包括定期检查和测试系统的状态，确保各个部位和功能的正常运行。更新软件和硬件，确保系统的稳定性和安全性。修复和更换损坏或过期的设备，确保自动化和控制系统的连续性和可靠性。

### 三、紧急修理服务

紧急修理服务在邮轮维护中起着关键的作用。它要求维修人员迅速做出决策和行动，以尽快修复设备故障，并确保船舶和旅客的安全。快速反应、跨部门合作、专业知识和技能、应急准备、安全意识以及学习和改进是确保紧急修理服务成功的关键因素。通过高效的紧急修理服务，可以最大限度地减少船舶停运时间和影响，提高旅客满意度，并确保邮轮的安全运营。

紧急修理服务在邮轮维护服务中起着至关重要的作用。当设备故障、损坏或事故发生时，紧急修理服务旨在迅速响应问题，并采取必要的措施以尽快进行修复，以确保船舶和旅客的安全。

1. 处理步骤

紧急修理服务的主要特点是时间敏感性。它要求维修团队具备迅速做出决策和行动的能力，以最大限度地减少船舶的停运时间和影响。紧急修理服务通常需要采取以下步骤来应对突发事件：

（1）故障诊断。当设备出现故障时，维修人员首先会进行故障诊断，找出问题的根本原因。他们可能使用传感器、测试仪器和设备操作记录来帮助确定故障源。通过快速而准确的故障诊断，维修团队能够快速确定应采取的行动方向。

（2）紧急通知。一旦故障被确认，维修人员必须迅速通知相关部门和船员，以便他们能够采取适当的措施来减轻可能的风险。这可能包括通知船上的船员和旅客以及与设备故障相关的部门，例如，工程部、船舶管理团队或船上的指挥中心。

（3）修理策略制定。一旦问题被确认并通知相关方面，维修团队会制定修理策略。这需要综合考虑多方面的因素，包括紧急性、可行性和预计完成时间。维修团队会评估修理的优先级,以确保最大限度地减少船舶停运时间和影响。

(4)紧急维修行动。在修理策略制定后,维修团队会立即开始紧急维修行动。这可能涉及维修团队的协同合作,他们可能需要组织人力、物资和工具来执行修理工作。紧急维修行动可能包括更换受损零件、修复电路、修复液压系统、重新校准设备或其他必要的操作。

(5)跟进和测试。在紧急维修行动完成后,维修团队会进行跟进和测试,以确保修理效果和设备的正常运行。他们可能会对修理后的设备进行功能测试、负载测试和工作条件测试。这些测试的目标是验证修理的有效性,确保设备在正常工作范围内并符合安全标准。

2. 关键因素

紧急修理服务的成功与否取决于多个因素。以下是确保紧急修理服务顺利进行的关键因素:

(1)快速反应。维修团队需要快速、敏捷地反映问题,尽可能减少船舶停运时间。这要求团队具备紧急情况下迅速做出决策和行动的能力。

(2)多领域合作。紧急修理服务通常涉及不同的设备和系统,可能需要与不同部门和团队合作。良好的跨部门合作是确保紧急修理顺利进行的关键。维修团队需要与工程部、船舶管理团队、船员和其他相关部门密切合作,以确保资源的合理调配和协调。

(3)专业知识和技能。紧急修理服务需要维修人员具备广泛的技术知识和经验,能够解决各种设备和系统故障。他们需要了解不同设备的工作原理、维修方法和操作细节。专业知识和技能对于快速诊断问题、采取正确行动以及有效修复设备至关重要。

(4)应急准备。为了应对突发情况,邮轮维护服务团队需要进行应急准备。这可以包括制定紧急响应计划、预先确定关键响应角色和责任,并确保相关设备、工具和备件的可用性。通过充分的应急准备,团队能够更好地应对突发情况,并减少潜在的风险和不确定性。

(5)安全意识。维修人员需要时刻保持安全意识,并遵守安全程序和标准。紧急修理服务可能涉及一些危险的工作环境和操作。维修人员需要正确佩戴个人防护设备,并确保修理过程中不会增加其他风险。

(6)学习和改进。邮轮船供维护团队需要不断学习和改进紧急修理服务的方法和流程。通过评估紧急修理的效果和维修团队的表现,团队可以识别潜在的改进机会,并采取措施来提高响应速度、准确性和效率。

**本章思考题:**

1. 邮轮的靠泊服务有哪些?
2. 邮轮的船供服务有哪些?我国邮轮母港应当如何提升邮轮船供水平?
3. 邮轮船舶维护服务应当注意哪些具体细节?

# 第七章　邮轮港口的游客服务管理

**本章导语**：随着邮轮旅游业的快速发展，邮轮港口正逐渐成为游客探索邮轮世界的重要起点。在邮轮旅游这一独特的旅程中，游客不仅可以享受到作为"漂浮的五星酒店"的邮轮上的奢华服务，更能够在各个港口停靠时体验到当地的风土人情。因此，提升游客在邮轮港口的服务水平对各个邮轮港口都显得尤为重要，从方便快捷的入境手续，安全快速的上下船路径，再到细致周到的接送服务以及丰富多彩的岸上游览活动，港口的游客服务将直接影响邮轮游客的整体旅行体验。

## 第一节　邮轮港口游客的接待服务

### 一、港口信息与导向服务

港口信息与导向服务是邮轮港口接待服务中至关重要的一部分。在游客抵达港口之际，提供准确和全面的信息，并指导他们到达目的地，对于确保游客有一个愉快和顺利的体验至关重要。

1. 必要信息

首先，港口工作人员会提供游客所需的必要信息。他们将在游客进入港口之前提供相关信息，以便游客了解登船手续、船上设施、游览时间表等重要事项。在登船手续过程中，港口工作人员也会提供个性化的信息和指导，确保游客了解并完成所有必要的手续。这些信息可以通过港口官方网站、电子邮件、短信等方式传达给游客。

其次，在港口的各个关键位置，游客会看到指示牌、标志和地图等导向设施，以帮助他们找到登机大厅、候车区、登船口等。此外，港口工作人员也会穿着工作服并配备标识，在港口各处提供导向服务。他们会主动接近游客，询问他们是否需要帮助，并提供详细的指引和建议。这些工作人员通常接受过专门的培训，以确保他们具备良好的沟通技巧和相关知识。

最后，港口工作人员还会提供游客所需的地图、手册和指南等。这些指南可能包括港口的布局图、邮轮上的设施介绍、餐厅和娱乐项目的时间表以及港口附近的景点推荐等。工作人员会详细解释这些指南，并向游客提供他们可能需要了解的任何补充信息。如果游客有任何疑问，他们可以随时向港口工作人员寻求帮助。

2. 咨询服务

在港口的信息中心也提供专业的咨询服务。游客可以到信息中心咨询有关港口设施、邮轮运营商、当地交通和旅游景点等方面的问题。信息中心的工作人员认真倾听游客的需求，并提供准确和有用的信息。他们可能会提供个性化的建议，例如，推荐一家当地的餐厅或提供游客可能感兴趣的活动和节目等。

3. 多语言支持

为了方便游客，港口还提供多种语言的信息和导向服务。这有助于满足来自不同国家和地区的游客的需求。港口工作人员通常会说多种语言或者提供多种语言版本的地图和指南。这样，游客将更容易理解和获取必要的信息。

4. 提供建议

港口会与当地旅游机构合作，提供包括城市观光、参观当地景点和体验当地文化活动等在内的旅游服务。港口工作人员可以向游客提供有关这些旅游服务的信息，并协助游客预订和安排行程。

港口信息与导向服务对于游客的顺利登船和舒适体验至关重要。通过提供准确、全面的信息，并指导游客到达目的地，港口工作人员确保游客能够充分了解港口设施、登船手续和周边景点等重要内容。他们的专业知识和服务态度使得游客能够感到自信和舒适，无论他们是否熟悉该港口。

5. 辅助服务

港口信息与导向服务还包括提供登船手续的辅助服务。港口工作人员通常在登船大厅或登船口提供帮助。他们会指导游客如何填写登船表格、检查护照和签证以及领取乘船卡等。此外，他们还可以向游客提供关于行李处理和行李存放的信息，以确保行李按照正确的流程被接收和运送到游客的舱房。在信息与导向服务中，港口工作人员还扮演着解答游客问题和提供帮助的角色。游客可能会有关于邮轮设施、安全措施、支付方式等方面的疑问，而港口工作人员则需要给予耐心和准确的回答。无论是关于邮轮上的活动安排，还是游客个人需求等的问题，工作人员都应尽力提供满意的答案或解决方案。

港口信息与导向服务不仅涵盖登船前的服务，还包括游客下船时的相关事宜。在游客离港时，港口工作人员会提供有关行李提取、海关检查和登机手续等方面的指导。他们会协助游客顺利离港，并提供必要的支持和指导，以确保整个离港流程顺利进行。

6. 收集反馈

港口工作人员还会收集游客的反馈和建议，以改进服务质量。他们可能会向游客提供满意度调查表，或者在游客下船后通过其他途径收集反馈和建议。这些反馈和建议对于港口不断改进和提高服务标准非常重要，这样一来，未来的游客能够享受更好的服务体验。

港口信息与导向服务的目标是确保游客能够轻松、顺利地登船和离港，并提供准确、可靠的信息和导向。港口工作人员的专业知识、友好态度和乐于助人的精神将为游客提供一个愉快和难忘的邮轮旅行。

## 二、安全与服务设施

在游客登船之前，港口需要确保提供安全的环境，并为游客提供各种服务设施，以便游客能够在登船前和登船后得到满意的体验。

1. 安保服务

港口必须采取一系列安保措施，以确保游客的安全。在港口周边设置安保人员，他们会进行巡逻和监控，以维护港口的安全。此外，港口可能会设置安检区域，对游客的行李和个人物品进行检查,这些安检措施有助于杜绝危险物品进入邮轮。

### 2. 服务设施

为了方便游客,港口还设置了各种服务设施。首先是登船大厅,通常具备舒适的候车区和登机口。这些候车区提供座椅、休息区和娱乐设施,让游客在等待登船时感到舒适和愉快。登船大厅通常也配备了信息屏幕和广播系统,以提供重要的船上信息和指示。

其次,港口还可能提供停车场以及游客的行李储存和转运服务。停车场应该有足够的容量,以满足游客停车需求。游客可以将他们的车辆停放在停车场,然后将行李交给港口工作人员进行储存或转运。港口工作人员会标记和追踪游客的行李,确保它们在适当的时间运送到游客的舱房。

最后,为了满足游客的各种需求,港口还提供各种便利设施。这包括洗手间、休息室、儿童游乐区和禁烟区等。洗手间应该干净、卫生,并配备必要的洗手用品和纸巾。休息室应该提供舒适的座位和舒缓的环境,让游客可以放松身心。儿童游乐区应该提供适合不同年龄段的孩子玩耍的设施和游戏。禁烟区应该明确标示,并提供舒适的环境,让不吸烟的游客能够享受无烟区域。

### 3. 无障碍设施

港口还应提供无障碍设施,以满足残障人士和有特殊需求的游客的需求。港口应设置无障碍通道和轮椅出租服务,并确保公共区域无障碍。此外,港口还应该培训员工如何接待和照顾残障人士,提供他们所需的关怀和支持。

### 4. 紧急设施

为了应对突发情况,港口应配备紧急设施和应急计划。包括火警报警系统、紧急出口指示和逃生船艇等。港口工作人员应定期进行处置紧急情况演习,并确保游客了解逃生路线和紧急情况的应对措施。

### 5. 货币兑换和银行服务

港口还应提供货币兑换和银行服务。游客可以在港口办理货币兑换和银行服务。港口可能会设有货币兑换柜台或合作机构,以帮助游客将外币兑换为当地货币。此外,港口还可以提供自动取款机和其他银行服务,以满足游客的金融需求。

### 6. 邮件和包裹转运服务

港口在邮轮航行期间还提供邮件和包裹转运服务。游客可以将邮件、明信片和包裹寄至港口,然后由港口工作人员转运至邮轮,确保邮件和包裹能够按时送达游客的舱房。这项服务可以帮助游客保持与家人和朋友的联系,同时也提供了一种便捷的购物方式,让游客无需携带大量行李。

### 7. 购物和餐饮设施

在港口附近,通常还有购物和餐饮设施,以满足游客的需求。这些设施可能包括餐厅、咖啡馆、礼品店和当地特色商品店等。游客可以在登船之前或下船后利用这些设施,享受当地美食和购物乐趣。港口工作人员可以提供有关这些设施的信息,并推荐游客感兴趣的商家和产品。

### 8. 网络通信服务

最后,港口还应提供良好的信息和通信网络覆盖。这包括提供免费的 Wi-Fi 接入点,让游客能够与家人和朋友保持联系,并在社交媒体上分享他们的旅行经历。港口工作人员还可以提供有关当地通信服务提供商和 SIM 卡的信息,以帮助游客在航行期间保持通信畅通。

### 三、登船与行李处理

在游客抵达港口时,港口工作人员负责指导游客进行登船手续,并确保他们的行李安全地送到相应的舱房。

1. 登船前服务

首先,港口工作人员在登船大厅或指定的登船口提供帮助和指导。他们会向游客提供有关登船手续的必要信息,并确保游客了解登船的流程和要求。登船手续可能包括填写登船表格、验证护照和签证、领取乘船卡等。港口工作人员会指导游客完成这些手续,并确保一切符合要求。

其次,行李处理也是登船过程中的重要环节。游客在港口抵达后,通常会将行李交给港口工作人员进行储存和运送。港口工作人员会在游客的行李上贴上标签,并将其输入系统进行登记。行李将按照相应的舱房号码进行标记,并在适当的时间送到游客的舱房。

最后,为了确保行李安全到达游客的舱房,港口工作人员会采取一系列措施。他们会确保行李储存区域安全,并对行李进行安全检查,以杜绝潜在的危险物品。港口工作人员还会追踪行李的位置,以确保它们准时送达。如果游客有特殊需求或对行李处理有特殊要求,港口工作人员会尽力满足他们的需求,并提供相应的支持和指导。

2. 登船中服务

在登船过程中,港口工作人员还会提供其他的辅助服务。他们可能会提供行李手推车,帮助游客将行李从车辆中搬到行李储存区域。此外,如果游客需要签署保险文件或办理其他特殊手续,港口工作人员也会提供协助和指导。

为了确保登船过程的流畅进行,港口工作人员在登船口或大厅设置排队区域,并进行登船顺序的管理。他们会根据游客的船舱等级或其他特定要求来组织登船顺序,以避免拥堵和混乱。港口工作人员可能会向游客分发登船顺序牌或使用其他身份验证方式来确保登船的顺序和安全。

在登船过程中,港口工作人员还需要解答游客的问题并提供帮助。游客可能对登船手续、船上设施、活动安排等方面有疑问,港口工作人员需要耐心回答并向他们提供必要的信息和建议。

3. 登船后服务

一旦游客完成登船手续,他们将被引导至邮轮入口,进入邮轮并开始他们的旅程。港口工作人员会确保游客安全、有序地登上邮轮,并向他们告别,并祝愿他们有一次愉快的航行。

总的来说,登船与行李处理是邮轮港口接待服务中不可或缺的一部分。港口工作人员努力确保游客在登船时的顺利和舒适。他们提供了必要的指导和支持,以帮助游客完成登船手续,并确保他们的行李安全送达目的地。通过建立良好的行李处理系统和提供辅助服务,港口工作人员为游客创造了一个愉快的登船体验。

在登船过程中,港口工作人员的专业素质和服务态度非常重要。他们需要具备良好的沟通能力和足够的耐心,以解答游客的问题并提供帮助。港口工作人员还需要具备良好的组织和协调能力,以确保登船顺序的有序和安全。

港口工作人员与游客的互动也是邮轮旅行中的一个重要环节。他们可能向游客介绍船上的设施和服务,提供有关邮轮行程和活动的信息,并回答游客的问题。这种互动可以增强游客对港口工作人员的信任和满意度,为邮轮旅行带来更好的体验。

## 四、特殊需求和满意度调查

### (一)特殊需求

邮轮港口接待服务的港口工作人员会积极应对和满足游客的特殊需求。特殊需求可能涉及身体残疾、饮食要求、健康护理、语言障碍等方面。港口工作人员会尽力提供适当的协助和支持,以确保游客在邮轮旅行期间得到良好的体验。

(1)针对身体残疾的游客,港口工作人员会提供无障碍通道和设施,以方便他们的登船和航行。他们也会与邮轮公司合作,确保邮轮上的公共区域符合无障碍标准,并提供必要的帮助设施,如轮椅租赁和残疾乘客专用卫生间等。

(2)对于有特殊饮食要求的游客,港口工作人员会尽力提供适当的饮食选择和替代品。他们会与船上的厨师和餐饮服务人员合作,以满足游客的特殊饮食需求,如素食、无麸质饮食、食物过敏等。

(3)对于需要特殊健康护理的游客,港口工作人员会提供医疗和紧急救援服务。他们会确保邮轮上配备了合格的医疗人员和设备,并在必要时提供紧急救援服务。

(4)港口工作人员还会尽力解决游客可能遇到的其他特殊需求,如语言障碍或文化差异。他们会提供多语种服务或提供翻译援助,以帮助游客与邮轮上的工作人员沟通和理解。

### (二)满意度调查

港口工作人员可能会定期进行满意度调查,收集游客的意见或反馈,以了解他们对服务的满意度和改进的地方。

1. 港口工作人员的满意度调查

满意度调查可以通过不同的方式进行,如问卷调查、在线反馈、面对面访谈等。港口工作人员可以邀请游客参与调查,并鼓励他们提供详细的反馈和建议。

满意度调查的重点可能包括以下方面:(1)登船过程的顺利程度和快捷性。(2)行李处理的效率和安全性。(3)港口工作人员的专业素质和服务态度。(4)港口工作人员对特殊需求的回应和支持。(5)游客指南和活动安排的质量和实用性。(6)餐饮选择和品质。(7)邮轮上娱乐活动的多样性和质量。(8)游客对港口工作人员和服务的整体满意度。

通过满意度调查,港口工作人员可以获取宝贵的反馈和建议,从而改进和提升邮轮港口接待服务的质量。他们可以根据调查结果进行改进,并积极采取措施,提供更好的服务和体验。满意的游客可能会再次选择邮轮旅行,或者与他人分享他们的积极经历。因此,满意度调查对于提升客户满意度和保持良好口碑非常重要。

2. 根据满意度调查的结果可以采取的措施

(1)分析调查数据并识别改进的领域。港口工作人员会仔细分析满意度调查的数据,并识别游客认为需要改进的领域。他们也会关注受到较低评分的方面,并寻求改善和解决方案。

(2)培训和提高员工素质。港口工作人员会根据反馈意见提供培训和培训计划,以提高员工的服务水平和专业素质。他们也会组织培训课程,涵盖与游客互动、解决问题和满足特殊需求等方面有关的技能。

(3)改进游客指南和活动安排。根据游客的反馈和建议,港口工作人员会改进游客指南的内容和格式,以提供更实用和有用的信息。他们也会重新评估和改进活动计划,以满足游客的兴趣和需求。

(4)加强沟通和反馈机制。港口工作人员可能会加强与游客之间的沟通和反馈机制。他们可以提供更多的反馈渠道,如在线意见箱、客户服务热线等,以便游客能够轻松地提供意见和建议。

(5)资源投入和设施改进。根据满意度调查的结果,港口工作人员可能会投入更多资源,并进行设施和设备的改进,以提升服务品质。例如,增加无障碍设施,改善行李处理流程,提供更多的活动选择等。

通过特殊需求的满足和满意度调查的收集,港口工作人员不断改进邮轮港口接待服务,以确保游客在整个邮轮旅行期间拥有愉快和满意的体验。他们努力提供个性化的服务,满足不同游客的需求,并为游客创造难忘的旅行回忆。

## 第二节 邮轮港口游客的口岸通关服务

### 一、口岸通关流程

邮轮游客抵达目的地港口后,需要进行口岸通关手续和流程,以获得入境许可和登船许可。这个流程是为了确保游客符合目的地国家或地区的法规和要求,保障入境安全和秩序。

1. 填写入境卡和登船卡

游客抵达邮轮港口后,可能需要填写入境卡和登船卡。这些卡片用于提供个人信息、行程和入境目的等。港口工作人员会为游客提供相应的纸制表格或计算机上的表格链接,并指导他们填写,以确保信息准确完整。

2. 提供必要的文件和证件

游客在口岸通关时,需要提供必要的文件和证件。这些文件和证件可能包括有效的护照、签证、港口登船证、旅行保险证明等。港口工作人员会核对这些文件和证件,以确认游客的身份和入境资格。

3. 安全检查和边境检查

游客在口岸通关过程中需要接受安全检查和边境检查。这些检查旨在确保邮轮和港口区域的安全并验证游客的身份和行程。

(1)安全检查

游客的行李和个人物品可能会经过安全检查,以确保没有携带危险物品或违禁品。港口工作人员会引导游客把行李放在 X 光机上检查,或进行手持物品检查。

(2)边境检查

游客可能需要提供指纹或照片以进行边境检查。这些检查旨在确保游客的身份与提供的文件和证件一致,并遵守目的地国家或地区的入境规定。

4. 接受入境许可和登船许可

通过完成入境卡、提供必要文件和证件,以及通过安全检查和边境检查,游客将获得入境许可和登船许可。这表示他们已被允许进入目的地国家或地区,并可以登上邮轮开始航行。

5. 特殊情况和特殊需求的处理

对于一些特殊情况和特殊需求(如儿童、老年人、残疾人、紧急情况等),港口工作人员会提供额外的协助和支持,以确保他们能够顺利完成通关手续。

6. 港口工作人员的指导和协助

港口工作人员会在整个口岸通关过程中提供指导和协助。他们将指示游客前往正确的通关柜台或自助通关设备，并回答游客可能遇到的问题。

## 二、通关便利设施

1. 通关柜台和窗口

港口会设置有通关柜台和窗口，供游客前往办理通关手续。这些柜台和窗口通常会在船舶抵港时开放，并配备专业的工作人员，指导和协助游客完成通关手续。

2. 自助通关设备

为了进一步提升通关效率，港口可能配备有自助通关设备。这些设备使用现代化的技术，允许游客自行办理通关手续，如自助打印入境卡、自助扫描护照等。自助通关设备不仅能够减少等候时间，还可以提供方便和快捷的通关体验。

3. 通关人员的指导和协助

在通关区域，港口工作人员将提供指导和协助，确保游客能够轻松地完成通关手续。他们可能会分配工作人员在通关柜台或自助通关设备附近，回答游客可能遇到的问题，帮助他们正确使用设备和填写必要的表格。

4. 通关信息和指示牌

港口可能会在通关区域提供通关信息和指示牌，以帮助游客了解通关流程和所需的步骤。这些信息和指示牌将指导游客前往正确的通关柜台或自助通关设备，并提供相关的通关要求和注意事项。

5. 行李传送设施

港口会提供行李传送设施，允许游客在通关过程中将行李寄存在指定的地点。这样，游客就可以减轻负担，更加轻松便捷地进行通关手续。

6. 无障碍通关设施

港口会提供无障碍通关设施，以帮助残疾人、老年人和有特殊需求的游客进行通关。这些设施可能包括无障碍通道、坡道、轮椅、助听器等，旨在使他们能够顺利完成通关手续。

## 三、通关速度和效率

港口持续努力提高口岸通关速度和效率，以减少游客的等候时间和提升通关体验。港口通过采取一系列措施和优化通关的流程，旨在实现高效、顺畅的通关过程。

1. 智能化通关技术的应用

港口引入先进的智能化通关技术，例如，自助通关设备、自动辨识系统、电子签证等，以简化通关手续和加快通关速度。这些技术可以提供准确的身份验证和快速的边境检查，从而优化通关过程。

2. 事先准备和预申报

港口鼓励游客在抵达前事先准备和预申报通关所需的信息和文件。例如，提前填写入境卡和登船卡，准备好必要的旅行文件和证件等。这样，游客在抵达港口时可以快速办理通关手续，减少等候时间。

3. 分流与预约系统

为了减少通关区域的拥堵和排队等待，港口可能采取分流和预约系统。通过分批次通关或提前预约通关时间段，港口可以平均分配通关流量，提高通关效率，减少拥堵和等待时间。

4. 人员培训和优化布局

港口重视人员培训和优化布局,以确保工作人员熟悉通关流程和操作。培训有助于提高人员的专业水平和工作效率,优化布局则可以最大限度地利用通关区域的空间,确保其合理和高效的运营。

5. 持续改进和反馈机制

港口定期进行通关流程的评估和改进,并鼓励游客提供意见和建议。通过持续改进流程和根据游客的需求和反馈进行调整,港口可以不断提升通关速度和效率,满足游客的期望。

6. 预检和前置手续

港口可以进行预检和前置手续,以减少通关现场的操作时间和人员密度。例如,通过在登船前检查货物和行李、提前进行安全审查等方式,将在通关现场的流程和时间压力降至最低。

7. 合理安排通关时间

港口会根据船舶的抵港时间和出发时间,合理安排游客的通关时间。通过提前通知游客需要在何时办理通关手续,可以避免因通关时间不合理而造成的等待和拥堵。

8. 补充人力和设备

港口会根据客流量增加人力和设备资源,以提高通关速度和效率。通过预测客流高峰时段,并相应增加通关柜台的工作人员,并保证自助通关设备的正常运作,港口可以更好地应对高峰时段的通关需求。

9. 利用大数据和技术优化

港口可以利用大数据分析和技术优化通关流程。通过分析通关数据和排队情况,港口可以及时调整通关人员的分配和流量规划,以确保通关速度和效率的持续提升。

10. 与相关部门的合作

港口与相关部门合作,如边防检查机构、海关、警察等,以协同努力提高通关速度和效率。通过加强合作,优化流程,分享信息和资源,港口可以进一步改善通关体验,并提高整体的通关效率。

### 四、口岸通关体验

港口重视游客的口岸通关体验,并持续改进口岸服务和设施,以提供舒适、高效的通关体验。通过提供便利设施、强化服务意识和创新口岸服务等措施,港口旨在让游客在通关过程中感到愉悦和满意。

1. 舒适和友好的候车区

港口提供舒适和友好的候车区,使游客在等待通关时感到舒适。候车区可以配备舒适的座椅、充电设备、免费 Wi-Fi 等,为游客提供便利和娱乐,缓解通关等待的不便。

2. 清晰和有序的指示和标识

港口设置清晰和有序的指示和标识,以帮助游客正确找到通关通道和完成所需的手续。通过明确的指示和标识,游客可以快速了解通关流程和所需的步骤,从而减少困惑和耽误。

3. 多语种服务和翻译支持

港口提供多语种服务和翻译支持,以满足国际游客的需求。通过提供专业的语言服务和翻译人员,港口可以解答游客的问题并提供必要的帮助,让游客感受到关注和支持。

4. 便利的通关手续和自助设备

港口提供便利的通关手续和自助设备,以加快通关速度和简化手续办理。例如,提供自助通关柜台、自动辨识系统、自助行李托运等,让游客可以快速办理通关手续,减少等待和排队时间。

5.友好和专业的工作人员

港口培训工作人员,使其具备友好和专业的态度,随时为游客提供帮助和指导。工作人员的服务意识和专业水平对于提供良好的口岸通关体验至关重要,他们的友善和专业可以让游客在通关过程中感受到关心和尊重。

## 第三节 邮轮港口游客服务的服务标准与质量管理

### 一、服务标准

邮轮港口作为游客进入和离开旅行目的地的重要门户,应该制定和遵守一系列的服务标准,以确保游客在港口停留期间得到一致的高品质的服务。

1.港口接待区

(1)港口接待区应该提供舒适和友好的环境,为游客提供休息和等候的设施。

(2)接待人员应该提供热情友好的问候,并向游客提供所需的信息、导游手册和地图等。

(3)港口接待区应该提供充足的座位、洗手间和饮水设施,以满足游客的基本需求。

2.登船和离船流程

(1)港口应该提供高效和顺畅的登船和离船流程,以减少游客的不便和等候时间。

(2)接待人员应该提供清晰的指示和指导,确保游客完成登船和离船手续。

(3)港口应该提供足够的登船和离船柜台,并配备足够的工作人员来处理游客的需求。

3.安全和安保措施

(1)港口应该实施严格的安全和安保措施,确保游客的安全和物品的安全。

(2)接待人员应该受过相关培训,并熟悉应急情况的处理和安全设施的位置。

(3)港口应该配备监控设施,并定时进行安全巡逻。

4.游客服务设施

(1)港口应该提供充足的游客服务设施,包括旅行社、餐厅、商店和旅游咨询中心等。

(2)游客服务设施应该设在方便游客访问的位置,并提供多种语言的服务。

(3)游客服务设施应该提供便利的支付方式,如信用卡和移动支付等,以方便游客进行消费。

### 二、邮轮港口游客服务的重要性

近年来,随着邮轮旅游业的迅猛发展,邮轮港口作为游客进出旅行目的地的关键节点,扮演着越来越重要的角色。邮轮旅游业的快速增长和不断扩大的邮轮客源市场使得邮轮港口游客服务成为保证游客满意度和促进业界发展的关键要素。

1.邮轮港口游客服务可以提升顾客满意度

邮轮港口游客服务对于提高游客满意度至关重要。作为游客进入和离开旅行目的地的第一站,邮轮港口能够通过提供优质的服务来给游客留下美好的第一印象。友好的接待、热情的问候和及时的信息提供将使游客感受到重视和关心,从而增加他们的满意度,并可能会在社交媒体上分享他们的愉快经历,进一步宣传港口和邮轮旅游业。

2.邮轮港口游客服务可以促进旅游业持续发展

邮轮港口游客服务对于邮轮旅游业发展具有重要意义。通过提供出色的游客服务，港口可以吸引更多的邮轮公司和游客选择在该港口停靠，从而为港口带来更多的经济收益。同时，邮轮旅游业的成功也依赖旅游目的地的口碑和吸引力。通过提供优质的游客服务，港口可以提高旅游目的地的声誉和形象，吸引更多游客前来游览，促进邮轮旅游业的可持续发展。

3.邮轮港口游客服务可以帮助港口建立合作关系

良好的游客服务还可以帮助港口建立良好的合作关系。邮轮业务是一个复杂的合作系统，各个环节之间需要紧密协作。邮轮公司、港口管理机构、旅行社和其他相关服务提供商之间的合作关系将决定整个行业的运作效率和游客满意度。通过提供优质的游客服务，港口可以赢得邮轮公司和其他合作伙伴的信任和合作，并确保良好的合作关系的可持续发展。

### 三、质量管理

1.实施方法

（1）游客反馈的收集和分析

港口应该建立有效的游客反馈收集机制，如问卷调查、在线意见建议表和客户投诉渠道等。收集到的游客反馈应该进行仔细分析，并提取有价值的信息和改进建议。

港口管理者和员工应该积极回应游客的反馈，并采取适当的措施来解决问题和改进服务。

（2）培训和教育

港口管理者应该为员工提供必要的培训和教育，以确保他们具备良好的服务技能和知识。培训内容可以包括客户服务技巧、沟通技巧、问题解决和紧急情况处理等。港口管理者还可以邀请专业培训机构或顾问团队提供专业培训和指导。

（3）内部监督和评估

港口应该建立有效的内部监督和评估机制，对服务质量进行定期评估。监督和评估可以包括员工表现评估、巡查和检查、服务流程的回顾等。这些措施可以帮助发现服务中的问题和潜在的改进机会，并及时采取纠正措施。

（4）持续改进和创新

港口应该鼓励员工提出改进和创新的建议，并积极采纳可以提高游客服务质量的想法。港口管理者可以组织定期的改进会议或团队讨论，以推动服务质量的持续改进。港口还可以关注其他成功的邮轮港口和旅游目的地的最佳实践，并学习借鉴他们的经验和做法。

2.目标与指标

（1）游客满意度目标和指标

服务质量的核心是游客满意度，因此设定游客满意度的目标非常重要。可以通过定期进行游客满意度调查来了解游客对各方面服务的评价。游客满意度指标可以包括整体服务满意度、员工友好性、信息和导航服务、设施质量等方面。

（2）服务响应时间目标和指标

游客在港口可能需要各种服务，如询问、投诉、导向等。设置服务响应时间目标是确保游客得到及时帮助的重要因素。可以设定一些指标，如在多长时间内回应游客的询问、在多长时间内解决游客的问题等。

（3）投诉处理目标和指标

游客投诉的处理方式和效率直接关系到服务质量的提升。设定投诉处理目标和指标，如在多长时间内回复投诉、在多长时间内解决投诉等，能够帮助港口及时应对问题并提供满意的解决方案。

（4）设施维护目标和指标

港口的设施质量对游客的体验有着重要影响。设定设施维护目标和指标，如设施的整洁度、设施的运行状态等，并制定相应的维护计划和检查标准，以确保设施保持良好的工作状态和外观。

（5）员工培训目标和指标

员工是提供游客服务的重要资源，设定员工培训目标和指标可以确保他们具备必要的知识和技能。目标可以是员工的专业能力提升、客户服务技巧提升等。指标可以是培训覆盖率、培训后的绩效改进等。

（6）持续改进目标和指标

一个良好的服务质量管理体系需要不断进行改进。设定持续改进目标和指标，如每季度改进项目数量、改进计划的可持续性等，以确保邮轮港口游客服务质量持续提高。

3. 测量和评估

（1）游客满意度调查

游客满意度调查是了解游客对服务表现的评价的重要工具。可以设计一个包含多个指标的调查问卷，涉及服务质量、员工表现、设施状况等方面。调查问卷可以通过在线调查平台、填写表格等方式进行收集，并进行定期的分析和总结，以便发现需要改进的问题。

（2）投诉处理记录和分析

游客的投诉反映了他们对服务不满意的情况，投诉处理记录和分析可以帮助港口了解游客投诉的具体内容和原因。港口可以建立一个投诉管理系统，记录每个投诉的细节、处理过程和解决方案，并根据投诉的类型和频率进行分析，以找出潜在的问题和改进点。

（3）核心业务流程评估

游客服务涉及各种核心业务流程，如游客接待、信息提供、设施维护等。进行核心业务流程的评估可以帮助港口评价服务质量和效率。可以通过流程分析和时间测量等方法，评估每个业务流程的效果，并提出改进建议。

（4）随机访客观察和评估

随机访客观察和评估是一种直接观察和评估游客服务的方法。可以通过派遣那些不事先通知的员工或外部观察者来进行访客观察，并评估服务质量的各个方面。观察者可以注意员工的服务态度、信息提供的准确性、设施的维护情况等，并填写评估表格或评估报告。

（5）口头反馈和建议收集

游客在体验服务时可能会给出一些口头反馈和建议，港口可以设置一个反馈收集点或专门的接待窗口，定期收集游客的反馈和建议。这些口头反馈可以记录下来，并在后续的评估中进行整理和分析。

（6）同行比较和对标分析

可以与其他港口或同行进行比较，并进行对标分析，了解自身服务质量在行业中的位置和差距。可以通过参观其他港口、参加行业会议等方式进行学习和交流。

## 四、提升服务质量措施和策略

1. 个性化服务

（1）港口应鼓励员工将游客视为个体，并根据他们的需求和偏好提供个性化的服务。

(2)港口可以收集游客的偏好和特殊需求信息,并在游客到达港口时提供适当的关怀和服务。

2.提供多语言服务

(1)港口应提供多种语言的游客服务,以满足来自不同国家和地区的游客的需求。

(2)港口可以雇用会说多种语言的员工或提供翻译服务,确保游客能够顺利沟通和获得所需信息。

3.优化登船和离船流程

(1)港口可以采用现代技术和自助服务设备,如自助登船和离船机器、电子登机卡等,提高登船和离船流程的效率和便利性。

(2)港口应提供清晰的指示和指导,确保游客顺利完成登船和离船手续。

4.增加娱乐和文化活动

(1)港口可以将文化活动和娱乐节目纳入游客的行程安排中,以丰富游客的体验。

(2)港口可以组织当地特色的文化表演和体验活动,并提供相关的导游和讲解服务。

5.加强合作和沟通

(1)港口管理者应加强与邮轮公司、旅行社以及其他相关服务提供商的合作和沟通,共同提高游客的整体服务体验。

(2)港口应与邮轮公司共享游客信息,以便更好地了解游客的需求和偏好,并为他们提供更加个性化的服务。

6.保护环境和社会责任

(1)港口应关注环境保护和可持续发展,采取措施减少对海洋和周边环境的负面影响。

(2)港口可以提供环保教育和倡导活动,并鼓励游客参与海洋保护和社会责任项目。

**本章思考题:**

1.邮轮港口的邮轮旅客接待服务有哪些内容?

2.提高邮轮港口通关效率的方法有哪些?

3.邮轮港口服务如何提升邮轮游客满意度?

# 第八章　邮轮港口的重要经营职能管理

**本章导语**：邮轮港口作为邮轮旅游产业的重要一环,其运营效率和服务质量直接影响着乘客的旅行体验和行业的整体发展。在人力资源、市场营销与智能数字化这三个主要经营职能的协同作用下,邮轮港口能够实现更高水平的管理和服务,为游客提供更加安全、便捷和个性化的出行体验。首先,人力资源管理在这一过程中扮演着至关重要的角色,专业的员工队伍能够确保港口的顺畅运作和优质服务。其次,市场营销则负责推广邮轮和港口的特色,吸引更多游客前来体验独特的海上旅行。最后,智能数字化技术的应用,则为提升服务质量、优化资源配置和增强客户互动提供了强有力的支持。这三大职能是邮轮港口提升自身的竞争力的重要抓手,能使邮轮港在激烈的市场竞争中把握机遇,实现可持续发展。

## 第一节　邮轮港口的人力资源管理

人力资源管理,是指经营主体为了实现组织的战略目标,利用现代科学技术和管理理论,对不断获得的人力资源所进行的整合、奖酬、调控、开发诸环节的总和。其结果是提高组织的生产率和竞争力,同时,提高员工的工作生活质量和增加工作满意感。这一过程中,邮轮港口要能够充分利用先进的理念与技术,对相关的工作人员进行整合、奖酬、调控、开发。其目标是确保港口工作人员具备必要的技能和知识来处理与邮轮和旅客相关的工作。这包括船只操作、旅客服务、紧急情况准备和处理、工作时间安排和员工福利等方面的管理。综上所述,邮轮港口的人力资源管理是确保港口工作人员具备必要技能并进行有效人员管理的工作,以保证港口运营、邮轮维护和旅客的安全和满意度。

邮轮港口的人力资源管理包括港口工作分析、招聘和雇佣适合的员工、对员工进行培训和开发、管理员工薪酬、评估绩效与提供激励和劳资关系管理六项基本职能。这六项基本职能相辅相成,彼此互动,管理者以此来充分调动员工的积极性,建立良好的员工关系,有效沟通处理紧急情况和公关策略等。其结果是能够提高邮轮港口的生产率和竞争力,同时也能提高工作人员的工作满意度和生活质量。

### 一、工作分析

邮轮港口人力资源管理中的工作分析是指对某个特定工作职位的目的、任务或职责进行全面细致的研究和评估,以识别并确保所需的人员能够胜任特定工作岗位。这一职能的目标是理解各个岗位所需的技能、知识和经验,以确保招聘到适合的候选人、提供适当的培训和发展机会,并有效安排工作和管理绩效。

工作分析是一个系统性的过程,通常包括以下步骤:

(1)职位描述。这一步骤涉及详细描述特定职位的主要职责和任务。职位描述应包括职位名称、职责范围、关键职责、工作时间安排以及与其他岗位的沟通和协作要求等信息。

(2)岗位分析。在这一阶段,要了解所需的技能和能力。岗位分析可以通过观察现有员工、访谈工作人员、分析工作过程和记录员工的日常活动来进行。该过程需要检查工作任务列表、职位要求、工作方法和标准,以确定技能要求。

(3)技能和特征定义。通过和现有员工交流,从成功的员工那里获取信息,以确定培训和寻找合适人选所需的技能、特征和资质。这可能包括需要的学历、专业背景、工作经验、特定技能和能力等。

(4)工作评价。该阶段旨在确定岗位的价值和难度。它可以通过评估工作的关键要素,如知识要求、技能要求、工作环境和主要职责来实现。

(5)工作描述和说明。根据以上步骤的结果,制定详细的工作描述和说明,包括职位摘要、主要职责、任职资格和任职要求。这将成为招聘、培训和绩效评估的基础。

通过有效的工作分析,邮轮港口人力资源管理能够更好地了解各个职位的要求,并为招募、培训和职位需求匹配提供支持。这有助于确保招聘到合适的候选人,提高员工的工作表现,并促进整个团队的成功。

## 二、招聘和雇用

1. 招聘和雇用的程序

招聘与雇用职能旨在吸引、筛选和招募适合在邮轮港口工作的员工,确保港口团队拥有高素质的员工,具备所需的技能和经验,从而为船舶运营提供支持,同时,确保高质量的客户服务。以下是详细的招聘与雇用过程:

(1)职位需求分析。邮轮港口人力资源部门会与相关部门合作,通过与管理人员讨论和分析船舶运营过程中存在的职位需求,核实当前工作岗位的要求、预测未来的人力需求和构建合适的职位描述。

(2)岗位广告发布。招聘团队会根据职位需求在适当的渠道上发布岗位广告,如招聘网站、社交媒体平台等。广告应包含职位描述、任职要求、福利待遇和如何申请等信息。

(3)简历筛选。在收到求职申请后,招聘团队会对简历进行筛选,评估申请人的背景、经验和技能,以便选择最符合要求的候选人。

(4)面试。筛选后,合格的候选人将被邀请参加面试。面试可能包括电话面试、在线面试或面对面面试。面试的目的是进一步评估候选人的技能、经验、沟通能力和适应能力。

(5)背景调查和参考检查。在决定聘用某个候选人之前,邮轮港口人力资源部门通常会进行背景调查和参考检查,以核实候选人的资格和信用记录。

(6)聘用决策。招聘团队将根据面试表现、背景调查和参考检查的结果做出聘(试)用决策,并向选定的候选人发出聘(试)用通知,办理入职手续。

2. 招聘和雇用的渠道

邮轮港口员工的招聘与雇用渠道和方法的选择取决于公司的需求和战略目标。一个综合性的招聘策略,结合不同的渠道和方法,可以帮助邮轮港口公司吸引、筛选和雇用最适合的员工。通常邮轮港口使用的一些常用的渠道和方法有:

(1)招聘网站和在线平台。与其他行业一样,邮轮港口管理也可以利用各种招聘网站和在线平台来发布招聘信息。例如,国内的智联招聘、前程无忧等,国际上则有 LinkedIn 等。这些网站为企业提供了一个广泛的招聘渠道,使其能够接触到更多有意向的候选人。

(2)社交媒体平台。社交媒体平台,如 Facebook、抖音、推特等也成为吸引人才的重要渠道。通过在这些平台上发布招聘广告、分享工作文化和员工福利信息,邮轮港口公司可以吸引对邮轮业感兴趣的候选人。

(3)与大学和职业学校合作。与高等教育机构和职业学校建立合作关系,可以提供青年才俊的招聘渠道。邮轮港口公司可以参与校园招聘活动、举办专场讲座并提供实习和培训机会,以吸引有潜力的毕业生。

(4)内部推荐。内部员工推荐是一种常见的招聘渠道。邮轮港口公司可以设立奖励制度,鼓励员工推荐合适的人选,并通过内部推荐机制来筛选和招聘人才。

(5)职业介绍所和招聘会。参加职业介绍所和招聘会是与潜在员工进行面对面接触的好机会。邮轮港口公司可以积极参与行业相关的就业展会和招聘会,与求职者直接交流,并展示公司的特点和职位优势。

(6)使用行业专业媒体和期刊。通过在行业专业媒体和期刊上发布招聘广告和职位信息,可以吸引对邮轮行业有兴趣的专业人士。

(7)外包和猎头公司。有些时候,邮轮港口公司会将招聘工作外包给专业的人力资源公司或猎头公司。这些机构可以通过广泛的网络、资源和专业知识来筛选和招聘高素质的候选人。

(8)国际招聘。如果邮轮港口公司寻求国际员工,可以与国际公司和教育机构合作,招聘具有相关经验和语言能力的人员。

### 三、港口员工的培训与开发

1. 培训与开发的内容

港口员工培训与开发旨在通过制定培训计划、提供内部或外部培训机会、进行职业发展规划和监测绩效等方式,让港口员工得以不断提高职业素养,专业知识水平职业技能等,并为邮轮港口的持续发展做出贡献。港口员工培训与开发包含以下内容:

(1)培训需求分析。邮轮港口人力资源部门会与管理团队合作,了解目前和未来的培训需求。他们会根据邮轮港口管理的优先事项和战略目标,分析员工的技能缺口并确定培训需求。

(2)培训计划制订。根据培训需求分析的结果,制订全面的培训计划。计划中包括培训目标、培训内容、培训方式和培训时间表等。邮轮港口公司可以选择适当的培训形式,如内部培训、外部培训、在线培训或混合培训等。

(3)内部培训和开发。邮轮港口公司可以组织内部培训和开发活动,以增强员工的专业知识和技能。这可以包括定期的培训课程、研讨会、工作坊和内部导师计划等。内部培训和开发有助于员工在工作中不断学习和成长,提高其在港口管理中的表现。

(4)外部培训和专业认证。除了内部培训,邮轮港口公司还可以鼓励员工参加外部培训机会和专业认证项目。这可以通过与专业机构和培训机构合作,安排员工参加相关的课程和认证考试来实现。外部培训和认证可以帮助员工获得行业认可的知识和技能。

(5)职业发展规划。邮轮港口人力资源部门可以与员工进行个别职业发展规划的讨论,帮助他们制定长期职业目标,并提供相关的培训和发展资源。这有助于员工在邮轮港口管理中不断进步,并为他们的职业生涯做出规划。

国内外邮轮公司在港口员工培训与开发方面也有很多成功的案例。例如,一些公司会为新雇员提供全面的岗前培训计划,包括港口操作技能、安全培训和服务意识等。他们还可能为员工提供持续学习和职业发展的机会,如管理培训、交流项目和国际工作机会等。

**案例：**

### 迈阿密邮轮港口人员培训

迈阿密邮轮港员工培训主要包括以下几个方面：

（一）入职培训。新员工加入迈阿密邮轮港口,通常需要参加一个完整的入职培训计划。这个计划会涵盖港口的历史、背景、组织结构以及与其他部门和合作伙伴的合作关系。培训内容还包括工作职责、港口规章制度、安全规程等。

（二）安全培训。港口管理人员需要接受严格的安全培训,确保他们了解如何应对紧急情况,如火灾、港口事故等。这可能包括灭火器使用、急救措施、紧急疏散计划等。

（三）业务流程培训。港口管理人员需要了解邮轮业务的各个方面,包括登船手续、离船手续、行李处理、旅客引导等。他们需要了解邮轮公司的要求,确保港口服务与公司的标准相一致。

（四）客户服务培训。港口管理人员在与旅客、邮轮公司代表、其他港口合作伙伴互动时,需要具备优秀的客户服务技能。培训可能包括沟通技巧、问题解决、矛盾调解等。

（五）环境保护培训。部分港口管理人员可能需要接受环境保护培训,了解如何在邮轮操作中减少对环境的影响,包括废物处理、污水排放等。

（六）技术培训。随着技术的不断发展,港口管理人员可能需要了解并掌握一些港口管理和操作的技术工具,如港口管理软件、安全监控系统等。

（七）实地训练。培训还可能包括在实际港口环境中的实地训练,让管理人员熟悉港口的布局、设施和流程。他们可以观察和参与各项操作,从而更好地理解港口运营。

（八）定期更新培训。邮轮行业和港口运营都在不断变化,因此港口管理人员通常需要定期培训,以更新他们的知识和技能。

在不同港口的实际案例中,上述培训方法和内容可能会有所不同,但总体目标是确保港口管理人员能够高效、安全地管理邮轮业务。不同国家和港口也可能根据实际情况,调整和改进培训内容和方法。

2. 港口员工的职业生涯规划

由于邮轮行业的不断变化和发展,邮轮港口员工的职业生涯规划也需要具有灵活性和适应力。通过自我评估、寻找机会、培养技能和知识、借助导师和网络持续学习和发展,邮轮港口员工可以在职业生涯中取得成功并实现自己的目标。

（1）员工要进行自我评估和目标设定,对自己的兴趣、技能、价值观和职业目标进行全面的自我评估。可以思考自己在邮轮港口管理领域中所追求的职业发展方向,例如,是否希望成为管理人员、专业技术人员还是,从事特定领域的工作。然后设定明确的目标,为职业生涯规划奠定基础。

（2）邮轮港口员工可以积极寻找各种发展机会,以提高自己的职业竞争力。这可能包括参加内部培训和外部培训课程、参与专业组织和协会、担任重要项目的核心成员,争取有挑战性的任务和项目等。

（3）为了在邮轮港口管理领域取得成功,员工应该不断培养和发展必要的技能和知识。这可能包括技术技能、领导能力、团队合作、沟通和客户服务等。参与培训计划、工作经验积累和学习机会可以帮助员工提升自己的专业素养。

（4）邮轮港口员工可以寻找有经验和成功的导师，从他们那里获取指导和建议。导师可以帮助员工了解行业内的最佳实践、提供反馈和指导，并分享自己的职业经验。此外，员工还可以积极参与行业活动和社交活动，与行业内的专业人士建立联系和建立有价值的人际网络。

（5）邮轮港口管理是一个动态的行业，要适应变化，员工应保持持续学习和发展的心态。这可以通过定期更新自己的知识、参与行业研讨会和会议、阅读相关的专业书籍和期刊等方式来实现。保持敏锐的洞察力和主动学习的态度将有助于员工在职业生涯中保持竞争力。

3. 邮轮港口管理人员的培训

邮轮港口高层管理人员的培训内容通常更加专业和深入，旨在培养从事邮轮港口经营管理的精英人才，涵盖战略管理、领导力、危机应对等方面。每个港口和邮轮公司的培训方法可能会根据其特定需求和市场背景进行调整，实际情况可能因地区、公司文化等因素而有所不同。通常一个的邮轮港口高层管理人员培训主要有以下内容：

（1）领导力培训。高层管理人员在迪拜邮轮港口可能会接受定制的领导力培训，这包括团队领导、决策制定、战略规划等方面。培训可能由专业的领导力教练或顾问提供，帮助他们更好地发挥领导作用。

（2）战略管理。邮轮港口高层管理人员需要参与港口的长期战略规划。他们可能会接受关于战略分析、市场趋势预测、业务扩展等方面的培训，使港口保持竞争优势。

（3）危机管理。在不可预见的情况下，如自然灾害、安全事件等，高层管理人员需要能够及时、有效应对危机。他们可能会接受危机管理培训，学习如何制定和执行紧急应对计划，保护港口和旅客的安全。

（4）国际合作与外交。邮轮港口作为国际邮轮业务的重要节点，高层管理人员可能会接触到国际合作和外交事务。他们可能会接受跨文化沟通、外交技巧等方面的培训，以促进与不同国家和地区的合作。

（5）创新与科技应用。高层管理人员可能会参与港口的创新和科技应用决策，以提升港口的效率和客户体验。他们可能会接受关于数字化港口管理、物联网应用等方面的培训。

（6）可持续发展。港口的可持续发展在现代管理中越来越重要。高层管理人员可能会接受有关环境保护、社会责任等方面的培训，确保港口在经济、环境和社会层面都能取得平衡。

（7）高层论坛和研讨会。一些国际邮轮港口会定期举办高层管理人员的论坛和研讨会，提供一个交流经验、分享最佳实践的平台。这些活动可以帮助管理人员从全球范围获取见解和洞察。

（8）定期评估与提升。港口高层管理人员的培训是一个持续的过程。他们应定期进行自我评估，参与全方位反馈，以不断改进自己的领导力和管理能力。

## 四、薪酬管理

1. 邮轮港口劳动力特点

邮轮港口劳动力的特点包括多元化的员工群体，大规模的工作团队，强调服务质量，弹性的工作时间和地点以及团队合作和紧密合作。这些特点使国际邮轮港口能够提供高品质的服务，满足乘客的需求，并确保船只的安全和顺利运营。

（1）多元化的员工群体。国际邮轮港口通常吸引来自不同国家和文化背景的员工。这些员工可能拥有各种语言能力和技能,这使得港口能够提供多语种和专业化的服务。

(2)大规模的工作团队。国际邮轮港口往往需要组建庞大的工作团队来满足全球邮轮的在港服务需求。需要有效地协调和管理这些团队,确保船只的安全和顺利运营。

(3)强调服务质量。国际邮轮港口注重提供高品质的服务,以满足邮轮乘客对舒适和愉悦体验的需求。因此,雇用的员工需要具备良好的服务意识、沟通能力和专业素养,以提供优质的客户服务。

2. 邮轮港口员工的薪酬管理

基于邮轮港口劳动力的特点和邮轮行业的特殊性,薪酬管理需要考虑多个因素,如员工种类、供需关系、劳动力成本、国际差异、市场环境要求等。邮轮港口人力资源管理中的薪酬管理是确保员工薪酬公平合理,同时与公司业绩和员工绩效相匹配的关键环节。国内外邮轮港口薪酬管理实践包括:

(1)薪酬结构设计。邮轮港口通常会根据不同岗位的职责、技能要求和市场竞争情况设计薪酬结构。高层管理人员、技术人员、客户服务人员等不同类别的员工可能有不同的薪酬水平。薪酬结构应该合理分层,反映员工的职务层级和职责范围。

(2)绩效考核体系。邮轮港口的薪酬管理需要与绩效考核体系紧密结合。邮轮港口管理人员可以制定明确的绩效指标,如客户满意度、港口运营效率等,来评估员工的绩效表现。绩效考核结果可以直接影响员工的薪酬涨跌和奖金发放。

(3)奖金与激励计划。邮轮港口可以设立奖金与激励计划,以激励员工为港口的成功做出贡献。这可以包括季度奖金、年度奖金、绩效奖励等。奖金计划的设计应该考虑到员工的实际工作表现与港口业绩相符合。

(4)国际市场薪酬调研。鉴于邮轮港口通常涉及国际业务,薪酬水平可能受到不同国家和地区市场的影响。港口管理人员可以进行国际市场薪酬调研,了解类似岗位在其他港口或国家和地区的薪酬水平,从而确保薪酬在合理范围内。

(5)员工福利与福利平衡。除了直接的薪酬,邮轮港口还可以提供员工福利,如健康保险、休假制度、员工培训等。在薪酬管理中,需要平衡薪酬和福利,以满足员工的多样化需求。

(6)透明度与沟通。邮轮港口的薪酬管理应该保持透明度,向员工解释薪酬结构、绩效考核标准等。开展定期的沟通会议,解答员工对薪酬体系的疑问,增强员工对薪酬管理的理解和信任。

(7)法律合规性。特别要注意的是,不同国家和地区可能有不同的劳动法律和薪酬法规,港口管理人员需要确保薪酬管理符合当地法律合规要求,避免潜在的法律风险。

(8)持续改进与反馈。邮轮港口的薪酬管理是一个持续改进的过程。港口管理人员可以定期评估薪酬体系的有效性,收集员工的反馈意见,根据实际情况进行调整和改进。

### 五、绩效管理

1. 邮轮港口行业特点

邮轮港口的人力资源在某些方面具有一些特殊性,这些特殊性主要源于邮轮港口行业的特点和市场需求。其主要具有以下特点:

(1)季节性工作。邮轮港口的运营通常会有季节性变化,高峰期和淡季会带来不同的业务压力。因此,绩效管理需要考虑到这种季节性工作特点,可能需要在评估和奖励方面进行适当的调整。

（2）多样性的员工群体。邮轮港口涉及多样性的员工群体，包括不同国籍、文化和语言背景的员工。这可能会影响绩效评估和反馈的方式，需要灵活的方法来适应不同员工的需求。

（3）特殊的工作环境。邮轮港口工作环境可能与陆地上的工作环境不同，涉及海上运营、紧急情况等。绩效管理需要考虑员工在特殊环境下的工作表现，以及他们在应对突发情况时的能力。

（4）客户体验的重要性。邮轮港口通常以提供优质的客户体验为目标。因此，绩效管理需要强调客户满意度等客户体验相关的指标，以确保员工的工作能够直接影响旅客的满意度。

（5）团队合作。邮轮港口中，员工往往需要密切合作，协调各种任务和职责。绩效管理需要考虑员工在团队中的表现以及他们对整体港口运营的贡献。

（6）跨文化管理。邮轮港口涉及不同国家和文化背景的员工，涉及跨文化管理的挑战。绩效管理需要考虑到员工文化背景的差异，以确保评估和反馈的有效性。

（7）灵活性与适应性。邮轮港口业务可能因天气、航线变更等情况而出现突发变化。员工需要具备灵活性和适应性。绩效管理需要强调员工在不同情况下的表现，而不仅仅是固定的工作要求。

（8）职位多样性。邮轮港口包括各种各样的岗位，从港口管理人员到船员，从技术人员到客户服务人员。绩效管理需要根据不同岗位的性质和职责进行差异化处理。

综合而言，邮轮港口人力资源管理中的绩效管理需要适应行业特点，灵活运用绩效评估方法，确保员工的工作表现与邮轮港口业务的特殊需求相匹配。这些要求可以通过定期的培训、透明的沟通和灵活的绩效评估流程来实现。

2. 绩效管理的实施

在实际实施中，邮轮港口人力资源管理的绩效管理需要综合考虑行业特点、员工需求以及业务环境的变化。定制化的方法和策略可以确保绩效管理在邮轮港口的特殊情况下取得良好效果。以下是在实际实施中可以考虑的步骤和方法：

（1）制定针对性目标。考虑到季节性工作和多元化的员工群体，制定目标时应灵活设置，充分考虑港口的业务周期和员工的背景。目标应与港口的整体战略和客户体验要求相一致。

（2）制定绩效指标。设计绩效指标时，除了关注业务表现，还应重视客户满意度、团队协作等指标。绩效指标应涵盖客观量化和主观评价，以全面衡量员工绩效。

（3）灵活的绩效评估周期。鉴于业务的季节性变化，可以考虑将绩效评估周期与港口的高峰期和淡季相匹配。这有助于更准确地评估员工在不同业务情况下的绩效。

（4）多元化的绩效评价方法。除了直接上级的评估外，应采用全方位反馈方法，融合同事、下属和客户的意见，以获取更全面的绩效评价。

（5）特殊环境的考虑。在绩效评估中，应考虑员工在特殊环境下的工作表现，如应对突发情况的能力。这可以通过模拟演练、紧急情况的应对能力等方面来评估。

（6）奖励与激励策略。考虑到多样性的员工群体，奖励与激励策略应具有灵活性。可能需要针对不同国家或文化背景制订不同的奖励机制，以激励员工为港口成功做出贡献。

（7）培训与发展计划。基于绩效评估的结果，制订针对性的培训和发展计划，帮助员工提升在多样化岗位和特殊环境下的工作能力。

（8）持续改进和透明沟通。定期审查绩效管理流程，根据员工反馈和实际情况进行调整和改进。透明沟通对于员工理解绩效管理流程和结果至关重要。

（9）考虑跨文化差异。在实施绩效管理过程中，要考虑员工不同的文化背景和习惯，以确保评估和评价的有效性和公平性。

### 六、劳资关系管理

1.邮轮港口劳资关系的概念

劳资关系,也称为劳工关系、劳资关系系统,指的是劳动者(员工)和用人单位(雇主、公司、组织等)之间在工作场所中的相互关系。它涵盖了劳动者与用人单位之间的权利、义务、沟通、合作以及争议解决等方面的内容。劳资关系管理旨在建立和维护良好的工作环境,以实现员工的满意度、生产力提升和组织的成功。邮轮港口劳资关系受到国际法规和国家法律的双重影响,需要综合考虑海员的特殊环境和港口员工的工作需求。实际情况中可能还需要结合当地法律体系和港口的具体业务情况来调整劳资关系。

(1)邮轮港口劳资关系构成要素

①劳动者(员工)。包括从事客户服务、船舶运营、安全监督等各种职位的员工,涵盖船员和港口运营人员。

②用人单位。邮轮港口的管理机构,负责员工的雇佣、薪酬支付以及港口运营的各项工作。

③劳动合同和船员合同。劳动合同适用于港口岸上人员,而船员合同适用于邮轮上的船员,规定了双方的权利和义务。

④劳资协议。在港口运营中,可能存在针对特定业务情况的劳资协议,如紧急情况应对、季节性工作等。

(2)邮轮港口劳动者的权利和义务

①权利。船员和港口岸上员工都享有工作时间、休息休假、安全健康等基本权利。船员还享有船上生活条件的保障。

②义务。船员需要按照船员合同的规定履行职责,参与船上的日常运营和安全措施。港口员工需要履行港口运营的职责,确保港口的安全和顺利运营。

(3)邮轮港口用人单位的权利和义务

①权利。用人单位有权安排船员的工作轮班、岗位任务,对港口员工进行管理和调配。

②义务。用人单位需要提供良好的工作条件和环境,支付合理的工资、福利待遇,确保员工安全和舒适。

(4)调整劳资关系的法律依据

①国际海事组织(IMO)法规。对船员劳动权益和条件进行规范,确保他们的生活和工作环境达到国际标准。

②国家劳动法律法规。不同国家有不同的劳动法律法规,涉及船员和港口员工的权利和义务。

③国际劳工组织(ILO)公约。ILO发布的一些公约涉及海员工作条件和权益的保护,为调整劳资关系提供依据。

④船员合同和劳动合同法规。船员合同应遵循当地法规,确保合同内容符合法律要求。劳动合同法规规定陆地岗位员工的权益。

2.劳资关系管理的内容

在邮轮港口中,劳资关系管理涵盖了船员和港口员工的权益保障、工作条件、薪酬、安全健康等多个方面。有效的劳资关系管理有助于确保工作环境的和谐和员工满意度的提升,进而促进港口业务的顺利开展。以下是针对邮轮港口的劳资关系管理的具体内容：

（1）船员合同管理。管理船员合同是至关重要的一环。船员合同应明确船员的职责、工作时间、薪酬、福利、休假等细节。同时，船员合同应遵循国际海事组织（IMO）和国际劳工组织（ILO）的相关规定，确保船员权益得到充分保障。

（2）工时和休假管理。对于邮轮上的船员，工作时间和休假管理尤为重要，以避免过度疲劳和保障船员健康。管理工时应符合国际劳工组织的相关规定，确保船员得到适当的休息和休假时间。

（3）安全和健康保障。在邮轮港口劳资关系管理中，确保船员和港口员工的安全和健康是首要任务。用人单位需要提供安全培训、紧急情况应对计划，确保工作环境符合国际安全标准。

（4）劳资协商与谈判。如有员工代表组织，可以与用人单位进行协商和谈判，就劳动条件、薪酬待遇等问题进行沟通。这有助于解决争议和维护员工权益。

（5）争议解决机制。建立争议解决机制，确保员工和用人单位能够有效解决劳动纠纷。这可以包括内部仲裁、调解，也可以涉及外部法律程序。

（6）船员离职和港口员工流动。管理船员的离职和港口员工的流动，包括退出程序、资料整理等，确保员工的离职过程顺利。

（7）国际法规遵守。邮轮港口劳资关系管理需要遵循国际海事组织（IMO）和国际劳工组织（ILO）的相关法规，保障船员和港口员工的权益。

## 第二节　邮轮港口的市场营销

市场营销的 4P 理论包含了产品（Product）、价格（Price）、推广（Promotion）和渠道（Place）4 个组成部分，邮轮港口的市场营销可以围绕着这 4 个部分展开。

### 一、邮轮港口的产品策略

邮轮港口的产品不仅仅是一个供邮轮船只停靠的地方，还包括旅客上下船的服务、港口设施使用、岸上旅游项目、等候区域的舒适度以及其他附加服务。随着全球邮轮港口的不断增加，竞争加剧，邮轮港口不得不通过完善港口的软硬件设施，提高产品竞争力。

邮轮港口要具备现代化的港口设施，包括宽敞的候船厅、休息区域、商务中心等。港口一般会提供额外服务，如免费 Wi-Fi、行李处理、货币兑换、旅游咨询等。邮轮港口要不断完善与附近机场、铁路站或公路网络之间的便捷连接。港口一般会提供地面交通服务，如班车、租车服务、公共交通接驳等。邮轮港口还要提升安全和卫生措施，以及安全管理和应急准备能力。

此外，港口还可以举办会议、研讨会、企业活动等，或者在淡季举办海洋主题会展和影视录制。一方面这是港口运营的新的产品形式，用以增加营收，另一方面可以提高港口的知名度和吸引力。

### 二、邮轮港口的价格策略

价格策略需要根据港口的服务质量、设施标准和地理位置来决定。价格需要反映出港口提供的价值，同时也要考虑到竞争对手的价格水平。邮轮港口可以通过差异化定价策略吸引不同类型的邮轮公司，例如，为母港邮轮公司或长期合作伙伴提供优惠价格、季节性的价格调整等。

随着港口竞争的加剧,邮轮港口吸引邮轮靠泊的一个最大吸引力就是港口服务价格,应在港口行政收费方面给予母港邮轮和访问港邮轮差异化的定价,母港邮轮价格应低于访问港邮轮价格,因为母港邮轮可以为港口带来更多的游客消费和船供等综合收益。

### 三、邮轮港口的推广策略

推广是提高邮轮港口知名度和吸引力的关键。港口可以通过各种营销和广告活动来推广其品牌和服务,比如参与国际旅游展,在邮轮行业杂志和网站上投放广告,社交媒体营销,通过公共关系活动、口碑营销等途径与潜在客户建立联系。此外,港口还可以与邮轮公司合作,共同开展营销推广活动,以及促进通过旅行社和旅游运营商的销售。

具体来说,港口可与邮轮公司合作推出岸上观光和活动套餐。在特定事件或季节时开展折扣和促销活动。与本地商家、艺术家、手工艺人等合作,推广当地产品和艺术品,为乘客提供独特的纪念品购物体验。宣传港口在海关清关、签证手续等方面的简化政策,以减少游客的等待时间和提高体验。进行数字营销,使用社交媒体、线上广告、邮件营销等数字工具,提升港口品牌的在线可见度和吸引力。突出港口的环保和可持续发展实践,包括在港口运营中采用的节能措施、海洋保护项目等。

### 四、邮轮港口渠道策略

邮轮港口的渠道策略主要有两个面向,一个是针对邮轮公司的面向渠道,建立直接或者间接渠道招来邮轮公司的船舶停靠;另一个是针对邮轮游客的面向渠道,主要是吸引更多游客进出港或以此港口为旅游目的地。

针对邮轮公司的营销渠道,直接渠道可以积极向各大邮轮公司公关,争取签订母港或访问港长期协议,增加港口邮轮靠泊量;间接渠道可以与其他港口组建战略联盟,签订互为母港议或者访问港航线协作协议,通过港口联盟方式增加与邮轮公司的销售机会,建立间接销售渠道。

针对邮轮游客的营销渠道,直接渠道是建立官方网站和官方社交媒体平台,通过这些渠道与现有和潜在客户进行互动和服务预定,一个效果好的预订系统可以提高港口的销售渠道效率,为旅客提供便利;间接渠道是与旅行社、航空公司、地方政府等建立战略合作伙伴关系,联合推广和销售邮轮船票。

## 第三节 邮轮港口的数字化管理

### 一、数字化管理的内涵

随着邮轮港口服务的拓展,现代化的港口作业以及日益复杂的邮轮港口运营,传统的人工处理方式在管理上变得越发困难。现如今,海量的数据随着客流而来,这些数据的开发利用已不再适用于传统的处理方法。通过运用计算机信息系统来处理进出港口的数据已经成为港口管理者和经营者的趋势。在中国,港口计算机信息系统的应用始于20世纪80年代,最新的研究论文表明,经过数十年的发展,诸如客户信息查询系统、行李跟踪系统等先进的计算机信息系统在中国的港口中发挥着至关重要的作用。

随着全球邮轮产业的快速发展,邮轮港口的数字化转型变得尤为迫切。国内一些著名港口城市，如上海、广州等已经启动了数字化转型的尝试，同时国际上的新加坡、迈阿密等港口也充分利用数字技术来提升运营效率。数字化系统的运用使港口能够高效地调度资源、管理船舶和处理货物，从而提高吞吐效率并降低成本。与此同时，数字化转型还能够为旅客提供更加便捷的预订方式和卓越的体验，提升客户满意度。此外，数据分析和决策支持技术使港口能够更加精确地预测市场需求，并能够及时调整战略。在全球邮轮行业竞争日益激烈的背景下，数字化转型不仅赋予港口业务新的活力，还成为实现可持续发展、适应市场变化的关键一步。

## 二、数字化管理的内容

邮轮港口的数字化管理是指利用现代信息技术，对港口的各项业务、流程和资源进行集成、数字化、智能化管理，以提高效率、降低成本、提升客户体验。以下是结合国内外邮轮港口管理教材的内容，对邮轮港口的信息化管理进行的介绍：

(1) 智能预订和安排。利用信息化系统，邮轮港口可以实现在线预订和排程，包括船只的靠港时间、客户服务、货物装卸等。这有助于提高资源利用效率，减少等待时间。

(2) 数字化客户体验。通过移动应用、网站等渠道，旅客可以提前了解港口信息、安全须知、旅行指南等，提升客户体验。港口管理可以通过信息化系统实时了解客户需求和反馈，优化服务。

(3) 船舶管理和维护。信息化管理系统可以帮助港口监测船舶的状态、维护需求、保养计划等。这有助于确保船舶的正常运营和维护，提高运营效率。

(4) 安全管理。信息化系统可以监测港口的安全状况，实时掌握安全事件和突发状况，帮助港口管理做出快速响应，保障人员和资产安全。

(5) 货物和设备跟踪。利用信息化系统，可以实现对货物和设备的跟踪，确保货物的准时到达和出发。同时，港口管理可以根据数据进行资源调配，提高效率。

(6) 数据分析与决策支持。信息化管理系统收集了大量数据，可以通过数据分析为港口管理提供决策支持。这有助于优化港口运营、预测需求、制定战略等。

(7) 合规与监管。信息化管理可以帮助港口遵循国际、国内的法规和监管要求，确保业务合规性，减少风险。

(8) 人力资源管理。信息化系统可以用于员工管理、排班、培训记录等，提高人力资源的有效利用。

国内外的邮轮港口管理目前非常强调信息化管理在提升港口运营效率和客户体验方面的重要作用。一些成功案例，如迈阿密港口、新加坡港口等，都应用先进的信息化系统，极大地提升了港口的竞争力和服务水平。信息化管理的成功需要整合多个领域的知识，包括信息技术、物流、管理等，以实现港口的数字化转型。

**本章思考题：**

1. 请分析邮轮港口的人力资源管理的特殊性？
2. 邮轮港口如何有效地开展促销？
3. 邮轮港口的产品设计可包含哪些内容？
4. 邮轮港口的数字化管理的内涵是什么？
5. 人工智能的发展对邮轮港口数字化管理有哪些影响？

# 第九章 邮轮港口的发展战略与建设规划

**本章导语**：邮轮港口经济正日益成为主要邮轮旅游国家经济发展的重要引擎之一，因此，邮轮港口的发展战略和建设规划显得尤为重要。如何从战略层面进行邮轮港口发展的顶层设计，提升港口的服务能力，优化基础设施，增强通航能力，同时确保可持续发展，成为港口规划与管理者面临的挑战。邮轮港口的发展战略，在提升区域经济、促进旅游业和推动地方文化复兴方面具有重要作用，必须做好相关政策制定、项目建设规划和实施，才能保障邮轮港口的健康发展。

## 第一节 邮轮港口发展战略的概念

### 一、邮轮港口发展战略的理念

战略的概念源于军事，主要涉及目标设定、设计计划和资源配置等方面，用于在不确定的情况下做出最佳决策。它是一个长远、全面和整体的概念，以提升一个组织或国家的价值和竞争优势。好的战略可以帮助一个组织理解并回应环境变化，从而达到其目标或愿景。

当今社会，战略的概念已经从军事领域扩展到了其他领域，如商业、政策制定、教育、环境保护等。在商业领域，战略规划帮助企业在竞争激烈的市场中设定目标和制订行动方案；在政策制定中，政策制定者通过战略考虑如何分配资源以实现公共目标；在教育领域，教育战略可以指导学校如何有效地提高学生的学习成果；在环保领域，环保战略则注重如何通过资源管理和保护环境来实现可持续发展。

邮轮港口发展战略是邮轮行业中的一个重要领域。这种战略关注如何提升港口的服务质量、改善基础设施、推广旅游产品等，以吸引更多的邮轮公司和游客，促进邮轮港整体管理水平和区域经济的发展。在制定这样的战略时，需要考虑很多因素，比如地理位置、环境保护、当地文化和经济环境等。邮轮港口发展战略的目标是创建一个对所有利益相关者，包括邮轮公司、游客、当地社区和环境等都有益的港口生态区。

1. 邮轮港口发展战略的内容

(1) 邮轮港口发展战略的指导思想

邮轮港口发展战略的指导思想是以提升客户体验为中心，通过提供高效、安全、舒适的服务，吸引更多游客和船只的停靠。战略目标包括建设先进的基础设施，提升服务体验，实现可持续发展，建立合作伙伴关系，积极进行市场营销和推广活动。港口管理者致力于创造独特的邮轮停靠体验,促进旅游经济的发展,提升港口的竞争力和吸引力,成为热门的邮轮目的地。

(2)邮轮港口发展的内容

邮轮港口发展的内容涵盖了基础设施发展、合作伙伴关系、游客体验提升和环保可持续发展等方面。港口需要进行基础设施建设,以提供更好的停靠和上下客条件。与船运公司、旅行社、地方政府和相关机构建立合作伙伴关系是重要的一环,以提供更好的服务并推广邮轮旅游。为了吸引更多的游客和邮轮公司选择该港口作为停靠地,港口可以提供更多的旅游活动、购物场所和餐饮选择等,以提高游客的满意度和游客体验。在邮轮港口发展战略中,环保可持续发展也是一个重要的考虑因素,港口可以采取使用低碳燃料、回收利用废物等措施,以减少邮轮对环境的影响并实现可持续发展。

(3)邮轮港口发展战略的实施步骤

邮轮港口发展战略的实施包括多个步骤。首先,对现有港口进行评估,了解基础设施、服务水平和市场竞争情况。其次,设定长期和短期目标,制定策略和行动计划。港口需要改善基础设施,满足邮轮游客和邮轮船舶的需求,并提升服务体验。再次,制定可持续发展战略,保护环境、合理利用资源,并与各方建立合作关系。最后,积极进行市场推广活动,提高港口的知名度和吸引力,成为热门的邮轮目的地。通过这些步骤的实施,港口可以吸引更多游客和船只停靠,实现可持续发展并增强竞争力。

2. 邮轮港口战略发展的基本特征

邮轮港口发展战略的目标是吸引更多的游客和船只停靠,提升港口的竞争力和吸引力,进而促进旅游经济的发展。具体而言,邮轮港口发展战略包括以下方面。

(1)客户体验导向

邮轮港口要关注游客的需求和期望,以提供特色化的服务。除了基本的客运终端设施外,港口可以通过定制化的行程安排来满足游客的不同需求。例如,提供多样化的旅游线路选择,以适应不同游客的兴趣和喜好包括但不限于文化参观、冒险探险、水上活动、自然观察等。邮轮港口还可以提供多样化的娱乐活动,以丰富游客在港口停留期间的体验。这可能包括文艺表演、音乐会、主题派对、体育活动等。通过在港口提供丰富多样的娱乐选择,游客可以在乘船之外的时间里享受愉快而充实的时光。

(2)基础设施建设

在基础设施建设方面,港口管理者需要考虑船只的规模和需求,以确保码头和客运终端可以容纳大型邮轮,并提供高效的登船和离船流程。这可能包括建设具备足够的长、宽和稳定的码头,配置船舶靠泊设备和通行设施,以确保安全和便利的船舶进出港口。此外,客运终端还需要提供充足的候车区、登记台、行李托运和安全检查设施,以便顺利地进行乘船手续办理。除了码头和客运终端,停车设施也是一个需要考虑的问题。港口可以建设充足的停车场,以便游客可以方便地停放自己的车辆。这样可以减少游客在乘船之前和之后的交通困扰,提供更便利的旅行体验。

(3)可持续发展

首先,考虑使用清洁能源。港口可以推动绿色能源的使用,例如,使用太阳能、风能或其他可再生能源来供电,减少对传统能源的依赖。这有助于降低港口的碳足迹,减少对环境的影响。其次,减少排放和废物产生。港口管理者可以促使船舶在停靠期间使用岸电,而不是使用船舶自身的发电机组,从而减少大气污染物的排放。再次,港口还可以建立废水和污水处理设施,确保排放的水质符合环保标准。最后,要加强垃圾分类和回收工作,鼓励船员和乘客积极参与,减少港口产生的垃圾量并加强资源回收利用。

(4)合作伙伴关系

与各方建立合作伙伴关系对于港口的成功至关重要。首先,与邮轮运营商的合作可以增加船只停靠量,吸引更多的邮轮旅客。港口管理者可以与邮轮运营商签订协议,提供良好的停泊条件和服务,并吸引他们选择该港口作为重要的停靠地点。这种合作可以带来更多的航次和游客流量,促进港口的发展和经济增长。

其次,与旅游机构的合作可以增加游客数量。港口管理者可以与旅游机构合作,共同推广邮轮旅游,同时开展营销活动,吸引更多的游客选择邮轮旅游。这包括合作开展促销活动、制订旅游套餐、共享市场资源等。通过与旅游机构的合作,港口可以增加游客流量,提升港口的知名度和吸引力。

(5)市场推广活动

港口管理者可以通过积极的市场推广和营销活动,提高港口的知名度和吸引力。这可以包括推出特别优惠,如折扣票价、免费升级或其他优惠服务,以吸引更多游客选择该港口作为邮轮目的地。港口管理者还可以举办各种营销活动,如邮轮展览、主题活动、邮轮旅游嘉年华等,吸引更多的游客参与和了解该港口的优势和特色。此外,参加旅游展会和行业研讨会也是提高港口知名度和宣传力度的有效途径。通过与旅游业界和媒体合作,港口管理者可以在各种展会和活动中展示港口的特色和优势,与潜在客户建立联系,并吸引更多的目光。

## 第二节　邮轮港口发展战略的制定

邮轮港口发展战略的制定是一个关键的过程,它为港口管理者提供了指导和蓝图,以确保港口的可持续发展和成功。

### 一、邮轮港口发展战略的分类

1. 纵向一体化战略

港口的纵向一体化战略是指港口管理部门与邮轮公司和相关旅游产业进行合作,实现港口与邮轮产业链上下游的紧密衔接和协同发展。这种战略的目标是提高港口的综合服务能力,推动邮轮旅游产业的发展。

在纵向一体化战略中,港口管理部门会与各个环节的利益相关方进行合作,包括邮轮公司、旅行社、酒店、交通运输等。港口可以与邮轮公司签订长期合作协议,吸引更多的邮轮来港口停靠,并促进邮轮公司在当地的业务扩展。与旅行社和酒店的合作可以提供更便利的旅游套餐,吸引更多游客选择邮轮旅游。与交通运输部门的合作可以提供更便捷的交通网络,方便游客到达和离开港口。

纵向一体化战略还包括港口的物流和供应链管理。港口可以与货运公司合作,提供高效的货物运输服务,满足邮轮运营的需求。同时,港口还可以与餐饮供应商、娱乐设施提供商等进行合作,提供优质的服务和设施。通过纵向一体化战略,港口可以提高客户满意度,增加市场份额,提升竞争力。同时,也可以促进当地经济发展,增加就业机会,推动旅游业的可持续发展。

2. 横向一体化战略

邮轮港口的横向一体化战略是指港口管理部门与其他港口之间进行合作,实现交流、共享资源和协同发展。这种战略旨在推动邮轮港口之间的合作与竞争,提高整个行业的发展水平。在横向一体化战略中,港口之间可以进行信息共享和技术合作,通过交流经验和最佳实践来提高港口管理水平。港口管理部门可以共同开展市场营销活动,联合参展国际邮轮展会,互相推介,并共同制定行业标准和规范,两个港口之间还可以建立互为母港的协议共同开发邮轮航线。

邮轮港口横向一体化战略的一种具体体现还可以是邮轮港口的港口并购重组。比如一家大型的邮轮港口运营公司并购几家小型的港口公司组成更大规模的邮轮港口集团,使得各个港口之间形成协同发展,统一设计航线线路,形成规模优势。

港口之间还可以合作解决共同面临的挑战和问题,如海上安全、环境保护、航线规划等。通过共同制定政策和规划,港口可以形成合力,提高整个邮轮港口行业的整体竞争力。横向一体化战略还可以促进邮轮港口之间的合作发展。例如,港口可以联合开展多港旅游线路,提供更多选择给游客。港口之间也可以共同开展市场推广活动,共同吸引更多的邮轮和游客来到该地区。

邮轮港口的横向一体化战略可以促进港口之间的合作与竞争,提高整个行业的发展水平。通过共享资源和经验,港口可以共同应对挑战,实现共同发展和繁荣。

### 3. 多元化战略

邮轮港口的多元化战略是指港口管理部门采取多种措施和策略,以满足不同邮轮公司和游客的需求,提供多样化的服务和体验。这种战略的目标是增强港口的竞争力,吸引更多的邮轮和游客。在多元化战略中,港口可以提供多样化的服务设施,满足不同邮轮公司的要求。例如,港口可以建设多个码头,以适应不同尺寸和类型的邮轮停靠;港口也可以提供不同档次的停泊服务,从经济型到豪华型,以满足不同邮轮公司和游客的需求;除了提供从超大型邮轮到小型邮轮的靠泊外,邮轮港港口还可以建设小型码头和临时可拆卸移动靠泊平台,为游艇和游船提供靠泊服务,满足"三游"多元服务业务。

港口还可以提供丰富多样的旅游资源和景点。通过开发和规划多个旅游线路,港口可以提供各种不同的行程选择,满足不同游客的喜好和需求。这包括文化遗产、自然景观、购物和娱乐等方面的多元化体验。多元化战略还包括与不同市场和目标群体进行定位和合作。港口可以与各地旅行社、线上旅游平台等进行合作,通过市场推广吸引不同地区和国家的游客。港口也可以与不同邮轮公司合作,打造特色邮轮航线,满足不同游客群体的需求。

邮轮港口还可以利用自身优势开展邮轮游艇和海洋旅游等高端会展业务,打造港口IP,推出影视拍摄业务,增加帆船水上运动赛事互动以及基于免税店的国外商品购物节等多元创收业务。

通过实施多元化战略,港口可以提供个性化和全方位的服务,满足不同游客和邮轮公司的需求,同时满足港口城市消费群体的需求,增强竞争力,提升市场份额。同时,多元化战略还可以推动当地旅游业的发展和经济增长,促进邮轮港口的可持续发展。

### 4. 其他战略

邮轮港口发展战略可以有多个分类,这些分类基于港口的规模、地理位置以及所追求的发展目标,比如促销战略、差异化战略和生态战略等。

根据港口所处的地理位置,可以将邮轮港口发展战略分为本地市场发展战略、国内游客发展战略和国际游客发展战略。本地市场发展战略主要着眼于吸引本地居民成为邮轮旅游的消费者。港口可以采取积极的推广措施,如与当地居民社区进行合作,推出市民日活动,举办邮轮嘉年华,以及提供特别优惠和奖励计划,鼓励本地居民选择在港口乘坐邮轮。国内游客发展战略侧重于吸引国内游客。港口可与旅行社、航空公司等合作,推出特别的旅游套餐和服务,并加强市场推广活动,如在全国范围内进行宣传推广,参展旅游展览会,通过电子媒体和社交媒体平台推广港口的旅游资源和邮轮旅游体验。国际游客发展战略致力于吸引来自其他国家和地区的游客。港口可能参与国际旅游展览会,并与国际邮轮公司建立合作关系,开通直航航线,提供简化签证手续等,以吸引更多的国际游客选择该港口作为出发地或目的地。

根据港口的规模和容量,可以将邮轮港口发展战略分为大型港口发展战略和小型港口发展战略。大型港口发展战略主要旨在吸引大型邮轮和处理大量游客流量。这些港口通常需要拥有充足的停靠空间,现代化的码头设施以及高效的物流和客运系统。为了扩展港口规模,港口管理机构可能会进行港口设施扩建,增加泊位数量,提高港口设施的处理能力。另外,大型港口也需要增加配套设施和服务,如酒店、购物中心、餐厅等,以满足大量游客的需求。小型港口发展战略则更注重提供个性化和精品化的邮轮体验。这些港口可能位于独特的旅游目的地,如小岛度假胜地、沿海风光区或历史文化遗产区域。为了吸引游客,港口可能提供更具特色和独特性的旅游活动和行程,如文化探索、生态旅游、冒险探险等。此外,小型港口也可以与小型豪华邮轮公司合作,提供高品质、高服务水平的旅行体验,吸引追求舒适性和私密性的游客。

## 二、邮轮港口发展战略制定的重要意义

近年来,伴随着我国国民经济的快速增长和经济全球化的加速,沿海港口的发展取得了明显的进展。同时,港口管理体制和经营模式也发生了重大转变。尤其是在实施政企分开政策的背景下,港口企业开始以自主经营、自负盈亏的市场主体身份独立参与市场经营和竞争。在这种背景下,邮轮港口的发展具有重要意义,主要体现在以下几个方面:

1. 促进地方经济发展

邮轮港口的发展能够为经济增长注入新的动力。随着我国经济的快速发展和人民生活水平的提高,国内旅游消费需求不断增加。邮轮旅游作为一种新兴的旅游方式备受青睐,因其独特的魅力和丰富的旅游体验而深受游客喜爱。通过发展邮轮港口,可以吸引更多国内外游客来到港口所在地城市。随着国内旅游消费的不断增长,越来越多的游客选择邮轮旅游作为他们的出行方式。发展邮轮港口将提供更多邮轮停靠和配套服务设施,满足游客对于舒适、便捷和多样化旅游体验的需求。邮轮旅游产业的发展还将促进消费增长,为当地经济带来稳定的旅游收入。游客在邮轮旅游过程中不仅会消费邮轮船票和旅游服务,还会带动港口周边酒店住宿、餐饮、购物等消费。这将促进当地服务业的发展,创造更多的就业机会,并为当地经济注入新的活力。

2. 提升地方形象和知名度

发展邮轮港口对于提升我国的国际形象和吸引外国游客具有重要意义。随着经济全球化的深入推进,我国在国际舞台上的地位和影响力不断提升。发展邮轮港口能够打造具有国际影响力的旅游目的地,提供高质量的旅游产品和服务,吸引更多外国游客来华旅游。

发展邮轮港口可以提升我国在全球旅游市场中的竞争力。随着国际旅游的开放和需求的增加,旅游业面临国际市场的竞争。通过发展邮轮港口,我国可以打造具有国际知名度和吸引力的旅游目的地,吸引更多外国游客前来旅游。提供高质量的旅游产品和服务,为游客提供丰富多样的旅游体验,从而提升我国在全球旅游市场中的竞争力。同时,发展邮轮港口可以加强

我国与其他国家的人文交流和文化互动。邮轮旅游作为一种特殊的旅游方式，游客可以在航行过程中与不同国家的人民交流和互动。当游客选择我国的邮轮港口作为停靠点，他们将有机会参观我国港口城市的景点和体验当地的文化风情。这将促进不同文化之间的交流与理解，加深彼此的友谊和合作。

  3.增强地方旅游业竞争力

  邮轮港口发展战略的制定可以提高地方旅游业的竞争力，从而吸引更多游客选择在该港口开始或结束邮轮旅行。港口可以通过提供多样化和个性化的旅游产品和服务来与其他竞争对手错位竞争。这意味着港口可以开发独特的旅游线路和主题旅游项目，满足不同游客的需求和兴趣。例如，根据当地的地理、历史和文化特色，设计与之相关的旅游活动和景点参观路线，为游客提供独特而丰富的旅游体验。港口还可以合作开展餐饮、购物、娱乐等配套服务，为游客提供全方位的有当地特色的旅游体验。同时，提高游客满意度可以吸引更多邮轮公司与港口合作。邮轮公司通常会选择与口碑好、服务优质的港口进行合作，确保游客在邮轮旅行中获得良好的体验。通过制定合适的发展战略，港口可以提供高质量的服务和设施，满足游客的需求，提高游客的满意度。这将有助于吸引更多的邮轮公司与港口合作，增加邮轮的停靠次数，扩大邮轮旅游的市场份额。

  4.促进城市和地区的可持续发展

  邮轮港口发展战略应当注重可持续性，即在保护环境和社会责任方面做出努力。港口管理机构可以与当地政府、社区以及利益相关方合作，制定并执行环保政策和措施，以推动旅游可持续发展。

  在保护环境方面，港口可以采取多项举措。一方面，港口管理机构可以优化港口设施和运营，以减少对生态环境的影响。这包括合理规划港口建设，避免破坏自然景观和生态系统，同时提高能源利用效率，减少能源消耗和排放量。另一方面，港口可以要求邮轮公司遵守环保标准和最佳实践，包括控制废水和废气排放，妥善处理垃圾和污水以及使用环保技术和设备。还可以推广利用可再生能源，如太阳能和风能等，减少对传统能源的依赖。

  在社会责任方面，港口可以与当地社区合作，共同推动发展可持续旅游。一方面，港口管理机构可以支持社区教育和培训项目，提高当地居民的旅游从业能力和意识。另一方面，港口可以与当地文化遗产保护组织合作，保护和传承当地独特的文化遗产。这包括保护历史建筑、文物和传统工艺，推广当地民俗文化和艺术表演，为游客提供丰富多样的文化体验。此外，港口还可以提供就业机会和公平待遇，确保当地居民从旅游业发展中获益并参与其中。

  制定并执行可持续发展战略将为长期的经济增长和社会繁荣奠定基础。通过注重环境保护和社会责任，港口能够吸引更多游客选择支持可持续旅游，提升港口的声誉和吸引力。同时，在可持续发展的推动下，港口可以实现更稳定、更长期的经济增长。这也为当地社区提供了更多就业机会、创业机会和收入来源，促进社会的繁荣与进步。

## 三、邮轮港口发展战略的研究思路和技术路线

  邮轮港口发展战略的研究思路主要包括了解邮轮行业的需求、地域和市场的分析、评估邮轮港口及其相关基础设施的发展潜力和限制、规划可持续和适应性的邮轮港口发展策略。技术路线主要是采用市场研究、数据分析、GIS分析和预测模型等工具，以获取深入和准确的见解，优化邮轮港口布局，提高港口效率，同时尽可能地减少对环境的影响，为创建一个可持续的邮轮港口战略发展模式提供指导和参考。

1. 研究思路

邮轮港口发展战略的研究思路主要涵盖以下几个方面：

(1) 市场调研

首先需要了解邮轮旅游行业的发展趋势和市场需求。研究人员可以调查目前最受欢迎的邮轮旅游目的地、邮轮公司的运营情况以及旅客对不同港口的需求。

(2) 港口评估

对现有港口进行评估，包括港口的基础设施情况、可容纳能力、航线联通性以及服务水平等因素。此外，还应考虑港口的地理位置、气候条件和安全性等因素。

(3) 市场定位

根据目标市场的特点和需求，确定港口的市场定位。研究人员可以分析邮轮旅客的喜好、年龄分布、消费能力和旅行偏好，以确定最适合的市场定位策略。

(4) 合作伙伴关系

寻找可港口税收和费用等。

2. 技术路线

根据上述研究思路，制定的相关技术路线可以包括以下几个方面：

(1) 数据收集与分析

建立一个数据收集系统，包括收集和整理邮轮旅游行业的相关数据，如旅客数量、港口利用率、航线数据和市场需求等。通过数据分析和挖掘，可以洞察潜在的市场机会和趋势。

(2) 港口基础设施建设

根据港口评估结果，制定港口基础设施建设的技术路线。这包括对码头、泊位、船坞、卸货设施、船舶修理设施等进行规划和设计，确保其能够满足邮轮的停靠和服务需求。

(3) 航线联通性设计

利用技术手段分析不同港口之间的航线联通性，并提出优化措施。可以使用船舶轨迹分析和航线规划算法，确定最佳的航线布局，以提高港口间的联通性和旅游效率。

(4) 信息化管理系统

建立一个信息化管理系统，包括港口运营管理、市场推广和客户服务等方面。通过使用先进的信息技术和管理系统，提高港口运营的效率和服务质量，实现数字化和智能化管理。

(5) 创新技术应用

积极探索和应用创新技术，如物联网、人工智能、大数据分析和无人机等，以提升港口的运营效率、安全性和客户体验。例如，可以使用物联网传感器监测港口设施的运行状况，使用大数据分析预测旅客需求，使用人工智能辅助客户服务等。

(6) 安全环保措施

在技术路线中加强安全和环保措施的考虑。例如，可以采用高级安全监控系统、智能化的风险预警和应急处理系统，制定环保政策并推广可持续发展的港口运营实践。

## 四、我国邮轮港口经营战略的影响因素

当今世界技术、经济、贸易正在高速发展和不断变化。航运公司经营规模不断扩大，轮船趋于大型化，这一切注定将对港口的功能、作用与布局产生深远影响，并使邮轮港口面临更加严酷的竞争环境。为此，邮轮港口应及时调整自己的发展战略，以适应环境的变化与要求。随着港口竞争的日益加剧，港口迫切需要通过正确分析自身的内外部环境、发展形势和自身优势

与不足，提出有效的战略经营措施与对策，以提升竞争能力，提高经济效益，巩固自身的市场定位。

面对激烈的市场竞争环境，我国邮轮港口经营战略的制定需要综合考虑多个因素，以促进我国邮轮产业的发展并提升我国港口的国际竞争力。

港口经营发展战略是指为了提升港口的竞争力和促进港口业务的发展而制定的长期规划和策略。它包括通过改进港口的基础设施、提升港口的服务质量、优化物流运营和加强港口管理等方面来推动港口经营的发展。为了有效制定经营战略，我们应该考虑以下几个重要因素。

1. 市场需求

了解国内外邮轮市场的发展趋势和需求状况，包括调研邮轮运营商的需求量、客流量以及目的地偏好等数据，从而更好地满足市场需求，并制定相应的发展策略和目标。

2. 港口基础设施

评估我国港口的基础设施状况，包括现有码头设施、配套服务和安全措施。我们应该着眼于提升港口设施，比如增设邮轮专用码头、改进物流和旅客服务，以及提升安全管控能力。

3. 政策支持

加强政策引导，鼓励企业投资建设邮轮港口，并提供相应的支持政策和激励措施，比如税收减免等，以吸引更多的邮轮公司选择我国港口作为目的地。同时，还需制定相关政策，促进邮轮旅游产业的发展和成熟。

4. 产业协同

考虑邮轮旅游产业与其他相关产业的协同发展，如旅游服务、酒店、餐饮等。与相关产业的合作和整合将有助于提供更完善的邮轮旅游体验，从而进一步提升我国邮轮港口的竞争力和吸引力。

**案例：**

### 后疫情时代吴淞口国际邮轮港重启计划

2023年6月29日起，皇家加勒比发布和开售明年4月起从上海出发前往周边国家的国际邮轮航线，专为中国各年龄段消费者定制的超大豪华国际邮轮"海洋光谱号"将重返中国，执行48条4至7晚前往东京、大阪、神户、福冈、熊本、长崎、鹿儿岛、冲绳等地的邮轮度假航线。为此，皇家加勒比还推出了船票早鸟优惠价。

皇家加勒比是在国家交通主管部门发布国际邮轮复航试点方案，上海市政府通过推进邮轮经济高质量发展三年行动计划之后，首家重返中国市场的国际邮轮头部企业。皇家加勒比集团全球高级副总裁、亚洲区主席刘淄楠博士表示："今年1月以来，不少消费者多次询问'海洋光谱号'何时归来。"

超大豪华邮轮可谓"漂浮的度假村"，过去几十年引领了现代邮轮主流市场的发展。超大邮轮理念的精髓，是利用不断扩增的巨大船体空间，最大限度地包容各种极富创意的客房、餐饮、娱乐、运动、购物、亲子设施，为每一位不同年龄段的度假者提供独特的度假选择。"海洋光谱号"上的"皇家大道"是海上最大的免税购物街，有手表、首饰、箱包、化妆品等各类一线、高端、潮流大牌商品的最新款式。

此前发布的《推进国际邮轮经济高质量发展上海行动方案（2023—2025年）》中明确，"宝山吴淞港口将被着力打造成具有全球资源配置能力的邮轮运营总部基地和以'邮轮、游船、游艇'为主题的上海国际邮轮旅游度假区"。

为全力支持邮轮企业加快恢复运营，邮轮产业加速发展壮大，宝山区也制订并发布《推进国际邮轮经济高质量发展宝山实施方案（2023—2025年）》（以下简称《宝山实施方案》），立足宝山邮轮经济发展的先发优势，聚焦后续高质量发展布局和重点，明确了宝山邮轮经济的发展目标：到2025年，实现30亿元的项目开发投入，新增30万平方米文商旅综合体；年接靠国际邮轮达300艘次，年接待游客量达到270万人次；集聚一批邮轮总部企业，落户至少1个具有竞争力的本土邮轮品牌；邮轮船供本地采购规模持续扩大，国际邮轮航线的国内船供比例提高到30%左右。

《宝山实施方案》还提出，打造"一区一港两高地"的发展布局和18项工作举措。全力建设具有国际邮轮特色、海上门户标识度的上海国际邮轮旅游度假区，打造运转高效的亚洲最大邮轮母港，探索建设邮轮产业集聚高地和邮轮生态创新高地，拓展邮轮经济产业链，提升邮轮发展对区域经济贡献，继续引领中国邮轮经济创新发展。

据了解，上海国际邮轮旅游度假区已纳入《关于加快推进南北转型发展的实施意见》。目前，宝山区正全面推动重点项目建设。

"阅江汇"项目将于今年6月30日完成土建工程，项目紧邻亚洲最大邮轮港，将打造一座集主题商业、度假酒店和三游总部基地的城市综合体。时尚长滩商业街区项目将于今年底完成土建工程，总体布局为"一街二廊双片区"，整合长滩观光塔、长滩音乐厅、五星级酒店、酒店式公寓集群以及江豚商业综合体，将成为一站式文旅商综合体。长江口水上运动体验中心项目拟打造成上海最大的帆船游艇靠泊、培训、赛事及体验基地，正在进行前期手续办理，成为上海独特的水上消费产品首发基地。度假区旅游配套设施改造提升工程（一期）正在有序推进度假区主入口景观、随塘河沿线景观及阅江汇段景观提升。

（资料来源：上海市宝山区政府网站，https://www.shbsq.gov.cn/shbs/tpjj/20230630/366495.html。）

## 第三节　我国邮轮港口的发展战略

近年来，我国邮轮港口的蓬勃发展，得到了国家的高度重视和支持。邮轮旅游作为一种独特的旅游方式，受到越来越多游客的喜爱。我国拥有众多世界级的旅游景点和沿海城市，具备了发展邮轮旅游的优势和潜力。

为了推动我国邮轮港口的发展，国家制定了一系列战略和政策。首先，政府加大了对邮轮港口基础设施建设和升级的投资力度。通过建设现代化的客运终端、扩建码头、提升服务设施，我国邮轮港口能够满足更多大型邮轮的停靠需求，提高了的舒适度和便利性。政府鼓励邮轮港口与国内外旅游机构和邮轮运营商建立合作关系，共同推广和营销邮轮旅游产品。通过参加国际旅游展会、开展联合营销活动、制定优惠政策等手段，我国邮轮港口能够提高其在国际航线上的知名度和竞争力，吸引更多的国际邮轮选择我国港口作为目的地。

### 一、港口发展外部环境的变化

近年来，我国邮轮港口发展受益于多种外部环境因素。首先，全球邮轮市场呈现快速增长的趋势，越来越多的人选择乘坐邮轮旅游，这为我国邮轮港口提供了巨大的发展机遇。此外，我国经济的快速发展和人民生活水平的提高，使得更多人有意愿和能力进行奢华旅游，增加了对邮轮旅游的需求。同时，我国政府为积极推动旅游业的发展，加大对邮轮旅游的支持力度，提供了良好的政策环境和基础设施建设。另外，我国拥有广阔的海域和丰富的海洋资源，这为邮轮公司提供了多样化的航线选择。这些外部环境因素共同推动了我国邮轮港口的发展,使得我国成为一个备受瞩目的邮轮旅游目的地。

### 1. 国际贸易形势

国际贸易形势对我国港口发展有着重要影响。全球经济的发展和变化对国际贸易格局产生了影响,进而影响了港口的贸易量和运输需求。

一方面,贸易战和贸易保护主义政策的影响需要被考虑。近年来,全球经济体之间的贸易争端有所增加,一些国家采取了贸易保护主义政策,加征关税和限制贸易,这对港口的贸易量产生了直接影响。贸易战导致全球贸易环境不稳定,港口运营者需要关注贸易政策和国际贸易形势的变化,及时做出调整。

另一方面,国际贸易规则的变化也会对我国港口产生影响。随着国际贸易合作的不断发展,贸易规则在不断演变。例如,区域贸易协定的签署、自由贸易区的建设等都可能改变贸易流量和贸易走廊。港口管理者需要了解并适应这些变化,以促进港口在全球贸易中的竞争力。

### 2. 环境可持续性要求

环境可持续性要求是指全球对环境保护和可持续发展的关注不断增加,已成为在港口发展中越来越重要的方面。港口管理者需要关注和满足环境可持续性要求,实施相关政策和措施来提高港口的环境表现和可持续发展水平。

一方面,港口管理者可以采取措施减少港口运营对环境的影响。这包括减少港口的能源消耗和碳排放,改进船舶、车辆和设备的能效,推广低碳和清洁能源技术的应用,如使用LNG(液化天然气)船舶和岸电供应系统。此外,港口管理者还可以改善噪声和空气质量管理,控制垃圾和污水排放,保护海洋生态系统,以减少对生态环境的破坏。

另一方面,港口管理者可以加强环境监测和数据管理。通过建立监测系统和数据收集机制,港口管理者可以及时了解和监测港口运营对环境的影响。这有助于及时发现和解决环境问题,及时调整运营策略。港口管理者还可以利用大数据和物联网技术分析环境数据,优化港口运营和资源利用,提高运营效率和环境表现。

### 3. 技术进步

随着信息技术的迅速发展,港口运营方式正在发生变革,港口管理者需要积极推动技术进步和数字化转型,以提高港口的效率、安全性和可靠性。

一方面,自动化和数字化技术的应用可以提高港口的操作效率。例如,自动化堆场设备、无人驾驶车辆和机器人等技术可以减少人工操作,提高作业效率和准确性。智能化的集装箱追踪系统和货物管理系统可以实现实时监控和跟踪,提升货物流转效率。港口管理者可以投资和引进这些先进技术,实现港口运营的自动化和数字化,提高港口的竞争力和服务水平。

另一方面,数字化技术可以改善港口的安全性和可靠性。通过物联网和大数据分析技术,港口管理者可以实时监测和分析港口设备和船舶的运行状态,预测和预防潜在故障和事故,提高港口的安全性和可靠性。数字化的安全监控系统和报警系统可以帮助港口管理者及时发现和应对安全风险。此外,数字化技术还可以优化船舶调度和货物运输计划,提高航线的可靠性和效率。

### 4. 全球供应链的重组和重定位

随着全球经济格局的变化,一些企业可能选择调整供应链,包括从中国转移生产基地或重新定位供应链节点。这可能导致港口的贸易流量发生变化和新的业务需求的出现。

一方面,对于港口管理者来说,关键是要灵活应对这些调整和变化,调整港口的发展战略和业务方向,以适应新的贸易流量需求。这可以包括与其他港口和物流企业展开合作,在新的贸易走廊中建立合作关系。港口管理者可以积极主动发展与国际贸易互补的业务,并开拓新的贸易流量和业务机会。

另一方面,港口管理者可以通过提升港口的服务质量和运营效率,吸引更多的贸易流量和货物转运。这包括提供整合的物流服务、优化运输网络、提高货物装卸效率等措施。港口管理者还可以积极发展港口的附加值服务,如仓储、加工和分销等,以满足客户多样化的需求。

## 二、基于 SWOT 分析的我国港口经营战略的制定

1. 优势分析(S)

(1)优越的地理位置及区位条件

我国位于亚洲东部以及太平洋西岸,我们国家最有利的自然资源是自身的大陆海岸线和海域面积,并且拥有众多的港口与岛屿,对发展邮轮航线和邮轮靠泊非常有利。此外,我国大部分海域拥有优良的海滩、充足的日照和优质的水质,对发展邮轮旅游非常有利,适合建设邮轮母港和访问港的港口充足。

(2)丰富的文化旅游目的地资源

我国作为历史悠久的文明古国,有着悠久的历史文化,并且是一个拥有 56 个民族的国度,有着多样的生活方式、传统节日等。根据有关资料查阅,外国游客对于我国的历史文化以及生活方式有着极大的兴趣,希望目睹我国的各种别样文化习俗。随着我国经济的稳步增长,我国对旅游资源的大力开发,我国的许多地方都将会成为别具一格的旅游景点。我国黄河流域的文化和长江流域的文化对国内外游客吸引力巨大,同时又能够打造邮轮旅游的江海联动效应,有利于建成具有较强吸引力的依托港口城市的国际邮轮旅游目的地。

(3)安定有序的政治环境与优良的城市环境

随着世界政治形势和各别地区冲突的不断变化,相较于其他某些国家,中国具有更加安定有序的生活环境,改革开放对人民生活水平的影响可谓翻天覆地,从而增加了国际游客对中国的向往。而且,在我国经济实力不断加强的同时,我国各种人文资源也在不断增加与完善,为发展我国邮轮旅游业奠定了较好的基础。同时,我国部分地区通过政府对绿色、文明等的高度重视已连续多次被评定为最适宜人类居住的城市,其中不乏沿海港口城市如大连、青岛、三亚、厦门等。所以说,在我国人文建设与城市规划的不断完善下,这将有利于培育和加强中国的邮轮旅游市场,促进中国邮轮旅游业和邮轮港口的快速稳定发展。

2. 劣势分析(W)

(1)邮轮旅游专业人才尚有缺口且专业素质仍需提高

我国作为邮轮旅游产业的后起之秀,有着较高的吸引力,近几年邮轮产业的东移,更是为我国发展邮轮产业增强了信心与力量,国家与各地政府都明确表态,我国正在努力打造一个属于中国邮轮产业。可是,相对于欧美等邮轮旅游传统强国,我国邮轮旅游产业的发展还不到 20 年的时间,各方面邮轮人才还很有限,特别是高端邮轮运营人才和高级邮轮港口管理人才更加缺乏。

作为邮轮产业新兴国家,我国现阶段的邮轮旅游专业人才基本都是服务型人才,而且其本身的录用要求并不是很高。所以,投入工作岗位的服务人员的专业素质并不能够满足国际大邮轮公司的用人要求与满足游客服务需求,这势必将造成不良后果,游客投诉率的上升是预料之中的。

近几年,中国高等院校开始逐步培养邮轮旅游专业服务型人才,以满足当前中国快速发展的邮轮旅游市场对基础性服务型人才的需求。但从整体上来说,目前国内只有少数几个本科学校,如上海工程技术大学、上海海事大学等已经逐步完善邮轮旅游运营管理中高端人才培养教学体系。尤其是上海工程技术大学在近几年对邮轮人才培养的重视和对邮轮产业发展所做的贡献相对来说都走在全国高校的前列,而其他各类高等院校对邮轮旅游相关课程的开设以及对学生的培养主要以经营管理为主,层次并不是很高,并且目前国内还没有相关大专高等院校对涉及邮轮设计、制造环节方面人才的培养。从某种意义上来说,这是中国邮轮旅游经营管理与设计制造方面人才培养体系的缺失,尤其是对邮轮中高端人才培养部分的缺失。

(2)邮轮旅游市场认知度及渗透率低

中国幅员辽阔,人口基数大以及社会主义的特殊国情。邮轮旅游作为我国新兴产业,截至目前,邮轮已在中国历经十几个春秋,从邮轮旅游最初在中国的发展初期到现在的爆发期,对中国经济的推动,特别是旅游经济的推动作用巨大。虽然我国滨海城市的邮轮产业发展是有目共睹的,但是我国内陆地区才是中国国土的绝大部分,因为其地理位置、自然资源等原因,造成内陆地区对邮轮旅游鲜为人知,内陆地区发展相较落后,旅行社宣传力度有限及本身规模较小,使得邮轮旅游普及率较低,宣传人员专业素质不够硬,不能有效地挖掘客户需求,而且本身人民群众整体生活水平偏低,限制了邮轮旅游在当地的普及,不能很好地带动消费需求。邮轮港口的发展不只是吸引邮轮靠泊,更要打造邮轮旅游的消费倾向,提升邮轮游客的首次游及重游率,提高邮轮港口的利用效率。

(3)成功的邮轮入境旅游目的地较少

现阶段,我国游客主要是把邮轮当作运输载体到国外进行消费,对我国的经济贡献不明显。究其原因,实则为我国邮轮旅游目的地的欠缺,对于我国游客来说主要是购物与岸上观光,其他国家成功抓住了吸引我国消费者的手段,并对其大力投资。而我国目前对邮轮旅游目的地定位及规划不够清晰,不能够成为吸引国外游客到访的主要因素,导致了我国作为下游产业链的相关经济贡献不能够较好地体现,亟须围绕现有邮轮母港打造国际邮轮旅游目的地。

(4)航线不丰富且销售渠道不畅

我国的邮轮航线主要是满足现阶段我国游客出国购物的需求,蜂拥跑去日本、韩国等周边国家进行日用品的购买,而邮轮公司充分利用我国消费者心理特点,主要开展日本、韩国等短途旅行。而且本身受制于我国的假期体制,对航线天数的要求比较苛刻,造成我国多数是3~7天单一短途旅行。相对于欧美丰富多元的短、中、长各类邮轮航线,我国的邮轮航线在时间和距离上更多的是短航线。

由于我国短航线更加集中,差异性小,所以销售渠道业相对单一,造成许多堵点。目前,我国的邮轮船票销售主要是通过旅行社来完成,而近年来我国的旅行社数量并没有随着邮轮旅游业的发展而快速壮大,这充分说明我国目前的销售方式有根本性的错误,并没有随着市场的变化而做出相应的战略调整。而且另外,我国旅行社与其他国家旅行社相比,经营方式比较落后,受相关政府规章制度的制约,我国旅行社不确定完全满足出境游游客的自主选择权,很难与旅行社自有的战略目标相融合,这直接制约着相关票务的开展。所以要打造邮轮母港航线的多样性,既能促进港口发展,同时也有助于建立多层次的邮轮船票销售渠道。

3.机遇分析(O)

(1)全球邮轮旅游产业发展前景良好

随着中国邮轮产业的兴起,邮轮旅游市场已开始东移转向中国。近年来,中国经济的增长和稳步发展,国民生活水平得到显著改善,人均可支配收入更是大幅提升,人们对"走出去看看"有着更高的向往,为实现邮轮旅游美好愿景奠定了基础。随着我国经济发展,劳动者收入不断增加,中产阶层不断扩大,人们实现物质需求的同时,也需要精神享受,也为邮轮产业的全面发展提供了与发展机会和物质保证。

我国人均GDP在持续不断增长的同时,居民的消费支出能力也在不断增长。在人们收入和消费能力均不断增长的条件下,选择邮轮旅游的潜在消费群体也必然不断增加,有利于促进我国邮轮旅游产业的发展,当然也有利于邮轮港口的在地消费。

(2)政府的全力支持

从全球邮轮旅游市场来看,北美、欧洲地区旅游业的高度饱和,是亚洲邮轮产业发展崛起的良好契机。尤其是我国,中国作为一个人口大国,人口基数巨大是邮轮旅游发展的必备要素,全球邮轮旅游东移已经成为一种趋势。随着各大国际邮轮公司争相抢占中国邮轮旅游市场份额,邮轮旅游在我国的发展可谓热火朝天,我国本土公司也争相打造属于中国本土的邮轮旅游。我国各地政府以及中央领导层也高度认同邮轮旅游在我国发展是大势所趋,也能带动当地经济更好地发展,所以各地政府相继出台多条法令积极发展与完善我国邮轮旅游产业法规的空白。特别是地方政府制定了邮轮港口和邮轮经济的发展规划,比如上海、青岛、北海等大中小港口城市都有邮轮母港建设和发展的规划。

(3)旅游观念的改变和旅游方式的多元化

随着人们可支配收入的提高,人们对生活水准的要求越来越高,工作、休闲、娱乐的统一融合,是人们所追求与向往的,而邮轮旅游恰好是人们这些需求的高度结合体。我国邮轮旅游的潜在消费者不仅是"60后""70后"甚至是"80后""90后"作为年轻的一代,有着超前的思维意识,新观念、新潮流已经为社会大众所接受。多个年龄段的人都喜爱邮轮旅游作为休闲旅游方式,人们对邮轮旅游的接受程度也有了全新的态度。特别是,作为我国社会主力军的80后、90后俨然成为公司企业的中坚力量并且有稳定的经济收入,他们的休假趋向于国际化,人们的灵活假期为邮轮旅游产业奠定了基础。

高铁是我国发展最好的交通工具,具有"地上跑的飞机"的称号,它的出现为我国交通运输起到了举足轻重的作用,飞机、高铁、邮轮的无障碍切换是邮轮旅游产业在我国发展的新形态,为入境旅游游客提供了便捷的出行方式和高效率的旅游日程安排。"Fly+Cruise"模式以及多式旅游链接的邮轮旅游能为邮轮港口经济带来更大的发展机会。

(4)区域旅游一体化合作前景广阔

我国近几年出现邮轮港口新建热潮,不可避免地带来重复建设。各地区产生重竞争、轻合作的趋势,这种不良信号如若不及时修正,必将造成不利后果。好在现阶段多位专家学者已发现问题,接下来就是各地政府的大力战略合作以及各邮轮公司与相关港口的战略合作,争取从邮轮港转变为邮轮城,高度战略合作所带动的经济指标更是无可比拟的,同时,积极开发港口腹地资源,吸引入境游客,能更好地带动区域经济发展。例如,长三角一体化,大湾区发展等,在区域合作背景下给了邮轮旅游产业很大的发展机遇,同时有助于形成邮轮港口联盟。

4.挑战分析(T)

(1)地区冲突与卫生等带来的安全威胁

邮轮旅游通常是一种跨国旅游,邮轮经济具有全球性和国际性的特点,国际政治形势的稳定、和谐,深度影响着邮轮旅游的发展。目前,世界上存在着许多不稳定因素。有一些敏感的问题和地域冲突会影响我国邮轮航线布局。此外,类似新冠疫情等卫生事件给人们的健康带来潜在风险,也会对邮轮旅游消费市场带来重大影响,进而影响邮轮港口发展。

(2)亚洲国家港口的发展速度快、竞争激烈

打开世界地图,很容易看到中国在亚洲拥有最长的海岸线。在亚洲国家和地区中,有20多个国家和地区拥有69 900千米的海岸线。在水域范围内,港口资源的丰富(尤其是深水港资源)、文化多样性、旅游资源丰富多样、先天条件良好,并都是旅游开发的先天优势。所有沿海国家和地区,都密切关注着区域内的邮轮经济,新加坡、马来西亚、日本、韩国等国家和地区,都在加强邮轮产业基础设施建设,完善配套服务和邮轮母港建设,吸引更多的欧洲和美国的邮轮,亚洲国家邮轮强国竞争非常激烈。

(3)邮轮环境污染带来的威胁

邮轮产业是我国的新兴产业,邮轮会产生大量污染物,这将对环境产生极大的破坏力;邮轮在航行过程中可能会产生燃油泄漏等突发问题,这对海洋及港口的污染是严重的。因此,在邮轮旅游产业在我国日益繁荣的情形下,环境污染严重是一个非常棘手的问题。所以,对于邮轮产业的绿色、生态发展是社会各界值得关注和需要重点研究的重要难题。如果在邮轮本身不能够进行创新,实现低污染,即使邮轮经济带来的经济收入是可观的,政府也有可能进行强制规定,限制邮轮在我国的访问量。邮轮港口的环保和绿色发展也是需要重点注意的一个问题。

(4)国际邮轮产业垄断带来的自身发展威胁

邮轮产业的行业壁垒是极高的,尤其突出的是在制造方面,更是难以短时间跨越。现阶段,我国邮轮旅游业处于快速发展时期,受自身资源与资金的限制,再加上更为直接的国际邮轮的垄断地位,对我国的发展是十分不利的。大型邮轮的船舶的制造对于邮轮港口的经济发展十分重要,目前我国现代化大型邮轮的建设,只有上海有能力建设,其他邮轮港口城市还不具备这样的能力。

5. 基于我国邮轮旅游产业SWOT的我国邮轮港口发展战略

(1)邮轮港口要大力发展邮轮经济,在上海、天津、广州等邮轮产业发达港口要大力发展母港经济,除邮轮产业的下游产业外,要争取围绕邮轮研发和制造发展高附加值的上游产业,要涌现出更多类似上海外高桥造船厂那样,能建造本土大型邮轮的企业。

(2)利用好我国邮轮港口所在的区域一体化优势,通过竞合模式协同发展,有条件地实现差异化战略,避免同质化竞争。

(3)各邮轮港口依托自身的禀赋条件大力开发与挖掘更多人文旅游资源,做好宣传推广工作,争取依托邮轮母港打造世界级的邮轮旅游入境游目的地。

(4)应借助进一步扩大改革开放的政策,吸引外资进入或者成立中外合资企业,在邮轮港口城市创新中国邮轮金融产业和邮轮保险产业,不仅能够直接提升金融和保险产值绩效,同时,有助于进一步推动邮轮建造、邮轮公司运营的升级和增能。这样港口的吸引力势必更强大,吸引世界著名邮轮集团设立地区或全球总部,提升在地邮轮产业综合绩效。

## 第四节　邮轮港口的建设规划与设计

### 一、邮轮港口的建设规划

邮轮港口的建设规划是指对邮轮港口进行规划和设计的过程,旨在确保港口能够应对日

益增长的邮轮旅游需求,同时提供便利、高效、安全的服务。建设规划包括多个方面,如港口基础设施、航道和航道深度、交通连接以及环境保护等。这些规划需要综合考虑邮轮停靠和离港的需求,以确保港口能够满足邮轮行业的要求,同时为乘客和船员提供优质的邮轮旅行体验。最终的目标是建设一个现代化、可持续发展的邮轮港口,促进邮轮旅游产业的发展。

1. 位置选择

港口的地理位置是决定邮轮港口建设的重要因素之一。通常会选择接近海洋或河流的地区,以便邮轮可以方便地进出港口。港口的地理位置还应考虑到达附近旅游景点和人口中心的便利性,以吸引更多的邮轮旅客。

2. 航道和航道深度

为确保邮轮可以安全进出港口,港口建设规划需要对航道进行规划和维护。首先是航道规划,这涉及确定邮轮进出港口的航道路径。考虑到邮轮的长度、宽度和吃水要求,必须规划出宽度和深度适宜的航道,使邮轮能够安全通过。航道规划还需要考虑周围水域的地质和海洋状况,以确保航道的稳定性和可靠性。其次是航道深度,大型邮轮需要足够的吃水深度才能进入港口。港口建设规划需要确定航道深度,并根据邮轮的吃水要求进行挖掘和疏浚工作。这可能涉及对港口周边水域进行清淤和航道拓宽的工程,以确保邮轮航行的安全性和顺畅性。

3. 交通连接

邮轮港口建设规划需要考虑如何提供便捷的交通连接,以便乘客方便地到达和离开港口。首先是修建直通高速公路或铁路客运站较近的交通枢纽。这可以通过修建高速公路或铁路接入港口,以便乘客可以直接通过陆路到达港口。这样的交通枢纽可以方便乘客从周边地区或城市前往港口,减少交通拥堵和旅行时间。其次是提供停车设施和公共交通工具的接驳服务。港口建设规划可以包括建设停车场,方便乘客将自己的车辆停放在离港口较近的地方。此外,还可以提供公共交通工具(如巴士、有轨电车等)的接驳服务,使乘客可以便捷地从城市其他地区到达港口。

4. 环境保护

在建设或扩建邮轮港口时,环境保护是一个至关重要的考虑因素。首先,邮轮港口的建设需要符合环境法规。包括确保港口建设符合当地和国家的环保标准,遵守相关的环境法律和政策。港口规划应该将环境因素纳入考虑范围,以最大限度地减少对周围环境的影响。其次,可以采取措施来减少大气和水污染。为了减少大气污染,港口可以促进绿色能源的使用,如在停靠邮轮时提供岸电,以减少船舶使用发电机组所带来的排放。对废水和污水进行处理也是必要的,以确保不会对周围的水体造成污染。最后,进行垃圾分类和回收也是一种环境保护措施。提供垃圾分类设施,并鼓励船员和乘客积极参与垃圾分类工作,有助于减少港口产生的垃圾量,并加强对可回收材料的回收利用。

## 二、邮轮港口基础设施设计

邮轮港口基础设施设计是为了满足日益增长的邮轮旅游市场需求而进行的一系列施工前的规划,旨在提供一系列的设施和服务,以支持邮轮船只的停靠、乘客和船员的上下船、物资供应以及相关的维护和管理活动。以下是邮轮港口基础设施设计的要点。

1. 码头和航站楼

码头空间的充足性十分重要,以便可以同时停靠多艘邮轮。航站楼则应提供登船和离船所需的设施,包括安全检查和海关手续办理等。为了方便邮轮驾驶员进出港口,邮轮港口通常配备指引系统,通过雷达、导航标志和电子信息显示等方式提供准确的导航支持。此外,港口应提供各种服务设施,如餐厅、商店、洗衣房和医疗中心等,以满足旅客和船员的各种需求。为了保持邮轮的安全及正常运行,港口还需要配备维修设施,包括船坞、维修车间和设备,以及配备监控系统、消防设备和紧急救援设施等安全设施,以确保旅客和船员的安全。这些设施将为旅客提供愉快的旅行体验,并为港口的顺利运营和整体发展做出贡献。

2. 上下船设施

邮轮港口上下船设施是为乘客提供方便快捷的交通工具,使他们能够方便地登上或离开邮轮。这些设施通常包括候船大厅、登船桥、行李托运区和安全检查区域。候船大厅是乘客进入港口的地方,他们可以在那里办理登机手续并等待登船。登船桥是连接港口和邮轮的结构,乘客可以通过它直接步行登上邮轮或从邮轮上下到港口。行李托运区是指乘客可以将行李交给工作人员,由他们负责装运到邮轮上,或由他们卸下邮轮,待下船游客领取。安全检查区域是为了保护乘客的安全,乘客需要经过安全检查并进行必要的身份验证。这些设施的目标是确保乘客在邮轮旅行前后的舒适和便利。

3. 安全设施

邮轮港口安全设施是为确保旅客和船员的安全而设计的。这些设施包括安全检查站、视频监控系统、紧急报警系统和消防设备等。安全检查站位于港口的入口,乘客需要通过安全检查,包括行李和人身检查。视频监控系统覆盖整个港口区域,时时监测各项活动,确保港口运营安全可控。紧急报警系统可供乘客和船员使用,在紧急情况下向港口和船舶运营人员发出警报。此外,港口还配备了消防设备,如灭火器和灭火系统,以便迅速应对火灾等紧急情况。所有这些安全设施的目标是确保港口的安全,提供一个安全的环境,使乘客和船员在邮轮旅行期间感到安心。

4. 维护和管理设施

邮轮港口维护和管理设施是为了确保港口的正常运营和良好管理。这些设施包括码头设施、工作人员办公室和维修设备等。码头设施主要是指供邮轮停靠和操作的设施,包括停泊区域设备、抛锚系统和供电设备等。工作人员办公室提供给管理人员和工作人员使用,用于处理日常管理事务,例如,登船手续、物流安排和人员调度等。此外,港口还设有维修设备和工作区域,用于对设施和设备进行维护和修理。所有这些维护和管理设施的目标是确保港口设施的正常运行,提供良好的服务和支持,以满足乘客和邮轮的需求。

5. 配套服务

邮轮港口配套服务是为了让乘客在港口停留期间感到便利和舒适而设立的。这些配套服务包括餐饮设施、购物区、旅行代理机构和旅游信息中心。餐饮设施提供各种各样的餐饮选择,以满足乘客的口味偏好。购物区为乘客提供了广泛的购物选择,包括礼品店、珠宝店、时装店等。旅行代理机构提供旅行预订和安排服务,帮助乘客计划他们在港口的活动。旅游信息中心提供有关港口和周边地区的旅游信息和指导,包括景点推荐、交通指南和当地文化介绍等。这些配套服务致力于为乘客提供全面的舒适体验,使他们在港口停留期间享受便利和心情愉悦。

**案例**

**推进国际邮轮经济高质量发展上海行动方案**(2023—2025 年)

邮轮经济产业链长、带动性强,对推动扩大内需、释放消费潜力、培育发展动能、促进国内国际双循环良性互动具有重要意义。为推进上海国际邮轮经济高质量发展,引领亚太邮轮市场加快恢复重振,主动参与全球邮轮经济竞争合作,制定本行动方案。

一、工作目标

坚持优势集成,强化协同推进,服务国家战略,发挥上海邮轮经济要素集聚优势,加速布局国际邮轮产业链高端环节,在服务长三角一体化、长江经济带发展和"一带一路"倡议中进一步增强服务国家战略能力。坚持改革创新,增强示范引领,把握国际邮轮产业发展规律和发展趋势,推动国际邮轮产业政策制度创新,为全国邮轮产业发展提供可复制、可推广的经验,培育邮轮经济发展新动能。

到2025年,形成由"枢纽港＋总部港＋制造港"构成的邮轮经济发展上海模式,亚太区域邮轮综合枢纽港地位进一步巩固,邮轮总部型经济拉动效应更趋明显,邮轮制造和配套产业体系初步形成。

——打造邮轮"枢纽港"。年游客接待量达300万人次左右,境外游客比例达10%左右,国际邮轮游客空港中转换乘比例达5%左右。

——打造邮轮"总部港"。集聚一批邮轮总部企业和国际机构,数量规模比2022年扩大至2倍。

——打造邮轮"制造港"。邮轮研制关键核心技术获得新突破,初步形成大型邮轮工程总包能力,邮轮制造国产率达50%左右。

——提升邮轮自主运营能力。形成1~2个在亚太地区具有竞争力的本土邮轮品牌。

——建成亚太邮轮船供基地。国际邮轮航线的国内船供比例提高30%左右。

——邮轮经济规模明显提升。总体经济贡献产出达400亿元左右。

到2035年,上海将成为国际一流邮轮枢纽港,接待量稳居全球前三;成为具有国际影响力的邮轮旅游目的地;成为具有全球资源配置能力的亚太区域邮轮经济中心。

二、工作措施

(一)做大邮轮总部经济

1.培育本土邮轮企业总部

支持组建本土邮轮船队,培育发展本土邮轮企业总部,提升本土邮轮品牌品质。对标国际通行规则,在设计建造、自主运营、物资供应、航线安排、船员国籍、邮轮年限等领域探索先行先试,提升本土邮轮企业综合实力。积极推动邮轮制造企业专业化重组,打造具有全球影响力和竞争力的中国邮轮企业。(责任部门、单位:市商务委、市发展改革委、市经济信息化委、市交通委、市文化旅游局、上海海事局、宝山区政府、虹口区政府、浦东新区政府、中船集团。)

2.集聚外资邮轮企业总部

发挥上海区位、资源和营商环境优势,吸引全球邮轮跨国公司地区总部、总部型服务机构和事业总部落户,打造服务体系完善、政策优势明显、市场资源集聚的上海邮轮跨国公司总部基地,形成国际邮轮总部集聚效应。(责任部门、单位:市商务委、市发展改革委、市财政局、市文化旅游局、宝山区政府、虹口区政府、浦东新区政府。)

(二)做强邮轮制造体系

1.建立邮轮自主研发设计体系

聚焦邮轮游艇装备产业体系建设,以生产总装、修造配套、设计研发为重点,建立邮轮自主研发设计体系,打造具有自主知识产权的邮轮产品。支持设立市级大型邮轮制造业创新中心,积极推动重点邮轮制造企业设立国家级企业技术中心和国家级大型邮轮研发平台。(责任部门、单位:市经济信息化委、市商务委、浦东新区政府、宝山区政府、虹口区政府、中船集团。)

2. 培育邮轮建造工程总包能力

以自主研发为基础，以供应链建设为重点，推动建设世界级邮轮设计制造总装基地。开展邮轮数字设计、影音娱乐、暖通空调、内装工程等核心设备集群攻关。加快配套供应链建设，加强产业联动和跨域融合，推动产业链上下游企业协同发展，打造邮轮建造和运营标准体系，建立技术标准规范，开展邮轮检测认证服务。（责任部门、单位：市经济信息化委、市商务委、上海海关、浦东新区政府、宝山区政府、虹口区政府、中船集团。）

3. 拓展邮轮维修改造业务

依托上海是亚洲最大邮轮港的市场优势和通江达海的区位优势，整合长三角船舶修造资源，引进国际性、功能性项目，拓展邮轮维修改装业务，开展高技术、高附加值、绿色环保的邮轮维修改造业务。创新口岸监管模式，支持有条件的海关特殊监管区域外邮轮制造企业，承接国际邮轮制造、保税维修等业务。优化丰富邮轮经济产业综合功能，提升邮轮维修改造经济效益。（责任部门、单位：市经济信息化委、市商务委、上海海关、上海边检总站、浦东新区政府、宝山区政府、中船集团。）

（三）做实港口枢纽功能

1. 形成优势互补产业空间布局

加强国际邮轮经济发展顶层设计，依托"两主一备"（吴淞口国际邮轮码头、上海港国际客运中心和外高桥海通备用码头）国际邮轮港口布局，统筹规划各区域功能，发布上海国际邮轮经济总体规划，推动建立协同创新发展机制，实现上海国际邮轮经济一体化、差异化、协同化。宝山吴淞口着力打造具有全球资源配置能力的邮轮运营总部基地和以"邮轮、游船、游艇"为主题的上海国际邮轮旅游度假区。虹口北外滩重点发展"精品邮轮、内河邮轮、休闲游艇"联动运营的航运总部经济。浦东外高桥以邮轮制造基地建设为重点，拓展邮轮贸易服务、商务服务和研发服务。（责任部门、单位：市商务委、市发展改革委、市交通委、市经济信息化委、市文化旅游局、浦东新区政府、宝山区政府、虹口区政府、上港集团。）

2. 丰富邮轮航线产品供给

支持开发层次丰富、特色鲜明的邮轮航线，打造多样化国际邮轮旅游产品体系，成为链接国内、国际的邮轮旅游重要枢纽。鼓励邮轮船型多样化，大力吸引不同等级、不同品类、不同主题的邮轮以上海为母港差异化运营国际航线，增加挂靠港。鼓励邮轮公司开发东南亚、欧美和环球等中远程邮轮航线，支持以上海为母港，拓展沿海航线产品。（责任部门、单位：市交通委、市文化旅游局、市商务委、虹口区政府、宝山区政府。）

3. 增强邮轮旅游目的地吸引力

推动长三角旅游一体化建设，加快邮轮旅游和区域性旅游协同发展；推动邮轮旅游和城市优质旅游联动发展；打造一流邮轮服务载体，形成邮轮配套服务消费集聚区；推进邮轮交通配套枢纽建设纳入全市综合交通规划，实现邮轮港与机场、铁路的便捷换乘。（责任部门、单位：市交通委、市文化旅游局、市商务委、宝山区政府、虹口区政府、上港集团。）

4. 提升邮轮访问港影响力

增加具有文化内涵的高品质邮轮产品供给，开发国际邮轮访问港航线产品，吸引更多国际邮轮品牌靠泊上海。深化国际国内邮轮港口合作，增加互为母港和多母港航线操作，延伸更多访问港客源腹地，扩大访问港邮轮艘次、入境游客数量和换乘比例，促进邮轮入境旅游消费，提升上海邮轮枢纽港影响力。（责任部门、单位：市交通委、市文化旅游局、市商务委、宝山区政府、虹口区政府、上港集团。）

5. 优化邮轮口岸功能。

持续推动邮轮口岸通关便利化,用好、用足"144 小时"过境免签证策、"邮轮 15 天"入境免签政策、邮轮入境游客指纹采集便利措施,升级改造邮轮港口查验配套设施,提升邮轮口岸贸易功能。(责任部门、单位:市商务委、市公安局、上海边检总站、上海海关、上海海事局、宝山区政府、虹口区政府、浦东新区政府。)

6. 深化邮轮口岸通关"单一窗口"建设

持续推进"单一窗口"邮轮专区建设,提升邮轮数据归集、数据资源共享、基础设施支撑、业务系统集成和数据安全保障等功能,进一步夯实邮轮经济高质量发展数字底座。推进"单一窗口"与出入境管理、海关、边检、海事、邮轮码头、邮轮公司系统的功能融合、数据融合、业务融合。形成通关流程全覆盖、旅客信息全申报的邮轮口岸通关模式,营造安全、便捷、高效邮轮口岸通关环境。(责任部门、单位:市商务委、市交通委、市公安局、上海海关、上海海事局、上海边检总站、浦东新区政府、宝山区政府、虹口区政府。)

(四)做精邮轮配套服务

1. 打造亚太邮轮服务贸易平台

支持上海邮轮企业拓展服务范畴,搭建邮轮服务贸易平台。引入船舶管理、教育培训、劳务输出、船舶供应、市场营销、信息咨询、协会组织、检测认证机构、交易服务、邮轮会展等,提升邮轮综合配套服务能力。(责任部门、单位:市商务委、市交通委、宝山区政府、虹口区政府、浦东新区政府、中船集团。)

2. 建设亚太邮轮物资供应中心

聚焦邮轮物资供应链,建设综合型邮轮物资供应补给基地。制定邮轮物资供应产品标准和服务体系,提升邮轮物资供应综合服务能级,建设标准化、数字化的邮轮物资供应中心,成为内外贸一体化发展重要平台。(责任部门、单位:市商务委、市发展改革委、上海海关、市经济信息化委、市税务局、上海边检总站、宝山区政府、虹口区政府、浦东新区政府、中船集团、上港集团。)

3. 培育亚太邮轮消费中心

积极推进建设上海国际邮轮旅游度假区、上海北外滩旅游度假区等文旅新地标,打造集游客接待、邮轮服务、休闲度假、消费购物为一体的文商旅综合体,拓展邮轮消费内涵,打响邮轮消费品牌,实现邮轮消费提质扩容。针对邮轮旅行特点,优化口岸出入境免税店布局,丰富产品品类,提升旅客服务感受。(责任部门、单位:市商务委、市文化旅游局、市财政局、市税务局、上海海关、宝山区政府、虹口区政府。)

4. 建立亚太邮轮船员服务中心

聚焦邮轮船员招募、派遣、培训和服务等需求,搭建亚太邮轮船员线上服务平台,建设线下亚太邮轮船员培训服务中心。促进邮轮船员综合职业素质提升,形成与亚太区域邮轮综合枢纽港相匹配的邮轮船员综合服务体系。(责任部门、单位:上海海事局、市教委、市人力资源和社会保障局、上海边检总站、宝山区政府、中船集团。)

(五)做优邮轮产业生态

1. 强化金融服务体系建设

建立完善的邮轮金融服务体系,重点围绕邮轮上下游产业链,拓宽邮轮企业投融资渠道,增加邮轮产业融资、保险和服务供给,推动资金链与产业链、创新链融合发展。聚焦扶持"专、精、特、新"邮轮企业发展,支持邮轮企业上市融资。推进邮轮融资租赁业务发展,支持国家政策性金融机构参考国际邮轮的金融服务模式,为邮轮企业提供高效便利的金融服务。(责任部门、单位:市地方金融监管局、市发展改革委、上海银保监局、宝山区政府、虹口区政府、浦东新区政府。)

2. 构建完整的邮轮人才体系

出台鼓励政策吸引全球邮轮人才,培养本土邮轮人才。建立邮轮产业人才库,储备邮轮设计制造、邮轮运营、高端服务等邮轮全产业链人才。建立邮轮人才实训培养基地,支持高校设立邮轮课程,实现产学研合作,推进产教深度融合。加强邮轮旅游从业人员职业培训,鼓励具备条件的企业自主开展从业人员培训,支持职业院校、培训机构为企业提供培训服务,符合条件的可享受职业培训补贴。建立国际邮轮专家资源库,促进国际邮轮行业高层次人才交流。(责任部门、单位:市商务委、市文化旅游局、市教委、市人力资源和社会保障局、虹口区政府、宝山区政府、浦东新区政府。)

3. 建立邮轮数据统计监测体系

依托专业协会等独立第三方专业机构,建立上海国际邮轮经济监测体系。支持统计部门形成邮轮统计调查分析制度。引入国际权威邮轮经济研究咨询机构,开展国际合作,逐步建立邮轮经济统计监测评估制度。(责任部门、单位:市商务委、市统计局、市交通委、市文化旅游局、上海海关、上海海事局、上海边检总站。)

4. 推进完善综合配套政策体系

依托浦东引领区、上海自贸试验区、综合保税区和中国邮轮旅游发展示范区等改革创新平台,共同形成创新制度优势,以提升口岸功能、培育市场主体、完善金融服务、开展国际合作为重点,在增设邮轮监管方式、增加航线供给、优化签证便利、开展数据跨境流动评估等方面,建立更具国际竞争力的邮轮产业政策制度支撑体系。(责任部门、单位:市发展改革委、市交通委、市文化旅游局、市商务委、上海海关、上海海事局、上海边检总站、市税务局、浦东新区政府、宝山区政府、虹口区政府。)

5. 打造具有国际影响力的合作交流平台

依托"北外滩论坛"举办国际邮轮上海峰会活动,发布邮轮航线、产品、战略等信息,推介中国邮轮发展机遇和市场空间,扩大上海在国际邮轮市场的品牌传播力和影响力。继续举办亚太邮轮大会、吴淞口论坛,积极引进国际邮轮品牌活动、邮轮国际经济组织,加强与国际邮轮行业的合作交流。(责任部门、单位:市交通委、市文化旅游局、市商务委、虹口区政府、宝山区政府、浦东新区政府。)

各责任部门和单位要按照本行动方案要求,统筹安全与发展,协调推进组织实施;根据各自职责分工,整合优势资源、细化落实责任,强化协作配合,确保各项工作任务加快落实。

(资料来源:上海市人民政府网站,https://www.shanghai.gov.cn/nw12344/20230712/913fd1bd8d4049c1bffb18358f53679e.html。)

**本章思考题:**

1. 试举例说明邮轮港口纵向一体化战略、横向战略和多元化战略。
2. 尝试针对国内外某一个邮轮港口进行SWOT分析。
3. 邮轮港口规划和设计需要注意的问题有哪些?

# 第十章　邮轮港口的绿色管理

**本章导语**：在全球航运业面临环境保护和可持续发展双重挑战的背景下，邮轮港口作为游客与自然环境交汇的关键节点，承载着重要的生态和经济责任。邮轮港口的绿色管理不仅关系港口自身的可持续发展，更是维护海洋生态、推进低碳交通和提升游客体验的重要举措。通过实施严格的环保标准、引入清洁能源技术、优化运营流程，邮轮港口能够有效减少运营对环境的影响，实现经济效益与生态效益的双赢。

## 第一节　绿色邮轮港口的概念

绿色港口是环境污染小、能源利用率高、综合效益大、发展潜力好的能够可持续发展的港口。绿色港口把港口发展和资源利用、环境保护和生态平衡有机地结合起来，可以做到人与环境、港口与社会的和谐统一、协调发展。既要确保发展的速度，又要十分注重发展的质量和效益，走资源消耗低、环境污染少的可持续发展之路。绿色港口狭义上讲，包含海上货运港口、客运港口和邮轮港口等，广义上也包含陆上无水港和空港。

传统港口和绿色港口之间其实并没有完全明确的概念界限，单从定义上来讲，绿色港口主要是对一个港口的绿色程度加以描述，因为绿色港口本身就是一个相对的，发展中的概念。下面以绿色港口和传统港口实例的特征进行比较，能够看出绿色港口的特征。

表 10—1　　　　　　　　绿色港口与传统港口的特征差异表

| 特征标准 | 传统港口 | 绿色港口 |
| --- | --- | --- |
| 环境影响 | 不考虑环境牺牲 | 重视环保，注重可持续发展 |
| 能源消耗 | 利用率低，浪费严重 | 利用率高，浪费少 |
| 自身效率 | 效率较低 | 高效率 |
| 与周边居民关系 | 污染与噪声造成关系紧张 | 和谐共处，可参观 |
| 发展潜力 | 发展潜力一般 | 发展潜力巨大 |

1. 绿色邮轮港的概念

绿色邮轮港是指采取了一系列环保措施的邮轮港口，以最小化邮轮运营和停靠过程中对环境的影响。这些措施涉及港口的设计、建设、运营和管理多个层面，旨在减少污染、节约资源并提高能效。绿色邮轮港需要邮轮公司、港口运营商、地方政府、环保组织和社区等各方的共同努力与合作,通过实施和推广一系列环保措施,降低邮轮旅游业对环境和海洋生态系统的负面影响,能够实现更可持续的邮轮旅游业发展模式。

2. 绿色邮轮港管理的实践

2007年12月,国际港口协会(International Association of Ports and Harbors,IAPH)推出了一项旨在降低港口废气排放,提高港口空气质量的实践指南"港口洁净空气工程工具箱"(Tool Box for Port Clean Air Programs),里面包含了对港口环境造成污染的废气的种类和性质。2015年在汉堡举行的绿色邮轮港口会议指出了建立绿色邮轮港口体系的重要性,提出应当在邮轮可持续能源供应减排和智慧邮轮航站楼建设方面,减少邮轮的污染。2016年6月西班牙《国家报》从污染的角度出发,以"海洋和谐"号这种类型的邮轮为例,指出其最大的污染问题是使用燃料油,燃料油是石油加工过程中的高污染剩余产物。虽然经过精炼,但邮轮所使用的燃料油产生的污染物依然达到普通柴油的100倍,这种燃料油由于含硫量超标而禁止在陆地上使用。2016年美国环保署(EPA)决定对美国主要邮轮港口进行海港气体排放研究,拟对二氧化碳、二氧化硫和二氧化氮等气体进行监测和研究,同时也对港口相关客户使用的公路和铁路的数据进行排放估算,争取建立一个更加广泛的港口排放清单,进而推进港口和周边地区减排计划和运营策略的有效性。

## 第二节 绿色邮轮港导向下的污染源和排放清单管理

### 一、绿色邮轮港导向下的污染源归类

邮轮港口产生的污染源中大部分主要是停靠的邮轮带来,同邮轮港口运营过程中也会产生一些污染。一艘能容纳几千人的邮轮每天都会产生大量污染气体、污水和固体废弃物,其中,很大一部分固体废弃是由邮轮在靠岸之后运送到岸上处理。另外,邮轮港口运营过程中客运中心和货物运输等也会产生大量的能耗污染。从绿色邮轮港口建设的视角来看主要需要考虑污染对空气质量、水质量、生态质量和港口社区安居质量等几个方面,其中主要涉及的污染源有这样几部分:(1)空气污染;(2)水污染;(3)固体废弃物污染;(4)噪声污染;(5)油泥污染。此外,主要还有严重的溢油事故及火灾等安全隐患。以下为主要的几类污染源。

**(一)气体污染——影响空气质量**

邮轮的动力系统主要来源于石油等化学能源的燃烧,对于空气质量来讲,空气污染物来自燃烧化石燃料,会导致健康问题,直接导致呼吸方面的疾病,如哮喘、支气管炎、肺癌等。发动机燃烧产生有害的副产物,包括一氧化碳(CO)、氮氧化物(NO)、悬浮微粒(PM10)、细悬浮微粒(PM2.5)和二氧化硫($SO_2$),还有许多温室气体,如二氧化碳($CO_2$)和总碳氢化物。

此外,除邮轮自身燃料带来的气体污染外,港区运营过程中也会产生很多污染气体。主要分为水上和陆上两个部分,港区水域内运营的辅助船舶行驶和操纵产生的气体排放,主要是柴油动力船舶;陆上部分,主要是针对邮轮的船供货物和旅客行李运送产生的动力污染,如邮轮港口或邮轮公司将游客行李由口岸搬运至邮轮上,行李搬运涉及叉车搬运、传送带输送,这个过程要耗费燃料和电力,还有邮轮船供货物的上船输送也会需要叉车、拖车和传送带等交通工具和运输设备,这些车辆均需燃烧汽油和柴油,这些车辆在运行中将排出大量的二氧化碳、氮化物、硫化物等大量有害气体。由车辆等带来一定的气体排放污染。

## (二)水污染——影响水体质量

### 1. 生活污水

邮轮由于承载大量的游客,本身就是一个海上漂移的星级酒店,大量的游客在邮轮上的生活期间会产生大量的生活污水,邮轮在近港海域和港区内需要处理部分生活污水。生活污水中含有大量有机物;也常含有病原菌、病毒和寄生虫卵;无机盐,氯化物、硫酸盐、磷酸盐和碳酸钠,钾,钙,镁等。在厌氧细菌作用下,含硫、磷、氮的污染物会散发恶臭。邮轮的生活污水等主要分为灰水和黑水。按照 GB3552-83 的规定,船舶生活污水系指"含有粪、尿及船舶医务室排出的污水"按照 GB10833-89 的规定,船舶生活污水系指:(1)任何排出的粪便污水;(2)从医务室(药房、病房等)排出的污水;(3)装有活的动物处所的排出物;(4)混有上述排出物的其他废水。按照 2004 年 4 月 1 日新修订的 MARPOL 公约附则 VI 的定义,船舶生活污水系指:任何形式的厕所和小便池的排出物和其他废弃物;医务室(药房,病房等)的洗手池、洗澡盆和这些处所排水孔的排出物;装有活着的动物处所的排出物;或混有上述定义的排出物的其他废水。从以上规定和定义来看,国内外的界定基本上是一致的。船舶生活污水主要是厕所冲洗所产生的粪便污水,即通常所指的"黑水"。虽然对盥洗、厨房及洗衣所排放的"灰水"没有给出处理要求,但当和"黑水"混合排放时必须进行处理。除了邮轮带来的生活污水,邮轮港区管理单位和服务单位过程中也会产生很多的生活污水。

### 2. 油污水

舱底含油水,包括发动机和其他与燃料、石油和废水的挥发性相关的机器。采用高压水清洗船舱产生的污油水称为船舶洗舱污油水。洗舱水的水量一般为该船载重量的 20% 左右。船舶机舱水是由于机舱内各种阀件和管路中漏出的水与轮机在运转过程中涌出的与润滑油、燃烧油等混合在一起的污油水。机舱水年水量一般为该船总吨位的 10% 左右。为确保安全航行和提高推进器的效率,需在货油舱内或压舱内装一定量的水,装入的水和附着在舱壁上的粘油混合就成了压载油污水。一般压载水占该轮载重量的 25% 左右。然而不同的海洋水域都有自己的生态系统和生物圈,当压舱水排放到自然海域里(港区内或者近港海域内),水中的成分和微生物可能会破坏这个水域的生物圈,影响海域生态,所以压载水的随意排放对海洋是一个污染因素。此外,邮轮港区内运营过程中需要有引船或者辅助船舶,这些船舶在日常运行和维护、清洗过程中也会产生一定的污油水,对海域水体产生污染。

## (三)固体废弃物污染——影响生态质量

固体废弃物主要指的是生活和生产过程中产生的垃圾,对于邮轮运营来讲,主要是指邮轮在运营过程中产生的船上消费品和零备件的包装垃圾。主要有垫舱物料、衬料和包装材料,食品废弃物、纸制品、玻璃、金属、陶器,还有一些消耗完的电池、印刷材料等。邮轮自身运营产生的废弃物主要分为无毒害废弃物和有毒有害废弃物。

## (四)噪声污染——影响生活质量

邮轮港口的噪声污染源主要有两类:主要有邮轮及其他船舶在港区内或者港口附近鸣笛噪声污染和邮轮发动机低频噪声污染。同时还包括一些其他可能的噪声,比如各种机械设备、车辆及船舶的交通信号、施工噪声等,其他船舶噪声则包括船舶动力设施的运行、机械撞击、气流振动等产生的噪声,所有这些污染都会严重影响港区工作人员的情绪和身心健康,干扰城市居民的正常工作和休息。

## 二、绿色邮轮港导向下的污染排放清单

### 1. 空气污染排放清单

空气污染主要考虑来源于邮轮进港航行产生的废气污染,以及邮轮在码头停泊时产生的废气污染,还有港区车辆运输过程中产生的气体,主要清单如表10－2:

表10－2　　　　　　　　　　　邮轮港口空气污染排放清单

| 气体排放清单 | 有毒害气体物质 | CO |
|---|---|---|
| | | $SO_X$ |
| | | HC |
| | | $NO_X$ |
| | | DPM |
| | | PM2.5 |
| | | PM10 |
| | 温室气体 | $CH_4$ |
| | | $N_2O$ |
| | | $CO_2$ |

### 2. 水体污染排放清单

邮轮港口污水污染排放的来源主要有邮轮黑水、灰水、油污水,以及港区污水,主要清单如表10－3:

表10－3　　　　　　　　　　　邮轮港口水体污染清单

| 水体排放清单 | 邮轮黑水 | 厕所污水 |
|---|---|---|
| | | 医务室污水 |
| | | 活禽畜处所污水 |
| | 邮轮灰水 | 一般水槽污水 |
| | | 浴室污水 |
| | | 洗衣房污水 |
| | | 厨房污水 |
| | 邮轮油污水 | 舱底油污水 |
| | 港区运营污水 | 港区设备清洗污水 |
| | | 港区生活污水 |

### 3. 固体废弃物排放清单

邮轮港口废弃物排放主要是邮轮运营中的固体废弃物,主要包括生活垃圾和有毒害运营垃圾,以及邮轮港区运营生活产生的垃圾,主在清单如表10－4:

表 10—4    邮轮港口固体废弃物排放清单

| 固体废弃物 | 邮轮无害可处理垃圾 | 可回收纸制品、塑料 |
| --- | --- | --- |
| | | 可回收玻璃制品 |
| | | 铝、厨房罐及其他一般金属制品 |
| | 邮轮毒害性回收垃圾 | 照片、X射线开发流体废弃物、激光打印墨盒等 |
| | | 电子废弃物 |
| | | 荧光灯、含汞产品、电池等 |
| | 邮轮港区运营垃圾 | 旅客遗留生活垃圾 |
| | | 港区办公和生活垃圾 |

4.噪声污染排放清单

邮轮港区噪声污染主要来自邮轮及港区作业船只的高分贝汽笛声和邮轮靠岸后的低频噪声,主要清单如表 10—5:

表 10—5    邮轮港口噪声污染清单

| 噪音污染 | 高分贝噪声 | 邮轮鸣笛等 |
| --- | --- | --- |
| | | 港区作业船只鸣笛等 |
| | 低频噪声 | 邮轮靠岸发动机、电机的低频噪声 |

## 第三节  绿色邮轮港的发展趋势与管理措施

### 一、绿色邮轮港的发展趋势

#### (一)环保政策规制的创新对绿色邮轮港口的影响趋势

1.联合国海洋公约对邮轮港口减排节能规制进一步加强

联合国海洋公约规定,国家有义务保护和维持海洋环境,它要求各国采取行动,减少和控制来自任何源头的污染以及确保他们所采取的司法管辖和控制行为不会损害其他国家的主权;公约还明确规定,船旗国有义务制定法律法规来规范其管辖范围内的船舶造成的污染,适用的标准至少达到国际规则水平。尽管公约在污染方面做了较多努力,但是目前对监督船旗国履行义务的条款相对还比较少。

邮轮受《联合国海洋法公约》中的很多条款影响,其中三个条款对邮轮业造成的污染的排放和管理关系密切。九十一条提出的开放登记制度对于国际安全、安全记录、劳务等其他传统有一种事实上的放宽。九十二条和九十四条指出国家对于悬挂他们国旗的船有管辖权,九十二条赋予国家对于悬挂他们国旗的国家有专属管辖权,九十四条指出船旗国的责任有:对于悬挂起国旗的船舶的行政、科技、社会问题的管辖和控制。最后公约的第十二部分强调了对海洋环境的保护以及国家执行力。

邮轮在进出邮轮港口时会受到沿海国家制定的严于国际标准的有关船舶污染的法律的规制,但外国船只仅在该国领海范围内才遵守该国的法律,超过12海里,沿岸国只能在三种情况下依据国际规则和标准管理外国船舶。首先，外国船只出现在沿海港口，并且外国船只的排污范围在其专属经济区内；其次，当外国船舶在本国港口出现时，若发生了在其领海、专属经济区或内河水道等领域内的船舶污染违法行为时，该国可以对该行为进行罚款；最后，沿海国家在有"明确的客观证据"可以证明船舶在其专属经济区内非法排污，并对其海岸相关利益造成重大损害或带来重大损害威胁的情形下，沿海国可以对外国船舶采取有效措施。船舶污染的特点是流动性和范围大，不利于沿海国处罚污染行为，也不利于索赔和解决实际问题。

邮轮靠泊各国港口，依据《联合国海洋法公约》第二百一十八条及二百一十九条规定，关于船舶污染的排放，港口国有权进行调查、提起司法程序或采取行政措施以禁止该船航行。目前依据公约，邮轮在进出邮轮港口时会受到沿海国家制定的严于国际标准的有关船舶污染的法律的规制，外国邮轮在该国领海范围内必须遵守该国的法律，邮轮污染管制可能会更加强化，管制的加强对邮轮港口的污染趋势会下降。

2. 防治船舶污染国际公约对邮轮港口减排限制要求更高

邮轮靠泊各国邮轮港口，应当遵守 MARPOL 公约(International Convention for the Prevention of Pollution From Ships，国际防止船舶污染公约)。以下针对 MARPOL 附则Ⅵ及国际上主要国家的船舶空气污染排放标准的重要规定做叙述，主要是邮轮气体排放污染受到的约束。MARPOL 附则Ⅵ中显示：

(1)氮氧化物($NO_x$)

①第一期(Tier 1)：凡 2000 年 1 月 1 日后制造或进行过重大改装的船只，输出功率超过 130 kW 的柴油引擎排放量，最大不得大于 17.0 g/kWh。

②第二期(Tier 2)：凡 2011 年 1 月 1 日后安装于船舶上的主机，输出功率大于 130 kW 的柴油引擎排放量，最大不得大于 14.4g/kWh。

③第三期(Tier 3)：凡 2016 年 1 月 1 日后安装于船舶上的主机，输出功率大于 130kW 的柴油引擎排放量，最大不得大于 3.4 g/kWh。

由于第三期标准适用在 $NO_x$ 污染控制区(Emissions Control Area，ECA)行驶的船舶，而现有的三项主要船舶 $NO_x$ 排放控制技术——选择性触媒还原系统(Selective Catalytic Reduction，SCR)，废气循环系统(Exhaust Gas Recirculation，EGR)及液化天然气双燃料系统(Dual-Fuel，LNG)仅 EGR 一项商业化，但不足以供应世界性的船舶使用，国际海关组织(IMO)的海洋环境保护委员会(Marine Environment Protection Committee，MEPC)在第 65 届会议中(2013 年 5 月)同意将第三期标准延后 5 年实施，以 2021 年起算。

(2)硫氧化物与微粒物质(Sulphur Oxides and Particulate Matter)

①2012 年 1 月 1 日前任何船用燃料油其含硫量不得超过 4.50％m/m，2012—2020 年任何船用燃料油其含硫量不得超过 3.50％ m/m，2020 年之后任何船用燃料油其含硫量不得超过 0.50 ％ m/m。

②船舶在排放控制区(Emission Control Area)内时，所使用的燃料在 2010 年前含硫量不得超过 1.50％m/m，2010—2015 年不得超过 1.00％m/m，2015 年后不得超过 0.50 ％m/m。

(3)挥发性有机物(Volatile Organic Compounds，VOCs)

①VOCs 的管制规定属非强制性，然选择不接受该条管制的船舶进入受管制港口或码头，仍须依该港口的规定办理。

②选择接受 VOCs 管制的缔约国港口或码头必须装设挥发气体控制系统(Vapor Emission Control Systems，VECS)，选择接受 VOCs 管制的缔约国的邮轮也需装设 VECS。

③无 VECS 的油输可进入有 VECS 港口与码头的期限,为港口或码头 VECS 规定生效日起三年内。

(4)燃料油质量(Fuel Oil Availability and Quality)
①燃料油应是石油精炼后产生烃类的混合物。
②燃料油不得含无机酸。
③燃料油不得含:a. 会危及船舶安全或不利机械性能者。b. 对人体有害者。c. 加重空气污染者。船舶使用清洁燃油后,各污染物的减排比例如表 10-6 所示。

表 10-6　　　　　　　　船舶使用清洁燃油后各污染物的减排比例

| 燃料种类 | 含硫量 | PM | NOx | SOx |
| --- | --- | --- | --- | --- |
| 重油 | 1.5% | 18% | 0% | 44% |
| 柴油 | 1.5% | 53% | 10% | 44% |
| 轻质柴油 1 | 0.5% | 75% | 6% | 82% |
| 轻质柴油 2 | 0.2% | 81% | 6% | 93% |
| 轻质柴油 3 | 0.1% | 83% | 6% | 96% |

国际防治船舶污染公约(MARPOL)除了对船舶大气污染排放的严格要求外,有关防止船舶污染的国际公约包含 20 个条款和 6 个附则,其中还有 5 个和水污染有关。如表 10-7 所示。附则Ⅰ将由于船舶操作引起的漏油纳入规范。第五条条款规定船舶签署国必须持有有效的证书,他们必须在签署国的监督下进港。若检查结果显示船舶没有持有有效的证书,则不得航行,除非同时公约还说明了一些特定区域,特定区域将会试用更加严格的标准。当船舶是在特定区域时,禁止排放纸产品、破布、玻璃、金属、瓶子和其他垃圾,这种情况下垃圾要储存在船上,并使用由签署国提供的垃圾处理设备来进行垃圾的处理。

表 10-7　　　　　　　　MARPOL73/78 附则生效时间及对中国生效时间

| 附则 | 附则名称 | 附则生效时间 | 对中国生效时间 |
| --- | --- | --- | --- |
| 附则Ⅰ | 防止油类污染规则 | 1983.10.2 | 1983.10.2 |
| 附则Ⅱ | 控制散装有毒液体污染规则 | 1987.4.6 | 1987.4.6 |
| 附则Ⅲ | 防止海运包装有害物质污染规则 | 1992.7.1 | 1994.12.13 |
| 附则Ⅳ | 防止船舶垃圾污染规、则防止船舶生活污水污染规则 | 1988.12.31 | 1989.2.21 |
| 附则Ⅴ | 防止船舶造成大气污染规则 | 2005.5.19 | 2006.8.8 |

邮轮焚化炉中会焚烧各种固体废弃物,包括有害废物、油、含油污泥、医疗和生物危险废物、过期的药品和其他固体废物(如塑料、纸、金属、玻璃和食物等)。一艘普通大小的邮轮一周可以燃烧 1 到 2.5 吨油污泥。船上焚化炉焚化时排放的气体中含有致癌物质如呋喃和二噁英等,还有一些如氮氧化物、硫氧化物、一氧化碳、二氧化碳、氯化氢、固体颗粒物、有毒重金属(如铅、镉、汞等)。对于固体废弃物的处理约束直接影响到邮轮靠港后的固体废弃物的上岸处理的总量,会考验邮轮港口对固体废弃物接受的承载力。

(二)国际海事组织(IMO)规制对邮轮港口污染限制将进一步加大
国际海事组织为政府间海事协商组织,它是 1948 年 5 月 6 日由联合国海事会议建立的。

建立国际海事组织最初的想法是为了制定有关航运安全相关的法律,但从1970年它的研究重点变为"预防和控制因勘探和开采海床和海底所产生的污染。"对于此,国际海事组织的权力仅限于给予建议,而不具有执法权。国际海事组织为了完成其目标提出了公约制定建议,并提供公约草案。然后必须由一定数量的国家批准该公约。一旦批准要求达到了,"监测和执行公约的责任从国际海事组织转到各国政府,尤其是船旗国"。

邮轮的引擎排放的气体也是其空气污染的明显的来源,一艘正常体积的邮轮的日排放量相当于12 000辆汽车。当前国际标准认定,远洋船舶燃料最高含硫量为4.5%,这个限额对于邮轮公司来说很容易达到的,因为船用燃油平均含硫量仅为3%。值得注意的是,所谓低硫燃料,硫含量只降低了0.001 5%。新的标准在2020年生效,显著减少空气颗粒物、二氧化硫以及船舶产生的氮氧化物等。目前来说,不少邮轮公司由于成本太高的原因拒绝使用硫含量低于3%的燃料。美国政府在空气污染上也采取了很多行动,美国和加拿大的IMO将在北美洲创建一个排放控制区(ECA),区域伸展到距海岸线外200海里,在ECA中要求所有船舶必须使用更清洁的燃料。

除气体污染限制外,IMO还有压载水公约对邮轮的水污染进行限制。2004年《压载水公约》在IMO大会上正式通过,《压载水公约》即为《国际船舶压载水和沉淀物控制与管理公约》的简称,公约将在12个月后正式开始实施,前提是满足生效条件。公约生效条件为:缔约国不少于30个,同时缔约国所有的商船总吨(GT)占全球份额35%以上。届时,适用该公约的船舶最迟要在公约生效之后的第一次坞修特检,安装符合D-2标准的压载水处理装置(BWMS)。2016年3月7日和8日,比利时和斐济分别签署了压载水公约,正式成为压载水公约的第48和49个缔约国。随着这两个国家的加入,参与公约的船队总吨占到全球份额的34.82%。距离公约生效仅有一步之遥。2016年9月8日,随着芬兰加入《压载水公约》,其生效条件(至少有30个国家加入,其商船合计总吨位不少于世界商船总吨位的35%)已经满足,从满足条件之日起12个月后即2017年9月8日,公约正式生效。压舱水公约的生效,会对邮轮海上行驶和进港靠港期间的废水排放作进一步的限制。

### (三)中国船舶和港口污染管理政策创新对邮轮港污染限制强化

目前中国除了履行《MARPOL73/78公约》规定的缔约国政府的相关义务外,近年来特别加强了对船舶和港口的废弃物排放和污染的管理,出台了一些新的法规,对邮轮船舶和邮轮港口起到了一定管理限制。交通部在2006年发布了行业标准《船舶污染物接收和船舶清舱作业单位接收处理能力要求》,在各个关键的行业节点上对接收处理的问题都做出了相应规定,相比过去法案可以说是相当具体。然而作为交通部颁布的条例并没有法律的强制规定,只是行业建议,对相关从业企业的规定也十分有限,并不能产生强制规定的效力。在2010年3月国务院颁布了新的《防污条例》,这项法规是对海事部门权力的极大加强,海事部门可以对污染物接收处理企业进行监管并且可以赋予单次处理的权力。并且可以对相关企业进行有关审核,其中包括法规执行审核和现场审核。审核后也会对该企业的后续作业进行管理,进行不定期审查使得行业规范逐步建立。

为了更好地贯彻实施国务院颁布的《中华人民共和国大气污染防治法》,交通部海事局发布了新的〔2015〕177号文,其中对国内含硫燃油排放控制区域的范围及运行时间表进行了明确规定,见表10—8。交通运输部于2015年12月4日发布了《珠三角、长三角、环渤海(京津冀)水域船舶排放控制区实施方案》(简称《ECA方案》),提出在珠三角、长三角和环渤海三大水域设立船舶排放控制区。根据测算,实施ECA后,第一阶段,即船舶靠岸期间换小于0.5%

低硫油,PM2.5 一次减排率在 10% 左右,硫氧化物的减排率在 18% 左右;第二阶段,船舶进入 ECA 后换小于 0.5% 低硫油,PM2.5 的一次减排率可以达到 60% 以上,硫氧化物的减排率达到近 80%。到 2018 年,船舶在三大 ECA 内任何港口停靠期间都将执行 0.5 含硫量这一排放标准。而到 2019 年,这个标准扩大至 ECA 内全部水域,交通部还考虑可能将排放标准进一步限制为 0.1% 含硫量,并可能扩大 ECA 范围。

表 10—8　　　　　　　　　　交海发〔2015〕177 号　主要规定

| 执行年份 | 具体规定 |
| --- | --- |
| 2016—1—1 | 排放控制区内有条件的港口可以实施船舶靠岸停泊期间使用硫含量≤0.5%m/m 的燃油 |
| 2017—1—1 | 排放控制区内的核心港口区域靠岸停泊期间<br>(靠港后的一小时和离港前的一小时除外,下同)应使用硫含量≤0.5%m/m 的燃油 |
| 2019—1—1 | 排放控制区内所有港口靠岸停泊期间应使用硫含量≤0.5%m/m 的燃油 |

综合以上国际和国内的邮轮环保政策和规定,未来对于邮轮进港和港口靠泊的环保要求将越来越严格,如果各大邮轮公司在进入和靠泊中国邮轮港口都能够严格执行上述提到的政策法规所要求和规定,从环保政策和执行情况来看,未来的邮轮港口环保状况应该有所进步,污染状况会进一步降低。

## 二、环保技术性创新对绿色邮轮港口的影响趋势

1. 港口岸电的使用能够有效节能并利于减少邮轮港口废气污染

邮轮在邮轮港口停泊,进行旅客上下船和货物船供补给等,会在港口待一到两天,而靠岸时船上照明、空调等电力来源通常为燃烧柴油的辅助引擎,而其排放的废气成为港区主要空气污染物来源之一。解决此问题的主要方法是使用岸电系统,随着岸电技术的发展,让船舶靠岸时利用接电方式获得电力,替代柴油燃烧,进而有效减少因怠速产生的 PM、$SO_X$ 和 $NO_X$ 等空气污染物,达到节能减排的效果,起到邮轮港口降低污染能耗的作用。目前在我国,上海吴淞口邮轮港已经率先成功实现邮轮靠泊岸电的使用,大大降低了污染,但是未来需要进一步提高岸电的使用比例。

2. 邮轮船舶设计制造技术创新有助于未来降低邮轮港口污染

由于传统邮轮的燃油燃烧动力系统污染严重,近年来许多邮轮公司开始建造绿色邮轮,使用绿色动力能力,合理使用清洁能源满足节能环保的要求,绿色邮轮符合高效节能、低排放高动力的要求。绿色邮轮已经成为邮轮技术变革的发展趋势。邮轮新的清洁替代能源包括 LNG(天然气,沼气)和 LPG(丙烷,丁烷)两大类。这些能源能够用于发动引擎,推动涡轮和燃料电池。德国迈尔船厂开发研究了 LNG 能源,并首次与德国劳氏船级社合作生产建造了一艘节能型邮轮。船厂利用燃料电池开发了 E4 邮轮,这些电池组将用于屋内设备的照明。

此外,根据生态、技术和经济的要求,开发了三个实证项目和一个保护项目,为邮轮培育了环境友好型和生态能源型的电池能源供应系统,以期减少废气污染物的排放。近年来,船厂和设计者逐渐重视减少氮氧化物的排放。2000 年,IMO 也出台了《防止船舶造成污染国际公约 7 378 附则六》(IMO MARPOL 73/78 Annex VI)。2016 年 ECA 地区减少 80% 的氮氧化物的排放这些规定对邮轮的设计建造提出了新要求。例如,充分利用太阳能、LED 节能灯等节能系统,减少空调系统的使用。此外,将燃料与水混合组成乳油液(俗称 FEW),结合 HAM 技

术,重新制成新的燃料,能够有效减少氮氧化物废气的排放。

**案例**

海洋绿洲系列邮轮

2024年,法国大西洋造船厂(Chantiers de l'Atlantique)为皇家加勒比建造的第六艘绿洲系列(Oasis—class)豪华邮轮"海洋乌托邦号"(Utopia of the Seas)正式交付运营。

按照计划,"海洋乌托邦号"于7月19日起从美国佛罗里达奥兰多正式启航,开启运营短途度假航线。皇家加勒比最新揭晓了全球知名的格莱美获奖艺术家梅根·特瑞娜(Meghan Trainor)受邀担任"海洋乌托邦号"的教母。7月15日,"海洋乌托邦号"将举办为期3晚的首航庆典航次,梅根·特瑞娜将出席活动并献上现场表演,众多来宾将莅临现场共同见证这一盛大的惊喜时刻。

皇家加勒比国际邮轮全球总裁兼首席执行官迈克尔·贝利(Michael Bayley)表示:"在'海洋乌托邦号'上,短途度假理念有了具象化的呈现,我们不仅可以在周末开启一场充满活力的旅行,更可以充分用上一周中的任何一天和我们所爱的家人、朋友共同创造美好的度假回忆。作为'海洋乌托邦号'的教母,梅根完美诠释了这一理念,从在音乐上的追求、成就到与世界分享她的音乐,都与'海洋乌托邦号'的活力与能量相互契合。我们非常激动地欢迎她加入我们的大家庭,并在'海洋乌托邦号'上举办一场史诗级的派对,共同开启这场极致短途度假之旅。"

"海洋乌托邦号"是皇家加勒比绿洲系列第一艘LNG动力邮轮,在2022年4月开工建造。该船将采用众多创新技术和环保应用,大幅提高能效,降低总体碳排放。据了解,皇家加勒比绿洲系列邮轮是目前全球超大的邮轮之一,总吨位超过22.5万吨,船长约360米,高约72米,首批2艘"海洋绿洲(Oasis of the Seas)"号和"海洋魅力(Allure of the Seas)"号由STX芬兰(现Meyer Turku船厂)建造,在2009年和2010年交付。

在前两艘船获得商业成功后,皇家加勒比又陆续向STX集团订造了另外3艘绿洲系列邮轮,由STX法国(现大西洋造船厂)建造,其中第三艘船"海洋和悦(Harmony of the Seas)"号于2016年交付,第四艘"海洋交响(Symphony of the Seas)"号于2018年首航,第五艘"海洋奇迹(Wonder of the Seas)"号因疫情影响推迟到2022年3月投入运营。2019年2月,皇家加勒比在大西洋造船厂订造了第六艘绿洲系列邮轮"海洋乌托邦号"。

自改变国际邮轮行业的"海洋绿洲号"于2009年首次亮相以来,皇家加勒比的绿洲系列数次创造纪录,已经为数百万家庭和各个年龄段的旅行者带来了难忘的假期。作为绿洲系列的最新邮轮,"海洋乌托邦号"延续了创新典范,为宾客提供40多种用餐、小酌、聚会的方式,其中不乏"海洋乌托邦号"独有的体验场景——沉浸式的火车车厢用餐体验;丰富多样的泳池与水上活动;令人叹为观止的空中、冰上、水上和舞台融合一体的娱乐体验。"海洋乌托邦号"首次推出了3晚周末航线和4晚工作日航线,旅行者们可以在这场短途旅行中收获酣畅淋漓的活力假期。

"海洋乌托邦号"还将带领宾客前往皇家加勒比位于巴哈马的私属岛屿目的地"可可岛完美假日"。宾客可以尽情享受岛上的14个水上滑梯、加勒比海和巴哈马最大的淡水游泳池、新开放的成人专属的休闲区、隐世海滩、美味的饮品和小吃、专属水上小屋、现场DJ和更多乐活体验。

值得一提的是,2024年2月皇家加勒比又在法国大西洋造船厂追加订造第七艘绿洲系列豪华邮轮,预计将于2028年交付。这将是是大西洋造船厂为皇家加勒比建造的第五艘绿洲系列邮轮。

（来源：http://field.10jqka.com.cn/20240710/c659663409.shtml。）

## 三、绿色邮轮港口的管理措施

1. 加大邮轮码头电源供应措施

邮轮港口岸边电源供应系统（也被称为冷铁技术），使得停靠的邮轮能够关闭柴油发动机，转而使用陆地电网供电，大大减少局部空气污染物和温室气体排放。绿色邮轮港口应当增加岸边电源供电系统，对靠泊邮轮中具有岸电接收功能的邮轮一律鼓励或者强制使用岸电供应，同时对于使用岸电系统的邮轮进行一定的补贴或者奖励，从而降低邮轮靠港对于港口环境的污染。

2. 严格邮轮废物管理

绿色邮轮港口设立高标准的垃圾和废水处理设施，确保邮轮产生的固体垃圾和污水得到有效处理，减少对海洋环境的污染。邮轮港口必须设立专门的邮轮垃圾处理管理部门，进行对接邮轮公司，凡是邮轮靠港都必须通过港口公司或者岸上第三方公司进行垃圾船上固体垃圾归集与清运做妥善处理，不可以任由邮轮运营公司自行处理，或者在近海和港湾排海。对于邮轮公司船上污水的处理，必须进行严格的检查，并且邮轮港公司要进行近海和港口区域水质检测，来杜绝邮轮公司的偷排污染物行为。

3. 设计和建造港口的可持续建筑。

绿色邮轮港在港口的建设中采用绿色建筑材料，尽量利用太阳能、风能等可再生能源，并设计高效的能源管理系统，降低能耗。例如，上海吴淞口国际邮轮港2018年竣工的两座航站楼（海洋画卷），顶层全部铺设了光伏发电设备，对楼内设施可以进行太阳能供电，十分环保。对于传统邮轮港可以进行建筑完善，增设节能减排的设施。

4. 清洁能源的大力推广

绿色邮轮港口要鼓励或要求使用LNG（液化天然气）等清洁燃料的邮轮，或者支持邮轮企业改装船舶，利用清洁能源，并且在港口费用方面给予邮轮企业一定的补贴。

5. 绿化与景观设计

绿色邮轮港可在港口区域内增加绿化面积，种植本土植被，创建生态友好的休闲空间，同时在雨水搜集利用方面积极改善，用以绿化浇灌。

6. 港区设备环保升级

绿色邮轮港在港区设备方面要进行积极环保设计，如行李运输车和叉车尽量用新能源电动车或者低排放车辆，拖船、廊桥机、吊机等设备要尽量提高环保等级，提高港区整体环保减排效果。

**案例**

**绿色邮轮港管理国内外实践**

1. 美国绿色邮轮港管理

美国邮轮港口的绿色建设、环境保护在全球属于领先。其中，西海岸的绿色邮轮港口建设又是其中的佼佼者。西海岸的几大邮轮港口，如西雅图、洛杉矶、旧金山、圣地亚哥等，是最早开展绿色邮轮港口建设，并将自身定位为可持续发展和环境保护的引领者。以西雅图港口为例，其致力于成为北美领先的可持续发展港口，其在以下四个方面做出了巨大成就：一是开始发展业务伙伴关系,使港口可再生天然气减少了70%的碳排放量;二是实现90%的建筑垃圾回收率;三是发展环境绩效指标的、发达的交通网络公司,如Uber、Wingz和Lyft;四是在大门区域内安装新的推广信息,突出其所采取的可持续发展举措。此外,美国还有很多港口制订了绿色发展计划。例如,纽约和新泽西港拥有广泛的环境保护计划,既包括航运碳减排的战略探讨,又有环境管理系统战略考虑,以减少港口设施运营的环境影响。纽约和新泽西港推出了清洁空气战略、清洁车辆奖励计划、卡车替代战略等,并推动邮轮港口排放清单等研究。长滩港的绿色港口计划包括:保护社区免受港口运营的环境影响,使港口成为环境管理和操作的领导者,促进可持续性,采用现有最好的环保技术。

(资料来源:航运评论公众号。)

### 2. 英国绿色邮轮港管理

根据英国减少航运业污染的目标,英国运输部2019年已规定从2025年开始,英国水域的所有新船需具备零排放技术。"清洁航运计划"被涵盖在其2050年航运环境路线图内,更详细地阐述了政府对英国向零排放航运的未来过渡的看法。该计划已于2019年7月11日发布。

清洁航运计划是政府清洁空气战略的一部分,该战略旨在减少各部门的空气污染,保护公众健康和环境清洁。该战略还将有助于实现英国到2050年实现温室气体零增长的目标。

根据报告,2050年,全球将普遍运营零排放船舶。英国在推动英国水域零排放航运过渡方面发挥了积极作用,同时也是全球零排放船舶的领头羊,英国的发展速度超过了其他国家,更超过了国际标准。此外,新闻发布显示,该计划包括一项耗资100万英镑的竞赛,寻找减少航运排放的创新方法。航运部长Nusrat Ghani评论道:航运业对英国经济的成功至关重要,航运业必须尽一切可能减少排放,改善空气质量和应对气候变化。除了清洁航运计划外,英国航运业已经采取措施减少排放,英国水域已经开始运营混合动力渡轮,在苏格兰岛屿和跨索伦特到怀特岛之间运营。伦敦港务局航运部长今天启动该计划,也使用了混合动力船。

为了实现航运业的绿色发展,英国预计到2025年,所有在英国水域运营的船舶都将最大限度地提升能源效率。所有在英国水域运营的新船的设计都具有零排放推进能力。零排放商用船将在英国水域运行。

英国正在建设清洁航运集群,重点关注与零排放推进技术相关的创新和基础设施,包括加注低排放燃料或零排放燃料。

此外,到2035年,其目标是建立大量的清洁航运集群。结合了基础设施和创新技术,在新造船舶上使用零排放推进技术。英国各地都将实施低排放或零排放船用燃料加注方案。

英国船舶登记处成为清洁航运领域的全球领导者,英国成为世界领先零排放航运领域的大本营,其中包括:(1)强大的出口产业;(2)前沿研发活动;(3)全球清洁航运增长相关的投资、保险和法律服务中心。

BMT集团首席执行官兼代表Mari-UK的Sarah Kenny认为:清洁航运计划是实现英国零排放的重要一步。实现净零排放并非易事,但它将为我们400亿英镑的航运业带来重大机遇和挑战。航运已经是最环保的货运方式,但我们可以且必须采取更多措施来减少排放。这是全国各公司和大学首次通过MarRI-UK进行合作,加速了英国的海上技术发展能力,特别是在脱碳方面技术能力。关于法规,政府将在2020年之前建立航运排放法规咨询服务(MERAS)。在海事和海岸警卫局的支持下,MERAS将为使用零排放推进技术的创新者提供专门支持,协助他们完成监管程序。指南已经发送到英国各个港口,告知各港口正在制定的空气质量战略。英国主要港口集团首席执行官兼清洁航运理事会成员Tim Morris表示:清洁航运计划是一项非常有价值的工作,它为英国海事部门的转型提供了契机。实现这个计划避免不了巨大复杂的转型挑战。但港口行业、其他航运部门以及与政府和其他利益相关者共同合作,决心承担这一转变带来的挑战。

清洁航运计划是政府《2050海事战略》的一部分,该战略于2019年1月发布的一项长期战略,旨在推进英国在未来几十年内成为全球海事领域的领导者。

同时为支持清洁航运计划,英国港口协会政策负责人Mark Simmonds评论道:英国港口协会准备与政府密切合作共同解决这些挑战。数十年来,英国一直坚信市场主导的港口部门为国际航运业提供世界一流的基础设施和服务,海运运输占全球运输的95%。

(来源:国际船舶网,https://www.eworldship.com/html/2019/ship_inside_and_outside_0714/151078.html。)

3. 新加坡绿色邮轮港口管理

新加坡海事及港务管理局(MPA)最近更新其环境优惠措施。该局于2022年4月22日发布《新加坡海事绿色倡议的修订版绿色船舶计划》,下调低排放船舶的注册费,并于2022年5月1日发出《加强新加坡海事绿色倡议——绿色港口计划》通告,宣布为采用低碳或零碳燃料的船舶提供港口费优惠。两项新措施已自2022年5月1日起生效,有效期至2024年12月31日。

在新措施下,悬挂新加坡国旗的船舶若在国际海事组织《国际防止船舶造成污染公约》附则Ⅵ所订的第三阶段能效设计指数方面,较相关要求高出10%或以上,可获减免50%首次注册费,以及退回20%年度吨位税;若船舶主要使用液化天然气或转换系数较低的燃料,可获减免75%首次注册费以及退回50%年度吨位税;若船舶主要使用零碳燃料,更可获豁免首次注册费以及退回全额的年度吨位税。

船舶若在新加坡港使用零碳燃料,可获减免30%港口费;若使用液化天然气以外的低碳燃料,且较国际海事组织的第三阶段能效设计指数要求高出10%,则可减免25%港口费。另外,船舶若在港内接受由采用低碳燃料的港口工作船提供的服务,可再获减免10%港口费。

(资料来源:国际船舶网,https://www.eworldship.com/html/2022/ship_inside_and_outside_0521/182288.html。)

4. 上海吴淞口国际邮轮港绿色岸电

2024年,在超量子级国际邮轮"海洋光谱号"正式回归上海母港的同时,吴淞口国际邮轮港正加快推进"绿色港口"建设。"海洋光谱号"靠泊码头期间已全面启用岸电,能显著减少停泊期间大气污染物排放,有助于提升港口周边的空气质量,并减少噪声与震动。据了解,"海洋光谱号"单次靠泊用电量即可达38 000千瓦时,4月26日复航至今,已累计用电近12万千瓦时,约可节约24吨燃料油,减少二氧化碳排放76吨,节约成本约15万元。

为聚焦提高上海港船舶岸电受电设施配置率和靠港使用岸电率,海事部门与相关交通主管部门共同发力,积极推进现有邮轮改造,加强与靠泊码头的技术衔接,与港口等岸电供电企业做好岸电设施联调,确保邮轮在靠泊码头期间均可正常使用岸电。

在推动邮轮港绿色岸电服务方面,海事部门多角度发力。一是推动岸电供电企业和邮轮企业加强相关人员队伍建设与培训,建立健全岸电管理、维护保养制度和操作规程,提高岸电专业技术支撑能力;二是推动国际邮轮公司与港口企业于复航前签订岸电使用协议,明确岸电使用价格,鼓励引入保险机制,划清各方安全责任;三是逐船逐泊位落实岸电容量、接插件和位置匹配情况,实现邮轮常态化使用岸电,发挥岸电减排效应。

吴淞国际邮轮码头岸电系统是目前世界最大的变频变压岸电系统,也是亚洲首套邮轮岸电系统,靠泊泊位已实现高压岸电设施全覆盖。目前,包括爱达邮轮、蓝梦邮轮、皇家加勒比在内的多家邮轮公司旗下的国际邮轮,都已完成在上海吴淞口国际邮轮港的岸电系统接入和应用调试,实现了邮轮靠泊码头期间使用岸电系统。

(资料来源:新民晚报,2024—05—15。)

**本章思考题**:

1. 绿色邮轮港的概念。
2. 邮轮港口的污染源主要有哪些?
3. 尝试说明邮轮港口的污染排放清单。
4. 通过查阅资料分析绿色邮轮港建设可以利用哪些新的环保技术?
5. 通过查阅资料总结绿色邮轮港的创新管理措施。

# 第十一章 邮轮港口突发事件管理

**本章导语**：在现代邮轮旅游行业蓬勃发展的背景下，邮轮港口作为重要的海上交通枢纽，承载着大量旅客的出行需求。然而，突发事件的不可预测性以及其可能对航运安全、旅客安全和港口运营造成的重大影响，已成为行业亟待研究的重要课题。因此，建立一套高效的突发事件管理体系，确保在面对自然灾害、技术故障以及其他紧急情况时，能够高效、有序地应对此类事件，对维护港口安全、保障旅客权益和促进邮轮经济的可持续发展具有重要意义。

## 第一节 邮轮突发性事件的界定

### 一、邮轮港突发事件概念

《国家突发公共事件总体应急预案》中，突发事件的定义是指，突然发生，造成或者可能造成重大人员伤亡、财产损失、生态环境破坏和严重社会危害，危及公共安全的紧急事件。

《中华人民共和国突发事件应对法》中，突发事件的定义是指，突然发生，造成或者可能造成严重社会危害，需要采取应急处置措施以应对的自然灾害、事故灾难、公共卫生事件和社会安全事件。

我国各行业则根据行业特征进一步具体化突发事件的定义。《水路交通突发事件应急预案》中，水路交通突发事件的定义是指，由水路运输事件、社会安全事件、公共卫生事件和自然灾害等突发事件引发的、造成或可能造成航道或港口出现中断、瘫痪、重大人员伤亡、财产损失、生态环境破坏和严重社会危害，以及由于社会经济异常波动等造成重要物资需要由交通主管部门提供水路应急运输保障的紧急事件。

本书中，邮轮港突发事件的定义是指，在邮轮港口运营阶段港界范围内突然发生的，造成或可能造成人员伤害、财产损失或使邮轮港不能维持正常的运转活动，并且需要采取紧急处置措施，疏散或者救援人员，提供应急运输保障的事件。

### 二、邮轮港突发事件的分类

《国家突发公共事件总体应急预案》根据突发公共事件的发生过程、性质和机理，将突发公共事件主要分为以下四类：自然灾害、事故灾难、公共卫生事件、社会安全事件。2007年《突发事件应对法》也是沿用此类划分方法，这种分类方法目前在我国较为通用。

根据邮轮港口突发事件的性质、邮轮港口行业特点，与国家《突发事件应对法》相协调一致,将港口突发事件分为四大类,如表11-1所示:。

表11-1　　　　　　　　　　邮轮港突发事件分类

| 分类 | 包含内容 |
| --- | --- |
| 自然灾害 | 地震、洪水、地质灾难(泥石流、滑坡、崩塌、地面沉降等)、森林火灾、突发气象事件(台风、雷击、海啸、雨雪冰雹、大雾雾霾等) |
| 公共卫生事件 | 暴发传染病、出入境人员意外死亡、截获外来有害生物、核辐射污染、废物致病菌污染等 |
| 社会安全事件 | 恐怖袭击、群体性事件、偷渡、走私等 |
| 事故灾难 | 陆上、水上交通事故及溺水事故、火灾、拥挤踩踏、触电事故、机损事故、邮轮港设施事故、邮轮港周边事故灾难等 |

1. 邮轮港自然灾害突发事件

邮轮港自然灾害突发事件是指给邮轮港区人民生产生活带来危害的自然现象,包括地震、洪水、地质灾难(泥石流、滑坡、崩塌、地面沉降等)、森林火灾、突发气象事件(台风、雷电、海啸、雨雪冰雹、大雾雾霾等)。

邮轮在进出港口的时候易受到台风、大雾等极端气象条件的影响,当出现台风、大雾等极端天气时,邮轮往往无法靠泊港口,造成港口大批游客滞留,容易引发群体性事件。例如,2015年8月31日,因台风而导致线路变更,某邮轮靠泊邮轮港后,出现了部分游客拒绝下船,造成大量准备登船游客滞留港口的情况。又如,2014年2月2日,大年初三,某邮轮因大雾无法进入上海吴淞口邮轮港,导致大批游客滞留,直至凌晨3点左右邮轮才成功靠港。

2. 邮轮港公共卫生突发事件

邮轮港公共卫生突发事件是指在邮轮港区及邮轮上突然发生,造成或可能造成邮轮游客及相关工作人员生命健康严重损害的重大传染病疫情、群体性不明原因的疾病、大规模食物中毒及其他严重影响邮轮游客及工作人员生命健康的事件,这些事件在2020年开始的新冠疫情中显得尤为突出,造成邮轮产业全球停航。

随着邮轮产业的不断发展,邮轮载客量及停靠频次也在不断增加。单次将近2 600名邮轮游客(根据在我国运营的平均邮轮载客量数值而测算得出)通过邮轮港进行登船,并在邮轮上开展为期一周及以上的邮轮度假活动。因为活动空间相对狭小封闭、人群过于集中,当出现污染源时极易造成大规模的人群感染。例如:美国口岸在2001—2004年,在邮轮上有超过3‰乘客发生急性肠胃炎的公共卫生事件,发生数量明显是逐年递增的,并且主要是诺如病毒传播造成的。英国某豪华邮轮在2006年10月末—11月初的航行过程中,也发生了诺如病毒感染疫情,在邮轮上有超过500名乘客与船员感染急性肠胃炎。

3. 邮轮港社会安全突发事件

邮轮港社会安全突发事件是指在邮轮港区突然发生,给邮轮游客及工作人员生命安全、心理状态带来伤害和威胁,并造成广泛影响的社会事件,如恐怖袭击、大规模群体性事件、偷渡、走私等。

目前,最常发生的是大规模群体性事件。邮轮旅游虽然在欧美国家已经有了较长的发展历史,但引入我国时间较短。部分邮轮游客对航行规定、国际惯例并不熟悉,当出现邮轮承运纠纷时,往往通过"霸船"行为来进行维权,导致下一船次登船游客大量集聚在邮轮港大厅,极易造成踩踏等事故。

**4. 邮轮港事故灾难突发事件**

邮轮港事故灾难突发事件是指具有灾难性后果的事故,是指在邮轮港区作业过程中发生的,违反人的意志,迫使活动暂时或永久停止,并造成大量人员伤亡、经济损失或港区环境污染的意外事件,比如重大生产事故、交通事故、环境污染事故等。

邮轮港事故灾难发生时,往往会造成巨大的人员伤害和财产损失,产生的后果非常严重。与传统货物港口数量相比,邮轮港口的数量较少,关于邮轮港事故灾难的报道也相对较少。

传统货物港口事故灾难一旦出现,破坏性很严重,例如:2015年8月12日天津港一危险品仓库发生爆炸,造成包括消防人员、公安民警在内的165人遇难,8人失联,导致近800人受伤。由于爆炸地临近进口汽车的仓储地,上千辆高档汽车被焚毁,造成损失达20亿元。爆炸还导致周边17 000户居民及779家商户房屋财产受损,间接损失无法估量。

### 三、邮轮港突发事件的特点

邮轮港突发事件具有潜伏性、突发性、破坏性、持续性、复合性五大特点,具体如下:

(1)潜伏性

邮轮港突发事件不可能是毫无征兆凭空发生的,一定是由于在某个环节、某个时间发生了变化,而这些变化的过程可能是极其缓慢的,从量变逐步发展到质变,经过一定的积累最终爆发出来,这种潜伏性很难令人提前有所感知和判断。

(2)突发性

突发事件之所以突发,就在于事件发生之前的预兆不明显,或是很难被人们注意,特别是在邮轮港,当发生突然变故时,人们所面临的是之前从未经历过的、新的环境,会产生心理反差,往往使人措手不及。

(3)破坏性

邮轮港突发事件造成的破坏性可能是无形的,也可能是有形的。可能由于大风、大雾等天气原因导致航行未能够按时抵达,并且信息传达不畅通,导致游客觉得自身利益受到损害。严重时双方形成对立,引发冲突,表现行为主要是强占邮轮、打乱邮轮的正常上下船、与港口工作人员发生冲突、封堵港口道路交通。并且有可能出现打、砸、破坏港口公共设施,辱骂殴打邮轮公司、邮轮港公司及旅行社工作人员等极端行为,严重影响了邮轮港口的正常运转、邮轮船只的正常运行及邮轮游客的利益。

(4)持续性

邮轮港突发事件具有连续性的特点,并且发生时不是静态的,而是由一系列事件串联起来发生的,因此会持续发生很长的时间;同时,突发事件会带来较长时间的影响,虽然突发事件可以在一定时间内被处理解决,但是不可避免地会留下诸如心理影响、名誉伤害等隐性影响。

(5)复合性

通过对邮轮港突发事件进行分类,不难看出自然因素、技术因素和人为因素等都可以成为邮轮港发生突发事件的原因,因此突发事件风险因素的多样化也是邮轮港突发事件的突出特点。

## 第二节　邮轮港突发性事件风险因素分析

### 一、邮轮港突发事件风险因素识别

邮轮港突发事件的发生和变化有其自身规律。从系统论的角度看,突发事件是由人的不安全行为、物的不安全状态和环境的不安全刺激以及管理的漏洞导致的。由此可知,造成突发事件的因素包含在"人—机—环境—管理"四大系统内部之中及其相互作用之间。因此,可将邮轮港突发事件的风险因素分为:人员综合素质因素、设备设施因素、环境因素以及管理因素,见表11－2。

表11－2　　　　　　　　　邮轮港突发事件风险因素分析

| 类　别 | 因　素 |
| --- | --- |
| 人员综合素质因素 | 港口工作人员、船员、旅客等 |
| 设备设施因素 | 候船大厅、通道、控制室、楼扶梯、进出口、消防设备、屏蔽门、通风与噪声控制系统、空调系统、港口设备控制系统等 |
| 环境因素 | 港口周边环境、候船大厅环境、工作环境等 |
| 管理因素 | 对工作人员、设备设施、客运组织、规章制度的管理 |

人员综合素质因素、设备实施因素、环境因素以及管理因素四大风险因素相互影响、互相关联,当中一旦任何环节出现问题,都会导致连锁反应的发生,甚至会导致严重的突发事件。四大风险因素的相互关系如图11－1所示。

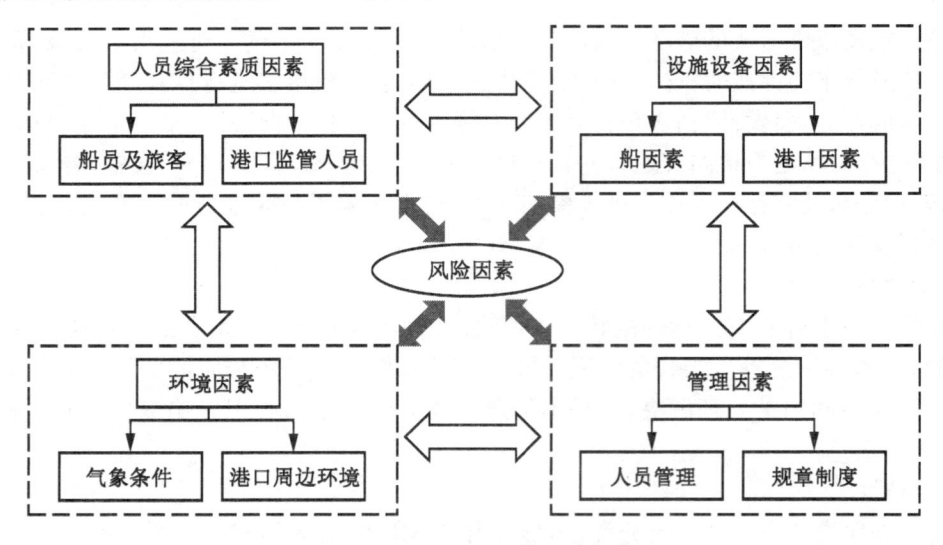

图11－1　邮轮港突发事件风险因素关系

### 二、人员综合素质因素

人员综合素质是邮轮港突发事件的关键因素,资料显示80%以上的突发事件都直接或间接与人的因素相关。

人员综合素质是指系统中人员的能力未达到系统要求的标准,人为导致系统出现问题的一种不正确行为。根据以往事故分析,大部分邮轮港突发事件都是人为因素引起的,所以要对邮轮港突发事件风险因素中的人员综合素质有全面的认识和提取。

在该研究中涉及的人员综合素质可以划分为:船员因素、游客因素和港口工作人员因素。

1. 船员因素

船员因素包括船长管理水平,船员责任心及安全意识,船员业务能力,船员沟通能力。驾驶是一门综合性技术,既要懂得操作,又要有文化、气象等相关知识,船员的综合素质直接关系到船舶行驶的可靠程度,继而关乎船舶在航道行驶的安全程度;同时邮轮多数由国外大型邮轮公司负责,船上的船员多数为外国船员,靠泊港口需要船员与港口监管人员及海事引航人员保持良好的沟通,因此语言沟通能力也是保证航道航行安全的重要指标。对于船员因素的考察不仅要从技术层面进行评价,同时也要顾及职业品德,这样才能全面衡量邮轮港突发事件中的船员因素。

2. 旅客因素

邮轮旅游在我国属于新兴的旅游方式,很多游客是第一次乘坐邮轮出国观光体验,往往对邮轮岸检规定、登离船要求、航行中的规则、意外事故发生时的自救指南并不熟悉。在邮轮港突发事件发生时,由于经验不足、自我约束能力不够、规则意识不强,容易成为不稳定的因素,严重时导致群体性非理性行为的发生,如集体"霸船"等。因此,邮轮游客因素也是邮轮港突发事件风险因素之一。

3. 港口工作人员因素

港口工作人员因素包括监管人员的安全观、安全管理意识、日常值班状态及业务能力。港口监管人员对于邮轮靠泊有保驾护航的作用,他们可以第一时间监控船舶运行动态,对其进行监管和风险规避,因此监管人员的素质对于邮轮港安全起着至关重要的作用。

## 三、设备设施因素

涉及的设备设施因素可以划分为:船舶和港口设备设施因素。

1. 船舶因素

豪华邮轮规模庞大、结构复杂,在实际的运转工作中易受到自身问题、外界环境的影响而导致突发事件的发生。主要包括:邮轮上层建筑高,盲区大影响瞭望;一些邮轮船桥伸出船舷,容易受到航道超宽限制;能见度不良时邮轮航行安全无法保障;此外,引航员和驾驶员的适任条件也将影响邮轮进出港口的安全。

2. 港口设备设施因素

从邮轮港的实地调研情况来看,邮轮港口的设备设施虽然一般不会直接造成突发事件,但设计的合理性与承载量直接关系到大客流的疏散,加之邮轮游客登离船的人流量大、时间短的特点,尤其是一关两检流程复杂,在大客流冲击下和突发事件下,严重威胁着港口内游客的安全。对邮轮港口的设备设施功能进行评价,对于指导新建邮轮港口上的设计与优化,并从根本上降低运营风险,具有重要的现实意义。目前对邮轮港的评价侧重于探讨港口办公设施、游客服务设施、邮轮营运设施、交通服务设施、安检服务设施、旅游服务设施。

### 四、环境因素

#### (一)气象条件因素

邮轮港口的气象条件对邮轮的靠泊有很大的影响。若邮轮港口出现台风、风暴、大雾、海冰、雪灾等恶劣天气,可能导致邮轮班次不正常,极易出现邮轮游客强行占据邮轮、阻碍正常邮轮班次运行、阻碍其他班次旅客登船、引发冲突、封堵港口道路交通,以及打、砸、破坏港口公共设施、辱骂殴打邮轮公司、邮轮港公司及旅行社工作人员等极端行为的事件。

1. 台风

台风具有非常大的破坏力,一个普通台风的风力经常可达 35~55 米/秒,较强的可达到 80 米/秒,一般可造成 100 毫米以上的大暴雨,个别台风甚至可带来上千毫米的特大暴雨,能掀翻船只、冲毁码头、破坏港区的建筑物,当与天文大潮叠加时,情况更为严重。例如,2014 年 9 月 16 日 9 时至 15 时,台风"海鸥"袭击海南岛,横穿临高县,台风通过该县的金牌港时,正值潮水高涨,台风卷席着海浪猛烈冲刷着整个港口,重创港口诸多设施,损失巨大。

2. 风暴潮

风暴潮常发生在海洋沿岸,主要是由大风和高潮水位共同引起的使局部地区猛烈增水的严重自然灾害。风暴潮能使邮轮码头遭受冲击、航道及港池骤淤、堤坝冲毁、航标毁坏。例如,1992 年 8 月 28 日至 9 月 1 日,我国东部沿海发生了自 1949 年以来影响范围最广、损失非常严重的一次风暴潮灾害,受灾人口数达 2 000 多万,死亡 193 人。

3. 大雾

大雾是影响邮轮海上航行安全和进港靠泊最主要的气象因素,大雾的严重程度用能见度指标进行衡量,在低能见度条件下,邮轮在航行时易出现碰撞、摩擦等严重的突发事件。根据调研,海上船舶之间的碰撞、摩擦事故将近 80% 是由大雾所引起的。

4. 海冰

海冰是高纬度和极地地区特有的自然灾害,它是直接由海水冻结而成的咸水冰。在海水冻结和融化的过程中,会引起海况的变化,可能对海上航行的船舶、港口的作业带来较大的影响。我国易形成海冰自然灾害的海域主要集中在辽东湾、渤海湾、莱州湾和黄海北部。2010 年 1 月 18 日,受强冷空气和寒潮天气长时间持续的影响,环渤海遭遇 30 年来最严重海冰灾害,对沿海各地的海上交通、水产养殖、港口作业等带来了巨大的影响。

5. 雪灾

雪灾是长时间大规模降雪而产生的自然灾害,它会导致港口上行车困难,严重时会导致交通瘫痪;港口因为雪灾而封冻,造成邮轮无法靠泊。例如,2010 年 12 月,英国遭遇严重的雪灾让整个国家都陷入了停滞,不仅城市交通受到严重影响,而且从海外进口圣诞礼物的货船也因为港口封冻不能如期抵达,导致英国圣诞节期间的礼品供应将出现短缺。2008 年,因为严重雪灾的影响,上海港路上交通出现瘫痪,客货运车无法进入港口,同时江面上有几百艘船等待停靠港口。

6. 地震

地震是地球上板块之间相互挤压、碰撞,并在这个过程中能量快速释放产生地震波,造成建筑物倒塌、海啸、火灾、有毒气体泄漏、污染性物质扩散等灾害。由于邮轮港口建立在海边,当发生地震时,地震波会导致码头的岸壁遭到破坏,港口的地基可能在强震的情况下发生液化现象,使得地基失去承载能力,使港口建筑物易出现倒塌的情况。

7. 海啸

海啸是一种灾难性海浪,按照成因可以分为:海底地震引发的海啸、山崩或者火山爆发引发的海啸。海啸的形成需要满足三个条件:深海域、出现了大地震、越来越浅的海岸并且开阔。对于我国近海来说,水深浅、海底平坦,起到了很大的缓冲作用,海啸对我国沿海地区的邮轮港口造成的冲击将大大削减。但很多邮轮港口仅高出海平面数米,易受到海浪浪高的影响。例如,上海吴淞口国际邮轮港的零点广场就处在长江入海口的基准面。海啸会给人来带来巨大的灾难,2011 年 3 月,日本东北部海域发生里氏 9.0 级地震并引发海啸,造成 18 877 人死亡;2005 年 12 月,印尼苏门答腊岛附近海域发生的强烈地震引发的印度洋巨大海啸,吞噬了超过 15 万人的生命。

**(二)周边交通环境因素**

邮轮港周边交通环境因素也将对邮轮港突发事件的风险造成一定的影响,包括:邮轮港周边土地利用功能、公共交通情况、周边建筑物情况等。

1. 周边土地利用功能

(1)商务办公集聚区

若邮轮港附近主要是商务办公楼为主,并配套了一些商业及居住社区。这类区域高层建筑物较为密集,集中了大量的人员,在上下班高峰期的时候,会造成邮轮港附近道路拥挤,会给大批游客登离船带来较大的风险。

(2)大型公共设施区

若邮轮港周边是大型公共设施区域,如体育场、歌剧院、会展中心、演艺中心等。每逢举办活动或节假日,将会造成短时间内人流集聚增加,造成道路拥挤。若发生邮轮港突发事件时,因为拥挤的人群,会给救援带来不便。

(3)商业中心区

若邮轮港周边主要是大型的商业广场,兼有一些商务办公场所。每逢节假日,大型商业广场会吸引大量的客流,也会对邮轮港周边交通造成一定程度的影响。

(4)住宅区

若邮轮港周边以住宅区为主,这类区域在上下班高峰期时人流较大,易造成道路的拥挤,给邮轮港带来潜在的突发事件风险。

(5)其他类型

若邮轮港周边主要以工业园、文化教育园为主,人流量较小,一般不会对邮轮港突发事件风险造成太大的影响。

2. 公共交通设施

邮轮港周边的公共交通设施情况也是影响突发事件的风险因素之一。若邮轮港直接靠近机场、火车站、长途汽车站、交通枢纽站、旅游集散中心等公共交通设施,这些区域本身的大客流将会对邻近的邮轮港造成较大的客流冲击,提供了邮轮港突发事件的风险系数。此外,邮轮港附近交通拥堵情况以及距离公安消防站点的距离,都将影响突发事件应急救援的时间。

3. 周边重要建筑影响

邮轮港建筑物与周边建筑物之间的距离远近、布局关系也是重要的风险因素。若建筑物相距过近,发生重大火灾、爆炸等事故时,可能产生裙带性灾难后果,对邮轮港造成非常大的危险。

### 五、管理因素

邮轮港运营管理是指邮轮港运营机构组织并利用人员、设施设备、环境，借助管理手段，实现邮轮港安全管理的目标。良好的运营管理能够推动邮轮港安全高效地运转，对突发事件风险进行提前预控，避免了突发事件的产生。若管理不到位，造成邮轮港系统运转无序、组织体系混乱、人员职责分工不明确、规章制度不健全、安全隐患大量存在，进而容易引起突发事件的产生。管理因素在众多风险因素当中是最具有可控的风险因素，也是控制突发事件风险最有效的手段。

#### （一）人员管理因素

1. 岗前培训

合理的岗前培训让新进员工能够了解到邮轮港的管理制度、工作流程和行为规范。通过培训，可以使新员工按照规章要求迅速走向工作岗位，降低因操作失误而引发的突发事件风险。

2. 薪酬情况

邮轮港一线员工工作强度大，而收入水平低于其他工作岗位，难以和其工作量相匹配，这往往导致一线员工消极怠工、工作分神，并造成一线优秀员工大量流失，对邮轮港运营风险构成一定程度的威胁。

3. 安全管理工作

邮轮港安全管理理念应该贯穿在日常管理的每个细节当中，若领导重视度不够，会导致所制定的安全管理制度流于形式，而容易导致邮轮港员工在实际操作中出现违规违章、漏检漏修等现象，造成潜在的突发事件风险。

#### （二）规章制度因素

1. 安全保障力度

随着沿海城市邮轮母港的不断修建，出现了专业邮轮港运营人才缺乏、工作人员培训力度不强、预警应急管理演练频次不够、安全经费投入不足、一线工作人员操作不熟练等情况。应加大对邮轮港安全保障的投入力度，提升工作人员安全操作技能，加大应急演练的频次并总结经验，提高应急处置能力，降低邮轮港突发事件的风险隐患。

2. 规章制度落实情况

邮轮港规章制度是邮轮港运转过程中各项工作的基础，如果在规章制度上存在盲区，就会直接反应在实际的运转过程中，造成管理混乱、职责不清、缺乏组织协调性、信息沟通存在障碍，进而带来更大的风险隐患。

### 六、邮轮港突发事件风险因素的确定

上述是影响邮轮港突发事件的相关因素，就邮轮港来说，其港口功能与游客出入境要求特殊，因此对影响邮轮港突发事件的关键因素进行筛选甄别，并进行量化分析十分必要。对可能的"人—设施设备—环境—管理"各因素进行初步筛选，结合专家对各因素进行打分判别，最终获取下列因素作为评判邮轮港突发事件风险的最终因素，根据他们的实际情况来对邮轮港突发事件进行最终评判，如图11—2所示。

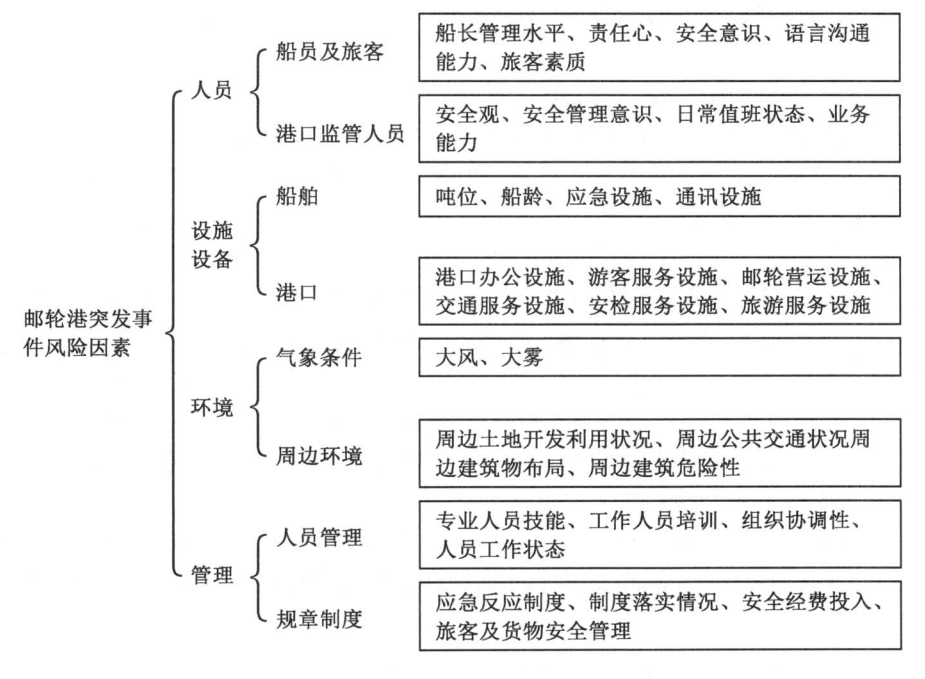

```
                          ┌ 船员及旅客 ── 船长管理水平、责任心、安全意识、语言沟通
              ┌ 人员 ─────┤              能力、旅客素质
              │          └ 港口监管人员 ─ 安全观、安全管理意识、日常值班状态、业务
              │                          能力
              │          ┌ 船舶 ──────── 吨位、船龄、应急设施、通讯设施
邮轮港突发事件  ├ 设施设备 ┤
风险因素        │          └ 港口 ──────── 港口办公设施、游客服务设施、邮轮营运设施、
              │                          交通服务设施、安检服务设施、旅游服务设施
              │          ┌ 气象条件 ──── 大风、大雾
              ├ 环境 ─────┤
              │          └ 周边环境 ──── 周边土地开发利用状况、周边公共交通状况周
              │                          边建筑物布局、周边建筑危险性
              │          ┌ 人员管理 ──── 专业人员技能、工作人员培训、组织协调性、
              └ 管理 ─────┤              人员工作状态
                         └ 规章制度 ──── 应急反应制度、制度落实情况、安全经费投入、
                                         旅客及货物安全管理
```

图 11－2　邮轮港突发事件风险因素调研结果

# 第三节　邮轮港突发事件风险防控的管理

## 一、落实应急主体，确保处置安全

1. 构建多级应急处置机构，落实应急处置主体职责

构建邮轮港突发事件多级应急响应机制，它是指由不同类型和层级的组织所构建，系统内统一指挥、沟通顺畅、职责明确，根据突发事件的严重性逐级上报，按照事先制定的应急预案进行处置。应急响应的组织机构应该包括突发事件处置的专业人才、通信设施以及各种处理突发事件的技术设备等。

2. 统一指挥协调处置工作，多方共同参与确保安全

当突发事件发生时，值班领导需要第一时间赶赴现场进行指挥，并根据突发事件事态的严重性及时向上级汇报。其中，邮轮港运营指挥中心应当担当起中间协调的作用，查明突发事件的原因，并第一时间向主管领导汇报，同时担负起多部门之间信息沟通的桥梁作用。作为安全监护的安检部门需要确保邮轮港控制区域的安全，把牢隔离区通道关口，对隔离区的游客和行李进行检查，对这个区域的人员进行有效监控。邮轮港其他保障部门在突发事件发生的情况下要承担起协同作战的职责，做好通信、车辆、食品、住宿等方面的保障。

## 二、加强宣传引导，做好信息通报

1. 利用信息媒体做好宣传引导

因为邮轮港突发事件话题往往能够引起社会的热烈讨论，具有一定的新闻价值，新闻媒体在这上面投入了非常大的关注度。但有些媒体为了博人眼球，有意甚至故意夸大事态，深化政

府、码头和船公司的责任,给政府、邮轮公司、码头均带来了一定程度压力,并不利于矛盾的及时解决。

媒体在报道时要强调客观、公正、中立、专业,不挑唆,不渲染。邮轮港相关职能部门要充分利用媒体,将突发事件的真相及时向社会公布。同时,积极宣传邮轮产业的特色、特点及相关规定,使游客能够明确自身的权利与义务,使众多邮轮游客努力做到知法、懂法和守法。

2. 畅通突发事件信息沟通渠道

邮轮港突发事件发生时,因为不了解突发事件发生的实情,往往会出现"人云亦云""人为我为""法不责众"的心态,常常使人们做出缺乏理智的行为,容易激起游客某种情绪,游客间又彼此接受兴奋信息,这种情绪的交互感染很容易促使众人情绪丧失理智而导致违法犯罪。

因此,邮轮港应该建立完备的突发事件游客信息服务平台,采用短信、微信等方法,及时快速发布相关信息。如果上一班邮轮发生群体性突发事件,需及时向下一班船的游客发出紧急通知,告知其实际情况并公布处理方案,或延误或改期,以免未知悉事件的群众仍旧按原安排来港,造成不必要的等待及港口拥堵。

此外,要畅通游客突发事件投诉渠道。建议联合旅游局、消费者协会等部门,建立专门的邮轮旅游投诉处理机制,接受邮轮旅游相关的投诉,便于游客反馈,也便于集中处理,防止事态进一步扩大。

### 三、设立风险基金,提供多方保障

1. 设立邮轮港突发事件风险基金

随着邮轮产业的不断发展,越来越多的游客选择乘坐邮轮来度假出游,与之相匹配的是将会有更多的邮轮停靠在邮轮港口,这也将大大增加邮轮港口突发事件的风险。因此,设置邮轮港突发事件风险基金,将有助于提高邮轮港防范风险的能力。当发生突发事件造成损失时,可以通过邮轮港突发事件的风险基金进行赔付,化解赔偿纠纷。

2. 增设邮轮港突发事件保险项目

邮轮港口公司可以与信誉好、资质高的保险公司长期合作,将邮轮港区的突发事件进行投保。当实际损害发生时,邮轮港口公司可以向投保的保险公司进行索赔,从而规避由于突发事件所造成的重大损失,降低邮轮港突发事件的风险。

### 四、改进应急设备,共享处置经验

1. 改进邮轮港突发事件应急设备

邮轮港突发事件应急设备的正常与否直接关系到应急处置的及时性与有效性。要加大处理突发事件的安全经费的投入。改进应急设备,定期进行维护保养,并开展常规性的应急设备操作演练,确保邮轮港工作人员熟悉应急设备的操作流程及使用方法,如发现演练中出现的问题,及时改正。

2. 构建突发事件应急处置数据库

邮轮港要积极构建"邮轮港突发事件应急处置数据库",实现应急处置经验协同共享。记录每次邮轮港突发事件发生的原因、造成的影响、处置的方法、成功的经验、存在的不足,进行归类总结,为后续研究(如风险评估、预警系统构建、应急处置)积累素材,不断完善突发事件处置的流程,降低风险损失。

### 五、完善法律法规,规范处置流程

1. 出台邮轮港突发事件处置条例

我国在2007年1月1日出台了《中华人民共和国突发事件应对法》,在预防与应急准备、监测与预警、应急处置与救援、事后恢复与重建等方面从法律的角度规定了相关主体的法律责任。

此外,相关部门已经意识到邮轮经济在国民经济当中的重要性,先后出台了《关于促进我国邮轮经济发展的指导意见》《国际航行邮轮群体性疾病突发事件应急处置技术方案》《中外邮轮游客出入境边防检查的四条措施》等相关政策。

但是,迄今为止还没有出台关于邮轮港突发事件的专门法律规定,无法从法律的角度明确邮轮港突发事件预警与应急处置的责任主体,这给突发事件发生时相关部门寻找免责理由提供了空间,以至于在损害赔偿时矛盾纠纷不断。因此,迫切需要出台关于邮轮港突发事件的应急处置条例,明确邮轮港突发事件应对过程中的基本程序和各岗位的权责分工。

2. 完善邮轮港突发事件应急预案

建立邮轮港突发事件风险评估机制,做好突发事件风险评估,制订和完善《邮轮港突发事件应急预案》。比如,在每年大雾、台风高发期,做好风险分析工作,针对多种风险情景针对性制作多套停靠预案。

为了保证应急预案能够得到有效的实施,需要加强对应急预案当中涉及的主体的教育培训,使所有相关人员了解应急预案的处置流程及操作规范。同时,要定期性地开展邮轮港突发事件应急处置的模拟演练,了解突发事件应急处置过程中的难点及要点,提升参与人员对邮轮港突发事件的应急处置能力。

### 六、更新处置理念,应对未来风险

1. 控制风险的来源把握变化趋势

随着未来邮轮产业的不断发展,邮轮游客数量及停靠船舶数量将大幅度增长,邮轮港口面临各类突发事件的风险将急剧增加,各类隐形的风险将逐步显性化。在这个过程中,要抓住风险的根源,必须标本兼治、对症下药,建立起化解各类突发事件风险的体制机制。同时要加强学习、发现问题、总结经验。坚持实事求是,进行客观公正的调查分析,积累应急管理的经验,持续改进应急管理各方面的工作。

2. 更新邮轮港突发事件处置理念

随着邮轮旅游产业的飞速发展,邮轮港突发事件也将面临频次更高、影响范围更广、应对维度更大的阶段,利用新的预警、应急处置理念来有效预防和妥善处置邮轮港突发风险极为重要。

在处置突发事件过程中要树立"生命至上"的理念,应当以保护生命安全作为第一目标。要充分营造社会每一位个体"关心安全、重视安全、参与安全"的社会文化,让民众自发地参与到应急管理工作中来。在邮轮港突发事件的处置过程中,基层一线的员工成为重要的基石,基层员工应急处置能力直接决定了突发事件的处置效果。要加大事前安全经费的投入,提高邮轮港区工作人员的安全意识,定期开展邮轮港突发事件风险评估,建立应急资源的储备,编制突发事件应急预案并定期进行相关演练。要采用专业化、科学化的应急管理方法进行处置,将安全放在第一位,最大限度地降低生命及财产损失。要建立综合协调的机制,建立综合性的跨部门应急平台,形成综合性的应急队伍,实现突发事件应急综合信息的动态管理和共享管理。

**本章思考题:**
1. 邮轮港突发事件的内涵是什么?
2. 请举例说明邮轮港口的自然安全风险有哪些?
3. 影响邮轮港安全突发事件的人员因素有哪些?
4. 邮轮港安全突发事件的特点有哪些?
5. 随着科技不断进步,邮轮港风险管理可以应用到哪些新的技术?

# 参考文献

[1]徐大振,朱秉秋.港口企业经营管理[M].北京:人民交通出版社,2003.

[2]童孟达.港口研究与实践[M].宁波:宁波出版社,2019.

[3]陈家源.港口企业管理学(第2版)[M].大连:大连海事大学出版社,2011.

[4]庞瑞芝,薛伟.港口管理与经营[M].天津:天津人民出版社,2006.

[5]王在宪.邮轮概论[M].济南:山东科学技术出版社,2018.

[6]王学峰.国际邮轮[M].北京:中国商务出版社,2016.

[7]汪泓等.邮轮绿皮书:中国邮轮产业发展报告(2023)[M].北京:社会科学文献出版社,2023.

[8]汪泓等.邮轮绿皮书:中国邮轮产业发展报告(2022)[M].北京:社会科学文献出版社,2022.

[9]汪泓等.邮轮绿皮书:中国邮轮产业发展报告(2021)[M].北京:社会科学文献出版社,2021.

[10]汪泓等.邮轮绿皮书:中国邮轮产业发展报告(2020)[M].北京:社会科学文献出版社,2022.

[11]汪泓等.邮轮绿皮书:中国邮轮产业发展报告(2019)[M].北京:社会科学文献出版社,2019.

[12]汪泓等.邮轮绿皮书:中国邮轮产业发展报告(2018)[M].北京:社会科学文献出版社,2018.

[13]汪泓等.邮轮绿皮书:中国邮轮产业发展报告(2017)[M].北京:社会科学文献出版社,2017.

[14]孙晓东.邮轮港口发展与航线布局——国际经验与中国实践[M].上海:上海交通大学出版社,2019.

[15]李骥.邮轮码头工程船舶岸电系统设计探讨——以某实施阶段内河邮轮母港工程为例[J].工程技术研究,2022,7(18):179−181.

[16]周浩.云顶香港邮轮发展历程回顾及思考[J].中国港口,2022(08):27−30.

[17]顾力.邮轮母港配套规划与发展研究——以三亚凤凰邮轮母港为例[J].运输经理世界,2021(15):84−86.

[18]潘越,郭歆,黄戈.西地中海地区邮轮港口动态竞合关系的分析与启示[J].中国港口,2022(12):29−32.

[19]董子忱.我国邮轮港口的地位与作用[J].中国港口,2022(09):13−19.

[20]郭晓语.创新求变探索中国邮轮的未来发展方向[J].中国港口,2019(01):28−30.

[21]童洁.上海港国客中心总经理徐珏慧谈邮轮港口企业转型之路[J].中国港口,2018(10):30−32.

[22]戴明,董子忱.疫情下天津国际邮轮母港经营发展的思考[J].中国港口,2021(06):17−20.

[23]王学峰等.国际邮轮[M].北京:中国商务出版社,2016.

[24]谢燮.中国邮轮产业发展探索[M].北京:中国旅游出版社,2020.

[25]朱彬姣,颜晨广.上海邮轮船供业的发展及问题研究[J].交通与港航,2015,2(02):59−63+82.

[26]刘乐.上海港外资邮轮物资供给模式创新探索[J].中国市场,2016(28):17−18.

[27]冯宪超.中国邮轮物资供应市场解析及政策建议[J].中国港口,2017(10):31−34.

[28]孙新春,禹琴.现代治理视角下三亚凤凰岛国际邮轮港发展建议[J].中国海事,2024(06):71−73.

[29]孙家庆,房朝阳,徐帆.基于安全和集群视角的邮轮港口竞争力评价[J].上海海事大学学报,2024,45(01):70−76.

[30]真虹.港口管理[M].北京:人民交通出版社,2009.

[31]肖青.港口规划[M].大连:大连海事大学出版社,1999.

[32] 侯雅婷, 孙晓东. 国际邮轮港口的游客服务能力与设施配备研究[J]. 旅游研究, 2020 12(02): 35—48.

[33] 王晶晶. 港口服务质量提升策略研究[J]. 投资与合作, 2022, (05): 175—177.

[34] 姜岩, 刘秀亭, 马军. 港口服务质量评价研究脉络梳理与未来展望[J]. 供应链管理, 2021, 2(11): 96—111.

[35] 刘桂云, 骆璐瑶. 港口物流服务创新能力影响因素分析[J]. 物流技术, 2020, 39(06): 60—63+95.

[36] 张冉. 浅谈星级酒店前厅服务质量管理存在的问题及对策[J]. 现代商业, 2015(33): 122—123.

[37] 孙晓东, 倪荣鑫. 国际邮轮港口岸上产品配备与资源配置——基于产品类型的实证分析[J]. 旅游学刊, 2018, 33(07): 63—78.

[38] 吴慧, 王道平, 张茜, 等. 基于云模型的国际邮轮港口竞争力评价与比较研究[J]. 中国软科学, 2015(02): 166—174.

[39] 勾艺超, 王成金. 加勒比海邮轮航运网络港口分异与网络结构[J]. 中国生态旅游, 2021, 11(04): 602—614.

[40] 孙晓东, 武晓荣, 冯学钢. 邮轮航线设置的基本特征与规划要素研究[J]. 旅游学刊, 2015, 30(11): 111—121.

[41] Wood R E. *Cruise tourism: a paradigmatic case of globalization?* [M]//Cruise Ship Tourism. UK: CABI, 2006: 397—406.

[42] Chua B L, Lee S, Goh B, et al. Impacts of cruise service quality and price on vacationers' cruise experience: Moderating role of price sensitivity[J]. *International Journal of Hospitality Management*, 2015, 44: 131—145.

[43] Sun X D, Xu M H, Kwortnik R. Evaluating and Categorizing Cruise Lines by ship attributes: A Comparison Between Cruisers and Experts[J]. *Tourism Management*, 2021, 84: 104—262.

[44] 孙晓东, 林冰洁. 中国邮轮产业有形之手: 政策创新与产业演化[J]. 旅游科学, 2021, 35(6): 67—91.

[45] Jarvis N, Weeden C, Ladkin A, et al. Intergroup contact between front-line cruise staff and LGBT passengers[J]. *Tourism Management Perspectives*, 2022, 42.

[46] 孙晓东, 徐美华. 邮轮属性评价与品牌定位——基于专业型游客的感知研究[J]. 地理科学, 2020, 40(10): 1688—1697.

[47] Cruise Lines International Association. 2019 CLIA cruise trends & industry outlook.

[48] Li H, Zhu L, Zheng M Y. Is the cruise enterprise giant also a giant of social responsibility for sustainable development? [J]. *Marine Policy*, 2022, 138.

[49] Geerts M, Dooms M. An analysis of the CSR portfolio of cruise shipping lines[J]. *Research in Transportation Business & Management*, 2020, 45(PB): 100—615.

[50] Véronneau S, Roy J. Global service supply chains: An empirical study of current practices and challenges of a cruise line corporation[J]. *Tourism Management*, 2008, 30(1): 128—139.

[51] 姜杰. 大型邮轮外观设计的本土化研究[D]. 武汉理工大学, 2018.

[52] 谢燮. 中国本土邮轮发展的路径[J]. 中国船检, 2017(03): 77—83.

[53] 王德忠. 企业扩张[M]. 上海: 华东师范大学出版社, 2002: 56—59.

[54] 陈旭. 邮轮港突发事件风险评估与预警体系研究[D]. 上海工程技术大学, 2016.

[55] 叶欣梁, 黄燕玲, 丁培毅. 中国邮轮母港旅游服务接待质量与标准体系探析——以上海吴淞口国际邮轮港为例[J]. 北京第二外国语学院学报, 2014(11): 29—36.

[56] 国务院. 国家突发公共事件总体应急预案[Z]. 2005—01—26.

[57] 第十届全国人民代表大会常务委员. 中华人民共和国突发事件应对法[Z]. 2007—08—30.

[58] 中华人民共和国交通运输部. 水路交通突发事件应急预案[Z]. 2009—01—05

[59]乔国厚. 煤矿安全风险综合评价与预警管理模式研究[D]. 中国地质大学, 2013.

[60]张元辰. 上海港水上客运安全管理现状分析与对策研究[D]. 华东理工大学, 2013.

[61]曹巍. 船载危化品污染事故应急能力评价体系研究[D]. 大连海事大学, 2010.

[62]周维, 李磊. 国境口岸应对国际关注的突发公共卫生事件核心能力案例分析[J]. 中国国境卫生检疫杂志, 2022, 45(01): 41—45.

[63]唐健萍, 李必伟, 朱德玉, 等. 邮轮港口公共卫生事件应急管理研究[J]. 中国水运(下半月), 2021, 21(10): 19—20+155.

[64]刘晨虹. 疫情邮轮的责任困境与海洋法律体系的完善[J]. 中国海商法研究, 2020, 31(01): 3—10.

[65]张蕊, 郑燕华, 刘燕婷. 基于虚拟现实的国际邮轮港突发事件应急演练研究[J]. 价值工程, 2020, 39(02): 207—210.

[66]高宁. 邮轮游客满意度调查分析及提升建议[J]. 水运管理, 2019, 41(06): 30—33.

[67]万绪才, 丁敏, 宋平. 南京市国内游客满意度评估及其区域差异性研究[J]. 经济师, 2004(1): 246—247.

[68]郎志正. GB/T19004.2—ISO9004—2《质量管理和质量体系要素第二部分:服务指南》宣贯指南[M]. 北京:中国标准出版社, 1995.

[69]Parasuraman A, Zeithaml V A, Berry L L. A conceptual model of service quality and its implications for future research[J]. *Journal of Marketing*, 1985, 49: 41—50.

[70]Gronroos C. Marketing in Service Companies[J]. *Malmo Liber*, 1983.

[71]高军, 荣隽. 游客满意度视角下旅游企业发展战略探析[J]. 农业开发与装备, 2022(09): 116—118.

[72]Carman J M. Consumer perceptions of service quality: an assessment of the SERVQUAL dimensions[J]. *Journal of Retailing*, 1990, 66(1): 33—55.

[73]银淑秋, 顾平. 基于卡诺模型的医疗行业顾客满意影响因素分析[J]. 江苏科技大学学报(社会科学版), 2005, 5(2): 52—55.

[74]汪侠, 刘泽华, 张洪. 游客满意度研究综述与展望[J]. 北京第二外国语学院学报, 2010(1): 22—29.

[75]梁燕. 顾客满意度研究述评[J]. 北京工商大学学报(社会科学版) 2007, 22(2): 75—80.

[76]陈丽荣, 苏勤. 我国游客满意度研究述评[J]. 资源开发与市场, 2007, 23(3): 266—268.

[77]Satta G, Parola F, Penco L, et al. Word of mouth and satisfaction in cruise port destinations[J]. *Tourism Geographies*, 2015, 17(1): 54—75.

[78]Sun X, Xu M, Lau Y, et al. Cruisers' satisfaction with shore experience: an empirical study on a China-Japan itinerary[J]. *Ocean & Coastal Management*, 2019, 181: 104—867.

[79]Sanz-Blas S, Carvajal-Trujillo E, Buzova D. Assessing cruise port of call performance: a passenger-based approach using PLS modelling[J]. *Maritime Policy & Management*, 2017, 44(8): 967—980.

[80]孙晓东, 侯雅婷. 邮轮母港游客满意度测评与提升研究——基于上海的实证分析[J]. 地理科学, 2017, 37(5): 756—765.

[81]侯雅婷, 孙晓东. 国际邮轮港口的游客服务能力与设施配备研究[J]. 旅游研究, 2020, 12(2): 35—48.

[82]张树民, 程爵浩. 我国邮轮旅游产业发展对策研究[J]. 旅游学刊, 2012, 27(6): 79—83.

[83]甘胜军. 邮轮港口规划与管理[M]. 北京:旅游教育出版社, 2016.

[84]Satta G, Parola F, Penco L, et al. Word of mouth and satisfaction in cruise port destinations[J]. *Tourism Geographies*, 2015, 17(1): 54—75.

[85]Chang Y T, Liu S M, Park H, et al. Cruise traveler satisfaction at a port of call[J]. *Maritime Policy & Management*, 2016, 43(4): 483—494.

[86]Zhou K, Yao Z. Analysis of Customer Satisfaction in Tourism Services Based on the Kano Model

[J]. *Systems*,2023,11(7):345.

[87]Ĉorluka G,Peronja I,Tubi? D. Cruise port passenger flow analysis:A cruise port governance perspective[J]. *NAŠE MORE:znanstveni ĉasopis za more i pomorstvo*,2020,67(3):181−191.

[88]黄大勇,陈芳. 国内外旅游满意度研究综述[J]. 重庆工商大学学报(社会科学版),2015,32(01):49−55.

[89]Chon K S,Olsen M D. Functional Congruity and Self Congruity Approaches to Consumer Satisfaction / dissatisfaction in Tourism[J]. 2005,(06):23−31.

[90]Baker D A,Crompton J L. Quality,Satisfaction and Behavioral intensions[J]. *Annals of Tourism Research*,2000,(27)3:785−804.

[91]李智虎. 谈旅游景区游客服务满意度的提升[J]. 企业活力,2003,(4):39−41.

[92]王建喜. 邮轮旅游服务管理(第2版)[M]. 北京:旅游教育出版社,2022.

[93]叶欣梁,孙瑞红,梅俊青. 邮轮概论[M]. 大连:大连海事大学出版社,2016.

[94]吴国清. 吴淞口国际邮轮母港服务接待标准研究[R]. 上海:上海师范大学,2013.

[95]叶欣梁,孙瑞红. 基于顾客需求的上海邮轮旅游市场开发研究[J]. 华东经济管理,2007,21(3):110−115.

[96]周慧艳、汪泓、石丽娜. 机场运营管理(第三版)[M]. 北京:清华大学出版社,2008.

[97]王欣. 邮轮旅游,从青岛启航[J]. 走向世界,2019(11):90−95.

[98]吴俊敏. 港口行政事业性收费的意义[J]. 当代经济(下半月),2008(12):39−40.

[99]宋鳃超. 对我国现行港口岸线使用收费制度的初探[J]. 中国港口,2007(05):44−45.

[100]申海平. 谁在设定行政收费项目？——基于318项行政收费设定依据和主体的实证研究[J]. 华东理工大学学报(社会科学版),2016,31(04):76−86+94.

[101]杜铮. 歌诗达邮轮中国市场服务营销策略研究[D]. 天津大学,2011.

[102]燃料油基础知识[N]. 期货日报,2004−05−11.

[103]吴越. 宝山推进邮轮经济高质量发展[N]. 解放日报,2023−07−12.

[104]王嘉旖. 激活商旅文,过路经济转型产业链经济[N]. 文汇报,2023−06−30.

[105]沈大东. 基于长三角地区收入差异的区域邮轮旅游市场研究[D]. 上海工程技术大学,2017.

[106]董良飞. 船舶生活污水污染特征及控制对策研究[D]. 西安建筑科技大学,2005.

[107]刘浩然. 内河船舶生活污水治理问题及对策研究[D]. 华南理工大学,2022.

[108]沈永生. 船舶油污水处理技术经济分析[J]. 交通环保,1997(01):17−20+24.

[109]张健. 基于DEA的港口绿色竞争力评价研究[D]. 大连海事大学,2012.

[110]潘竹萍. 后疫情时代,2021港口发展十大关键词[J]. 中国港口,2022(01):15−17.

[111]吕方园. 运输视角下邮轮法律问题研究[D]. 大连海事大学,2015.

[112]冯书桓,吴笑风,李萍. 船舶岸电法规和标准全景扫描[J]. 中国船检,2020(05):54−59.

[113]李海源. F港口岸电系统市场营销策略研究[D]. 广西大学,2020.

[114]张志铎. 基于港口环境效益的岸电分配优化研究[D]. 大连海事大学,2022.

[115]汪博文. 基于低碳理念的绿色邮轮港发展研究[D]. 上海工程技术大学,2016.

[116]陈旭. 邮轮港突发事件风险评估与预警体系研究[D]. 上海工程技术大学,2016.

[117]罗南. 邮轮母港公共突发事件应急管理研究[D]. 海南热带海洋学院,2021.

[118]张碧勇. 邮轮港突发事件应急联动机制研究[D]. 华东政法大学,2020.

[119]阚立扬,闫国东,王欣,等. 国内邮轮突发公共卫生事件的特征及防范[J]. 中国水运,2020(10):30−32.

[120]关于示范推进国际航线集装箱船舶和邮轮靠港使用岸电行动方案(2023—2025年)[J]. 中国水运,2023,(10):28−29.

[121]杨晓菲,孙继莆,韩冰. 我国图书馆面向突发公共事件应急服务与管理研究与实践综述[J]. 图书

情报工作，2020，64(15)：204—211.

[122]李青平，杨家其. 论我国水路交通突发事件应急机制建设[J]. 武汉理工大学学报(社会科学版)，2010，23(06)：793—796.

[123]邓守城，吴青，石兵，等. 基于案例推理的水上交通突发事件应急响应资源需求预测[J]. 中国安全科学学报，2014，24(03)：79—84.

[124]叶欣梁，李涛涛. 基于利益相关方责任的邮轮"霸船"事件思考[C]//中国旅游研究院. 2015中国旅游科学年会论文集. 上海吴淞口国际邮轮港发展有限公司；上海工程技术大学管理学院，2015：12.

[125]陈俊逸. 上海邮轮港岸电项目效益显著[N]. 国家电网报，2016—10—20.

[126]白景涛. 中国沿海港口合理发展建设时机研究[D]. 上海海事大学，2006.

[127]李峰. 货运港口景观绿化设计研究[D]. 华南理工大学，2012.

[128]罗芳. 长三角港口群协调发展研究[D]. 吉林大学，2012.

[129]余泓瑾. 女岛码头作业区投资项目风险管理研究[D]. 中国海洋大学，2009.

[130]周晓杰. 港口物流发展对策[J]. 商场现代化，2010(36)：60.

[131]卢江平，杨树青，杨文勇. 港口物流的研究进展与展望综述[J]. 市场周刊(理论研究)，2011(06)：18—19+69.

[132]吴价宝. 连云港市"十二五"港口经济发展研究[J]. 改革与开放，2011，(05)：34—36.

[133]向吉英. 论港口物流业与地方经济的关系——以盐田港为例[J]. 深圳职业技术学院学报，2013，12(06)：3—7.

[134]张耀光，刘锴，郭建科，等. 中国海岛港口现状特征与类型划分[J]. 地理研究，2013，32(06)：1095—1102.

[135]郭霞. 港与城的互动[J]. 商周刊，2013(09)：44—45.

[136]安东. 现代港口和现代物流[J]. 中国标准化，2005(08)：11—13.

[137]国晓旭. 大连港庄河港区某码头工程可行性分析[D]. 大连海事大学，2011.

[138]李亚男. 我国港口投融资政策评价研究[D]. 上海海事大学，2007.

[139]邬珊华. 港口扩张均衡问题研究[D]. 大连海事大学，2012.

[140]佚名. 港航物流的发展脉络[J]. 世界海运，2009，32(02)：14—17.

[141]陈坚英. 舟山港口物流业发展现状分析与对策研究[D]. 浙江海洋学院，2012.

[142]杨阳. 港口企业客户关系管理及DPCM公司系统建设应用[D]. 大连海事大学，2013.

[143]李薇，扈明. "邮轮母港"的中国悬念[N]. 中国水运报，2008—03—03.

[144]施秀芬. 中国能否实现"邮轮梦"[J]. 珠江水运，2017(13)：31—32.

[145]改革开放以来我国港口发展历程及成就[J]. 海洋经济，2022，12(03)：52—61.

[146]郑建平. 环三都澳区域港口物流环境分析[J]. 物流科技，2011，34(01)：19—22.

[147]李鹏. 基于游客体验角度的邮轮母港设计研究[J]. 中国水运(下半月)，2014，14(08)：9—10+12.

[148]李枝宏. 大连邮轮母港建设全速起航[N]. 大报日报，2015—10—07.

[149]吕雪. "东方之睛"放眼看世界[N]. 中国水运报，2012—05—21.

[150]刘军. 规制视角的中国邮轮(旅游)母港发展研究[D]. 复旦大学，2011.

[151]王葳，张文玉. 邮轮母港规划设计[J]. 水运工程，2008(12)：88—93.

[152]谭娟. 现代港口物流发展战略研究[D]. 武汉理工大学，2005.

[153]洪婷婷. 基于超网络SBM模型的邮轮公司效率评价[D]. 大连海事大学，2019.

[154]陈红. 港口企业物流发展模式探讨[J]. 交通科技，2002(04)：53—55.

[155]刘珊. 国外主枢纽港口物流发展模式及启示[C]//中国商业经济学会. 2007现代物流发展高峰论坛论文集. 山东财政学院工商管理学院，2007：9.

[156]程爵浩，高欣. 全球邮轮旅游市场发展研究[J]. 世界海运，2004(04)：25—27.

[157]侯玉陶. 欧洲门户：鹿特丹港[J]. 中国物流与采购，2008(17)：36—37.

[158]张旭. 小议国外港口物流发展模式对我国的启示[J]. 北方经济, 2012(14):96+101.
[159]汪长江. 世界典型港口物流发展模式分析与启示[J]. 经济社会体制比较, 2012(01):218－223.
[160]郑帆帆. 后危机时代下的大连港口物流发展研究[D]. 大连交通大学, 2010.
[161]蔡二兵. 我国邮轮港口经营模式研究[D]. 上海工程技术大学, 2015.
[162]庄倩玮, 王健. 国外港口物流的发展与启示[J]. 物流技术, 2005(06):91－94.
[163]龚高健, 张燕清. 提高福建临港产业竞争力的对策思路——以借鉴国际临港产业经验为视角[J]. 综合竞争力, 2011(03):43－49.
[164]于群. 青岛服务型港口综合评价研究[D]. 大连海事大学, 2008.
[165]岳巧红, 张家华. 国内外港口物流发展经验借鉴[J]. 水运管理, 2006(07):15－16+39.
[166]赵金涛. 欧洲邮轮码头的运营特点及启示[J]. 中国港口, 2009(08):54－56.
[167]黄一添. 珠海港口物流竞争优势研究[D]. 大连海事大学, 2014.
[168]夏东进. 论国外港口物流发展对我国的启示[J]. 现代商贸工业, 2009, 21(23):129－130.
[169]王峰. 天津国际邮轮母港多元化发展战略研究[D]. 大连海事大学, 2014.
[170]黄定嵩. 广西北部湾港口物流在新格局下的发展对策[J]. 学术论坛, 2007(09):78－83.
[171]胡明星. 国际邮轮母港的选择标准及吸引力研究[D]. 上海师范大学, 2015.
[172]韩汉君. 上海国际航运中心建设:城市竞争力的基础和保障[J]. 上海经济研究, 2006,(09):47－54+61.
[173]刘和, 卜菁华. 从货物港到休闲娱乐中心——重建巴塞罗那VELL港的启示[J]. 规划师, 2004(03):52－54.
[174]刘和. 滨水城市中心公共环境的活力[D]. 浙江大学, 2003.
[175]于东. 天津邮轮旅游发展研究[D]. 广西师范大学, 2020.
[176]张腾. 邮轮——海上流动度假村[J]. 百科探秘(海底世界), 2015(06):4－11.
[177]李涛涛, 叶欣梁, 蔡二兵. 新加坡邮轮母港的运营之道[J]. 中国港口, 2016(02):21－23.
[178]贾亮. 国外港口管理模式和我国港口改革思路[J]. 中国物流与采购, 2004(11):42－44.
[179]王崧, 程爵浩. 邮轮母港区域交通设计研究[J]. 旅游纵览(下半月), 2014(02):311－312.
[180]郭孝东. 中国港口城市邮轮旅游竞争力研究[D]. 西安科技大学, 2017.
[181]杨晓梅. 基于出游客源群体的我国邮轮旅游业发展趋势分析[J]. 水运管理, 2016, 38(10):24－25.
[182]张梦瑶, 刘云. 邮轮旅游发展研究述评[J]. 保山学院学报, 2014, 33(01):76－81.
[183]鄢红叶. 邮轮航线规划研究[D]. 大连海事大学, 2012.
[184]白景涛. 中国沿海港口合理发展建设时机研究[D]. 上海海事大学, 2006.
[185]赵金涛. 欧洲邮轮码头的运营特点及启示[J]. 中国港口, 2009(08):54－56.
[186]中华人民共和国交通部港口收费规则(外贸部分)[J]. 交通标准化, 2002(03):19－23.
[187]交通运输部发展改革委关于印发《港口收费计费办法》的通知[J]. 中华人民共和国国务院公报, 2017(35):60－68.
[188]交通运输部发展改革委关于修订印发《港口收费计费办法》的通知[J]. 中华人民共和国国务院公报, 2019(20):46－53.
[189]赵娜, 王军锋. 港口管理[M]. 北京:中国财富出版社, 2010.
[190]赵娜. 港口管理(第2版)[M]. 北京:中国财富出版社, 2021.
[191]交通运输部科学研究院. 改革开放以来我国港口发展历程及成就[J]. 海洋经济, 2022(03):52－61.